Arena-Taschenbuch
Band 51204

Tom Limes

arbeitet seit über zwanzig Jahren mit schulfrustgeplagten
Kindern und Jugendlichen. In seinen Jugendromanen
»TickTackFuck« und »Voll verkackt ist halb gewonnen« widmet
er sich einfühlsam, authentisch aber auch voller Humor den
Sorgen, Nöten und Träumen der Jugendlichen. Er lebt mit seiner
Frau und zwei Töchtern in Köln.
Weitere Informationen unter *www.tom-limes.de*

Tom Limes

Voll VERKACKT ist HALB GEWONNEN

2. Auflage im Arena-Taschenbuch 2025
© 2019 Arena Verlag GmbH, Würzburg
Rottendorfer Straße 16, 97074 Würzburg
Alle Rechte vorbehalten
Covergestaltung: ZERO Werbeagentur unter Verwendung
von Motiven von FinePic® München
Dieses Werk wurde vermittelt durch die Literarische Agentur
Thomas Schlück GmbH, 30161 Hannover
Liedtext, Seite 220: © »Deine Schuld« – M/T: Farin Urlaub // Die Ärzte //
Mit freundlicher Genehmigung der Edition Fuhuru //
PMS Musikverlag GmbH.
Liedtext, Seite 5: © Missglückte Welt
Umschlagtypografie: Sibylle Bader
Gesamtherstellung: Westermann Druck Zwickau GmbH
ISSN 0518-4002
ISBN 978-3-401-51204-4

Wir danken für die freundliche Genehmigung zum Abdruck
der zitierten Texte. Sollten trotz intensiver Nachforschungen des
Verlags Rechteinhaber nicht ermittelt worden sein, so bitten
wir diese, sich mit dem Verlag in Verbindung zu setzen.

Besuche den Arena Verlag im Netz:
www.arena-verlag.de

Das ist für all die, die nicht von dieser Welt sind.

Die schlecht in Anpassen, Ellbogen und Geld sind.

Die nach den ganzen harten Jahren noch sie selbst sind.

Egal, was alle anderen sagen, ihr seid Helden.

– Swiss + Die Andern, Nicht von dieser Welt

Lust auf Musik beim Lesen? Die Playlist zum Buch findest du auf *www.tom-limes.de*.

Julian

1 In ihrem Hoody, den engen Jeans und Boots, allesamt im Farbton *Tiefschwarz,* sah sie aus wie frisch aus dem schwarzen Block gefräst.

Sie saß schräg vor mir im Klassenraum und ich musste sie schon die ganze Zeit immer wieder anstarren – nicht nur wegen ihres hübschen Gesichts hinter dem schwarzen Fransenpony, sondern auch weil sie ständig zuckte, als wäre sie mit einer Steckdose verkabelt worden. Zudem schlug sie sich immer wieder zu einem Rhythmus, den keiner außer ihr hörte, gegen die Schulter, schnalzte mit der Zunge und ruckte mit dem Kopf.

»Ey, hast du Krämpfe, oder was?«, giftete ein kahl geschorener Möchtegernskinhead neben ihr.

»Nix Krämpfe!«, mischte sich ein dunkelhaariger, sportlicher Typ in meinem Alter mit Basecap und glitzernden Ohrklunkern ein. »That's Beatboxing ... Hey, check it out.« Er legte die Hände trichterförmig vor den Mund und erweckte damit unfassbar peinlich eine Basedrum zum Leben.

Der Glatzkopf sah aus, als würde er jeden Moment platzen, das eben noch blasse Mädchen lief knallrot an und ich – ich lehnte mich kinomäßig zurück und wünschte mir Popcorn herbei.

Die ganze Sache hier schien noch um einiges verrückter zu werden, als ich erwartet hatte.

Da klopfte der Schlipsträger vorn auf das Rednerpult und funkelte in unsere Richtung. »Bitte konzentrieren Sie sich noch fünf Minuten«, meldete er sich mit lauter Stimme zu Wort und setzte seine lähmende Eröffnungsrede zu dieser sogenannten *Bildungsmaßnahme* fort – eine Pflichtveranstaltung für jemanden wie mich, der schon vor der zehnten Klasse alles hingeschmissen hatte, aber noch keine achtzehn war.

»Euch erwartet in den kommenden zwölf Monaten ein Mix aus Unterricht, speziellem Förderunterricht und Werkstatteinheiten von unseren Pädagogen hier im Maßnahmengebäude, dazu Unterricht im Kolleg nebenan und ein paar Praktika«, erklärte der Maßnahmenchef mit übertriebener Begeisterung. »Hier bekommt ihr die Chance, doch noch euren Hauptschulabschluss zu machen.«

Bla, bla, bla.

Ich konnte das ganze Geschwafel echt nicht mehr hören. Dies hier war immerhin meine siebte »Einschulung«. Oder hatte ich mich verzählt? Das wäre zugegebenermaßen keine megagroße Überraschung, denn Zahlen und Rechnen waren noch nie so mein Ding gewesen.

In Mathematik befand ich mich nämlich auf dem Niveau eines Drittklässlers. So die Meinung der Durchblickerfraktion, bestehend aus Therapeuten, Ärzten und Psychiatern. Nicht so der Burner für einen mittlerweile Siebzehnjährigen, oder? Die Auswirkung: Ab der Siebten buchte ich in Mathe ein stabiles Sechserabo und bei einem dermaßen niedrigen mathematischen Tiefflug konnte mein so oft gelobtes »sprachliches Talent« auf Dauer eben auch nichts mehr wettmachen. Am Ende half mir das eigentlich nur noch dabei, ab und zu ganz anständige Songtexte zu schreiben – zumindest solange Jule noch, ach, egal …

Dieses schulische Desaster katapultierte mich dann aus dem Gymnasium heraus schrittweise ins schulische Nichts, bis ich heute einen weiteren Tiefpunkt meiner Schullaufbahn erreichte, denn ich war nun offizieller Teilnehmer dieser Bildungsmaßnahme für Flachpfeifen. Einer von sechzehn Deppen – allesamt »Schulversager«, die bildungsmäßig gar nichts gerissen bekommen hatten und deshalb ohne jeglichen Abschluss in Maßnahmen wie dieser in Richtung Hoffnungslosigkeit dümpelten.

Denn das war nun mal die Realität, auch wenn der Typ am Pult gerade betonte, dass wir bei regelmäßiger und erfolgreicher Teilnahme hier eine »gute und reale« Chance auf den Schulabschluss und damit eine anständige Ausbildung bekamen.

Oh, Mann. Während meine alten Schulfreunde also langsam begannen, nach der coolsten Uni zu suchen, saß *ich* wieder einmal in einem weiteren miefigen Klassenzimmer, um meinen ... tadaaaa ... Hauptschulabschluss nachzuholen.

Meine Freude war, wie erwartet, grenzenlos.

Nachdem der Einführungsvortrag endlich beendet war, schnappte sich der Redner seinen Aktenkoffer und ließ uns mit einer sehr jungen, zierlichen Pädagogin mit roten Locken zurück, damit diese uns die Details der nächsten Tage mitteilen konnte. Sie hieß Marlen Knöpfle, war Sozialpädagogin und Lehrerin – und anscheinend einer unserer Folterknechte im Bereich Holz.

Für diesen *Bereich Holz* hatte ich mich allerdings nicht entschieden, weil ich ihn so spannend fand, sondern bloß, weil mich alle alternativen Schwerpunkte noch weniger interessierten.

Trotzdem: Ich hatte keinen Schimmer, was Sägen und Hobeln mit einem Schulabschluss zu tun haben sollten.

Es verknüpft Arbeiten und Lernen, Julian. Es weckt die Kreativität, macht Spaß und hilft dir vor allem, dich nach all den Fehlschlägen wieder zu motivieren.

Ohne Scherz jetzt, das hatte mir die Berufsberatungstante beim Infogespräch auf meine Frage ernsthaft geantwortet.

»Hallo? Können Sie bitte mal still sein?«, fragte diese Knöpfle nun viel zu freundlich und piepste danach noch mal irgendwas von wegen »Chance fürs Leben«, »Tolle Praktika« und »Wir sind ein Team!«, doch eigentlich hörte ihr längst keiner mehr zu.

Ein großer, dürrer Typ im Punklook hatte seinen Kopf lieber in einen fetten Wälzer über Kapitalismus gesteckt, der Glatzkopf schickte die gerade erst verteilten Stundenpläne als Papierflieger auf Reisen, eine überstylte Blonde feilte an ihren Fingernägeln ... doch die meisten glotzten einfach nur blöd in der Gegend rum oder beschäftigten sich mit ihrem Smartphone.

Auf jeden Fall ignorierten sie die Rothaarige. Mit einer Ausnahme: das Mädchen mit dem schwarzen Hoody, das vorhin vom Glatzkopf so angemacht worden war. Sie saß da mit blitzenden Augen, saugte jedes Wort in sich auf und machte sich Notizen, als würde sie diese Sache hier wirklich ernst nehmen.

Zwei geschlagene Stunden später war der ganze Spuk endlich vorbei. Wir hatten unsere Unterlagen bekommen, alles war gesagt, also nickte ich meinen neuen Schulversagerklassenkameraden zum Abschied zu und fuhr nach Hause.

In meiner Wohnung angekommen, schmiss ich mich sofort aufs schwarze Ledersofa und zog einen Schuhkarton aus seinem Versteck hervor.

Keine zwei Minuten später brannte sie: meine ganz persönliche, selbst gebastelte Schultüte. Aus Papier, etwas Pappe, einem Daumen breit Tabak und einer ordentlichen Portion Gras. Knisternd kroch die Glut in Richtung meiner Lippen und ich hielt den bittersüßlichen Qualm so lange wie möglich in der Lunge. Sanfte Wellen trugen mich davon. *Whohoo!*

Endlich ein bisschen Entspannung nach dem ganzen Mist! Denn mal ernsthaft – ausgerechnet *ich* sollte an einer Qualifizierungsmaßnahme teilnehmen? Das machte doch einfach null Sinn: Egal, was in diesem Jahr passierte, ich würde keine Karriere mehr hinlegen – maximal als Flaschensammler.

Früher träumte ich davon, später mal als Journalist oder Autor zu arbeiten. Ich *wollte* ja schreiben, denn ich habe schon immer total gern Leute beobachtet und dann Geschichten über sie erfunden oder Comics gezeichnet. Mittlerweile war ich diesem *Später* alterstechnisch ziemlich nahe gekommen, hatte aber noch nicht mal einen Hauptschulabschluss in der Tasche. Tja, und ohne Abschluss keine Party, so einfach war das. Da halfen mir eben auch nicht die zig gewonnenen Schreibwettbewerbe aus alten Tagen, denn niemand interessiert sich für dich, wenn du die Schulzeit so derbe versemmelt hast wie ich.

»Also einen Abschluss, den brauchen Sie schon«, hatte die Berufsberatungstussi vor ein paar Wochen noch gesagt.

Vielen Dank auch für so eine bahnbrechende Information! Und dann hat sie mich in diese überflüssige Qualimaßnahme hineingezwungen – als ob mir die Teilnahme dort automatisch einen Schulabschluss einbringen könnte. Wegen der Schulpflicht würden meine Eltern, wenn ich nicht hinging, kein Kindergeld mehr für mich bekommen. *Sauer verdientes Schmerzensgeld,* wie mein Vater es allen Ernstes bezeichnete. Darauf zu verzichten, das kam für ihn, diesen alten Pfennigfuchser, so gar nicht infrage, dabei würde er das bei den ganzen Millionen auf seinen Konten doch überhaupt nicht merken.

Mein Vater und ich, das war ohnehin so eine Sache für sich. Wir hatten noch nie den besten Draht zueinander gehabt, sondern brüllten uns eher nach kürzester Zeit an.

Als Time-is-Money-Karrierist war er nicht sonderlich amused vom dauerchillenden, nichtsnutzigen Sohn, der die letzte Schule nach zweimaligem Sitzenbleiben in Klasse acht verlassen hatte und von seiner *lieben Mutti* trotz allem viel zu sehr verwöhnt wurde. So seine Meinung. Zum Glück war er ständig irgendwo unterwegs. Außerdem finanzierte er mir nach wie vor den Luxus meiner Einliegerwohnung mit separatem Eingang an der Seite von ihrem Haus und deshalb versuchte ich, einem Streit mit ihm, so gut es ging, aus dem Weg zu gehen.

Ich schloss die Augen und ließ mich tief in die Couch sinken. Schon seit Wochen hatte ich den Beginn der Maßnahme mit dunklen Wolken auf mich zudriften sehen. Dabei hatte ich meine Zeit gerade so entspannt mit ein bisschen Musik, Gezeichne und Büchern ausgefüllt. Und selbstverständlich weiter hart an meinem Ruf als erfolgreicher Weedgärtner gearbeitet.

Ich brauchte diesen Schulkram nicht! Egal, was meine Eltern und all diese ach-so-korrekten *Pädagogen* sagten. Bei mir lief es ... *okay.*

Zumindest bis heute.

Der letzte Zug des Joints verbrannte mir fast die Lippen.

Ich hatte völlig verdrängt, wie unsexy es ist, morgens zu einer bestimmten Uhrzeit aufzustehen. Nachdem die Einführungsveranstaltung gestern noch ganz entspannt gestartet war, hieß es ab heute: Pünktlich um 7:50 – um sieben Uhr fünfzig! – mussten wir, *die Holzprofis,* zur Einführung in der Werkstatt antreten. Und so entriss mich mein Handy um sechs Uhr mit dem heftigsten Klingelton meinen süßen Träumen.

Boah, das waren schmale vier Stunden Schlaf gewesen. Mein Spiegelbild sah aus wie die Druckplatte des roten Kraftklubcovers: blass mit roten Augen.

Ein paar Minuten nachdem die kalte Dusche mein Hirn etwas massiert hatte, trat ich mit verwaschenem Shirt, ausgebeulter Jeans und abgewetzten Vans aus dem Haus. Meinen Augen gönnte ich eine dunkle Sonnenbrille, denn dieser Septembermorgen war definitiv zu hell für meinen Geschmack. Über die Ohren schob ich mir den sauteuren Kopfhörer, den ich mir vor Kurzem von meinem Vater *geborgt* hatte.

Der einsetzende Bass überlagerte die Außenwelt. Ich setzte mich in die nächste U-Bahn und ließ die App über meine Reiseroute entscheiden. Hoch leben die Programmierer, die dieses himmlische Tool gebastelt haben. Früher war ich völlig aufgeschmissen, wenn ich herausfinden wollte, welche Bahn mich pünktlich ans Ziel kutschieren durfte. Ich war nämlich bereits beim Ablesen einer Zeigeruhr raus. Jetzt musste ich nur noch das digitale Ankunftszeiträdchen richtig wischen und schon reichte ein Blick aufs Handy, um meinen neuen Lehrern mitteilen zu können, wann sie mich mit dampfendem Kaffee und Croissant am Schultor empfangen durften.

Shit! *Ankunft: 8:03* stand da auf dem Display.

Letztendlich traf ich sogar mit rund dreißig Minuten Verspätung vor dem Eingang des Maßnahmengebäudes ein. Die Bahn war ausgefallen. War halt Köln.

Maßnahme ... das klang ähnlich verlockend wie Brechdurchfall und das *Maßnahmengebäude* hatte passenderweise den Charme eines abgefuckten Lagerschuppens. *Manege der Idioten und Verstoßenen* hatte jemand über die Eingangstür gesprayt. Es sah ziemlich frisch aus – stand das schon gestern dort?

Durch ein Lkw-taugliches Tor ging es in eine Halle mit diversen Werkbänken, an denen man bestimmt *unglaublich beeindruckende* Sachen aus Holz bauen konnte. Die Skizzen für meine perfekte Bong kamen mir in den Sinn, aber aus Holz? Hm ... vielleicht in Kombi mit einem Glaszylinder. Ich musste grinsen, während ich den Blick umherschweifen ließ.

Das war also das Reich der sechzehn *Holzis,* wie ein mittellustiges Schild schon am Hallentor verkündete, damit sich bloß keiner der *Metals, Schrauber* oder *Nähis* zu uns verirrte, die ihr klägliches Dasein in angrenzenden Gebäuden fristeten. Am Ende der Halle waren ein paar Räume abgeteilt worden, unter anderem Unterrichtsräume und Büros. Zögernd öffnete ich die Tür zu dem Raum, in dem wir gestern begrüßt worden waren, und erblickte gerade mal fünf Leute. Fünf! Von fünfzehn Holzexperten!

Ich Depp war scheinbar zu früh aufgestanden. Schweigend ließ ich mich auf einen Stuhl in der hintersten Reihe fallen und platzierte meinen Rucksack aus alter Gewohnheit als Kopfkissen auf dem Tisch.

Rechts von mir saß ein korpulenter Typ mit Pottschnitt und kariertem Pullunder. Vor ihm lag ein riesiges belegtes Baguette, das er sich nun freudig in den Schlund gleiten ließ.

Dabei schaute er mich an: »Knöpfle kmmt gleiff. Ftau«, sagte er und wischte sich einen Mayoklecks aus dem Mundwinkel. Ich übersetzte innerlich, dass Frau Knöpfle erhöhtes Verkehrsaufkommen zu bewältigen hatte, und nickte ihm pflichtbewusst lächelnd zu.

Auch das zuckende Mädchen mit den schwarzen Klamotten war schon da und schlug sich wieder in unregelmäßigen Abständen mit der flachen Hand gegen das Schlüsselbein. Was war bloß los mit der? War das normal? Und sie zuckte nicht nur, sie schnalzte und räusperte sich auch ständig! Echt strange. So in Action zu sein, musste ja Kalorien verbrennen wie bei einem Profisportler.

Auf der linken Seite saß außerdem ein total schmaler Typ. Der hatte Klamotten an, als wäre er auf dem Weg hierher erst mal nackig bei der Heilsarmee aufgeschlagen. Und seine Brille war original die von Harry Potter. Sogar mit Klebeband geflickt. Den Blick hatte er so konzentriert auf seine fein säuberlich mit *Kadir* beschriftet Kladde geheftet, als müsse er gerade seinen eigenen Namen auswendig lernen. Seine reichlich aufgetakelte Banknachbarin – es war dieses Mädchen, das sich schon während der Einführung so exzessiv die Nägel gefeilt hatte – fragte ihn etwas, doch er reagierte nicht einmal.

Da wurde die Tür aufgerissen und dieser dunkelhaarige Beatboxer, heute mit fetter Panzerkette um den Hals und triefend gegelten Haaren, stand grinsend im Türrahmen, als warte er auf Applaus.

»Hey, Bros ... was geht?«, rief er. »Ich bin's, euer Tariq!«

Ah ja.

Kaugummi kauend betrat er den Raum. Seine Augen hefteten sich sofort an das zuckende Mädchen. Klar, sie war ja auch wirklich kaum zu übersehen.

Tariq blieb direkt vor ihr stehen, was ganz offensichtlich die Voltzahl in ihren Adern steigerte, denn das Zucken wurde stetig krasser.

»Hi, Chica, so früh am Morgen schon wieder am Abrocken?«

Das Mädchen zog sich die schwarze Kapuze über den Kopf, ihre Hände waren geballt, die Knöchel weiß vor Anspannung. Und sie zuckte. Immer heftiger. Als ich dachte, sie würde im nächsten Moment explodieren, sprang sie plötzlich auf und *bellte*.

Sie bellte. Wie ein Hund.

»N-n-nur Tics!«, rief sie. Dann rannte sie mit hochrotem Kopf raus.

Wow.

Stille senkte sich über den Raum.

Ich sah zu Tariq und vielleicht war es unklug oder gar gefährlich, schließlich sah der Typ, das wandelnde Gangsterklischee, groß und durchtrainiert aus, aber ich konnte einfach nicht sitzen bleiben.

Meine Vernunft zog schon immer den Kürzeren, wenn es darum ging, mich zwischen sinnvoll und gefährlich zu entscheiden.

Deshalb stand ich auch jetzt auf und marschierte geradewegs auf Tariq zu. »Hast du irgendwelche Probleme, du Vollidiot? Was für ein Wichser muss man sein, um ein Mädchen, das offensichtlich ... äh ... *krank* ist, so blöd anzulabern. Musst du dich so scheiße verhalten?«

Der Typ schaute verblüfft und lächelte dann irritiert. »Was war daran scheiße? Das ...«, seine Augenbrauen verwandelten sich in zwei tanzende Raupen, »... war Mister-Tariq-Style! Komm schon, Alter, das war nicht beleidigend. Gestern hab ich sie doch total verteidigt vor dem da.« Er deutete zu dem Bomberjackenglatzkopf.

Ich konnte es echt nicht fassen. Wo war ich hier nur gelandet?

»Kleiner Tipp.« Ich fixierte ihn mit schmalen Augen. »Dein *Tariq-Style* ... also, da ist noch Luft nach oben. Viel Luft.«

»Ach, wieder so 'n langweiliger Deutscher«, brummte Tariq genervt. »Ihr geht doch alle zum Lachen auf die Toilette.«

»Wenn schon, dann in den Keller«, antwortete ich automatisch, aber der Vollpfosten hatte seine Ohren bereits mit einem Kopfhörer verdeckt.

Als ich mich umdrehte und zu meinem Platz zurückgehen wollte, entdeckte ich das Mädchen wieder. Sie stand in der Tür zum Klassenzimmer und wenn ich das bisschen Gesicht, das die kleine, ovale Öffnung der Kapuze freigab, richtig deutete, lächelte sie mich fast dankbar an. Doch dann zuckte sie wieder und räusperte sich, als hätte sie 'nen Baumstamm in der Kehle.

Ich wendete den Blick ab und glitt, schon jetzt völlig im Eimer, auf meinen Stuhl.

Allmählich beschlich mich so eine Ahnung, warum es immer hieß, in Maßnahmen wie diesen fände man nur die absoluten Nieten.

Liza

2 Ich hasste mich dafür, dass Idioten wie dieser Tariq immer wieder solche heftigen Reaktionen bei mir auslösen konnten. Eigentlich schaffte ich es mittlerweile ganz gut, nichts auf dumme Sprüche zu geben – warum musste ich ausgerechnet heute so neben der Spur sein?

Obwohl ... vielleicht lag es auch daran, dass es im Grunde schon vorher echt blöd losgegangen war: gestern diese Einführungsveranstaltung, bei der keiner zugehört hatte. Und heute? Da saß ich schon kurz vor Schulbeginn voller Tatendrang im Klassenraum. Allein. Auch zum offiziellen Stundenbeginn war ich immer noch die Einzige. Ein paar Minuten später kam dann so ein Typ mit geflickter Brille und setzte sich an einen Einzeltisch. Ich hatte es mit etwas Small Talk probiert, doch er reagierte einfach nicht. Er saß da nur so rum und stierte auf das ramponierte Notizbuch, das er mittlerweile aus einer Plastiktüte gezogen hatte.

Nach und nach kamen weitere Leute rein und ich spürte, dass mit jedem von ihnen eine neue Portion Unlust den Raum erfüllte, bis ich irgendwann dachte, ich kriege keine Luft mehr. Wie sollte ich denn hier irgendwas lernen, wenn ich als Einzige freiwillig in dieser Quali hockte? Natürlich hätte auch ich mir etwas Besseres gewünscht, als mit sechzehn Jahren so für meinen Hauptschulabschluss zu kämpfen, aber nach meinem Zusammenbruch in der Achten schien das hier die einzige sinnvolle Option zu sein.

Jedenfalls hatte mich das gestern schon ziemlich runtergezogen. Nicht gut für meine Tics, denn jeder Hauch von Stress steigerte sie heftig. Dabei war es ja auch schon an normalen Tagen schwer genug, sie im Zaum zu halten. Stellt euch vor, ihr müsstet

einen hyperaktiven, tonnenschweren Ackergaul am Strick um-
herführen, dann wisst ihr so ungefähr, wie viel Kraft es mich kostete. Eine Weile lang funktionierte das meist und auch jetzt gelang es mir, zumindest nicht ganz so wild herumzuzucken, doch
als dieser Tariq mich ansprach, da ging irgendwie gar nichts mehr
und es riss mich samt Ackergaul davon. Ich versuchte, es noch
mit einer kleinen Erklärung zu retten, aber dann musste ich erst
mal raus, um wieder ein bisschen runterzukommen.

Luzifer – so habe ich dieses unnütze *Etwas* genannt, das mich
kurz vor dem zehnten Geburtstag entdeckt und sich an mir festge-
krallt hat. Erst war Luzifer noch damit zufrieden, mal meine Augen oder meinen Kopf zum Zucken zu bringen, aber irgendwann
wollte er *mehr*. Er wollte aus mir kichern, schnalzen und bellen
und je aufgeregter ich war, desto wilder trieb er es mit mir. In den
siebentausend Gesprächsgruppen, die ich bereits besucht hatte,
hieß es zwar immer: *Du hast Tourette und nicht das Tourette dich,*
aber ... ich empfinde das durchaus ein bisschen anders. Hilflos
sah ich mit an, wie Luzifer alles verschlucken wollte, was ich
mal war. Am Ende sah dann wirklich jeder nur noch Luzifer statt
mich. Das war so grausam, dass ich vor über einem Jahr endgültig
beschloss, die Einsamkeit meiner vier Wände dem permanenten
Spießrutenlaufen in der Schule und draußen vorzuziehen. Fortan
hockte ich meist auf dem Bett und ließ den Laptop auf dem Schoß
zunehmend die Lücke füllen, die entstanden war, als selbst Mia,
meine letzte und treueste Freundin aus Grundschulzeiten, ständig
neue Ausreden fand, um sich nicht mehr mit mir treffen zu müssen. Vielleicht habe ich sie aber auch nur mit meiner immer öfter
gruseligen Laune vergrault. Der Frust über Luzifer hatte mich zu
einer meist angenervten, dummen Ziege werden lassen.

Jetzt wieder meine Höhle zu verlassen, war deshalb Stress pur
und damit ich mich nicht sofort aufs Neue blamierte, hatte ich
die letzten Wochen hart trainiert, Luzifer zu bändigen. Ich hat-

te ihn um Ruhephasen angefleht, Entspannungskram gemacht, Wunderzeug geschluckt. Ich wollte nicht wegen der Blicke und Sprüche meiner Mitschüler eine weitere Schule verlassen. Und da Luzifers Bändigung zu Hause so gut funktionierte, hatte ich am Ende echt geglaubt, es könnte auch in der Maßnahme klappen. Wie naiv von mir.

Nachdem *Luzifer,* der Herr meiner Tics, sich also dank Tariq direkt am ersten richtigen Tag unserer Qualifizierungsmaßnahme schon ausgetobt hatte, marschierte ich jetzt wieder zurück in den Klassenraum.

So ein Schlabberklamottentyp stauchte gerade Tariq zusammen. Ob es da um mich ging? Das wäre ja eigentlich echt nett, andererseits brauchte ich keinen Beschützer. Das kriegte ich auch allein hin. So wie sonst auch.

Als mein Möchtegernbeschützer zu mir schaute, musste ich dennoch das erste Mal lächeln. Er hatte wirre dunkle Locken, die sich aus seiner Wollmütze herauswanden. Aber diese knallroten Augen ... der hatte wahrscheinlich schon heute Morgen eine komplette Hanfplantage inhaliert. Dass er wenig später mit dem Kopf auf seinem Rucksack einpennte, bestätigte diesen Verdacht. Schade eigentlich, aber solche Typen waren echt nicht mein Ding.

Als dann Frau Knöpfle, tausend Entschuldigungen murmelnd, durch die Tür rauschte, waren endlich fast alle Plätze besetzt.

Wie sie so dastand, in einem grünen Filzkleidchen, orange-schwarz gemusterter Strumpfhose und knöchelhohen Mary-Poppins-Schuhen, wirkte sie ein bisschen wie ein verlorenes Kind. Vielleicht lag das auch daran, dass sie so klein und zierlich war oder weil sie gerade sehr unsicher mit dem Amulett spielte, das an einem Lederband um ihren Hals baumelte. Ihre Lippen bewegten sich, doch der Lärm, den die anderen veranstalteten, überlagerte ihre dünne Stimme.

Oje, Frau Knöpfle war die mit Abstand schüchternste Lehrerin, die mir je begegnet war. Das war für all die Klassenclowns hier bestimmt ein gefundenes Fressen. Ich hatte sofort Mitleid mit ihr.

Doch auf einmal zog sie einen riesigen Schlüsselbund aus der Tasche und ließ ihn mehrmals geräuschvoll auf ihr Pult krachen.

»Wir werden jetzt direkt mit ein paar ... kleinen, äh ... Tests beginnen«, nutzte sie die überraschte Stille. »Die Resultate sind dann die Grundlage für die Aufteilung in Lernniveaustufen. Alles ganz entspannt natürlich!« Sie kicherte und fügte fast entschuldigend hinzu: »... und es gibt auch keine Noten.«

Die Tests – Mathe, Deutsch, Englisch – waren wirklich okay. Ich war ja auch gar nicht so schlecht in der Schule, zumindest solange ich noch regelmäßig hingegangen war.

Während es um mich herum ächzte und stöhnte, löste ich den Matheteil in weniger als der Hälfte der vorgeschriebenen Zeit und konnte unauffällig die Leute beobachten, denn sie waren größtenteils so sehr im Stressmodus, dass sie um sich herum nichts mehr mitbekamen. Der Schweiger war recht eifrig, Tariq balancierte pseudocool seinen Bleistift auf einer Fingerkuppe, wirkte jedoch ziemlich nervös.

Ich ertappte den Kiffer immer wieder dabei, wie er seinerseits *mich* beobachtete. Er grinste charmant, leider auch verdammt breit. Sein Blatt war komplett bemalt. Die Kritzeleien sahen sogar recht kunstvoll aus, doch es sollten ja eigentlich die Lösungen der Aufgaben draufstehen und so wie der wirkte, würde er heute nichts Vernünftiges mehr zu Papier bringen. Links von mir schniesten ein paar Mädchen. Besonders theatralisch wimmerte Elvira, ein Mädchen mit blonden Ringellöckchen und Glitzerminirock. Sie schluchzte, als nahe gerade der Weltuntergang, doch da sie dabei auf ihren abgesplitterten Gelnagel blickte, vermutete ich mal, dass es ihr weniger um den Test ging.

Nachdem Luzifer sich in den letzten Minuten ziemlich still verhalten hatte, spürte ich nun jenes untrügerische Ziehen in meiner Brust, das jedem Tic vorausging. Ich versuchte, es wegzudrängen, doch es hatte keinen Zweck, denn das Tourette-Syndrom kämpft immer um sein Recht und irgendwann kracht es dann so aus dir heraus, als hätten sich alle unterbundenen Tics zusammengetan. Und egal wann das passierte, dieser Moment war in meinen Augen niemals passend.

Jetzt war einer dieser unpassenden Momente: Für jeden anderen im Raum völlig unvermittelt erwachte Luzifer zum Leben. Ein Kläffen entwich meiner Kehle, gefolgt von einem zweiten und dritten, und prompt saß die Hälfte der Klasse senkrecht und kurz vorm Herzinfarkt auf den Stühlen.

Alle starrten mich an, als hätte ich völlig den Verstand verloren.

»Boah, Alte«, zischte dieser beschränkte Skinheadtyp, der in der Einführungsveranstaltung neben mir gesessen hatte. »Du gehörst echt in die Klapse, ey!« Zustimmendes Gemurmel brandete auf. »Ab in die Psychiatrie!«

Ein paar Reihen vor mir näherte sich ein blasses Mädchen zögernd ihrem Banknachbarn und versuchte doch tatsächlich, ihr Gesicht hinter einem Taschentuch zu verstecken. »Ist das *ansteckend?«*, flüsterte sie etwas zu laut. Die alten Erinnerungen an ähnliche Erlebnisse klopften an und ich presste die Augenlider aufeinander, um nicht auch noch vor allen in Tränen auszubrechen.

»Genauso wenig wie deine Dummheit«, antwortete jemand genervt. Die Neugier öffnete mir gegen meinen Willen einen Spaltbreit die Augen. Anscheinend kam der Kommentar von dem Typ neben dem Mädchen, denn sie schaute ihn irritiert an. Er sah ziemlich krass aus. Stoppelhaare, etliche Ohrringe, Löcherpulli, abgeschnittene, zerrissene Hose und Springerstiefel. Vielleicht so eine Art Kurzhaarpunk? Zumindest deuteten die ganzen gekritzelten Anarcho- und Antinazisprüche auf seinem Rucksack darauf hin.

»Schon mal was von Tourette gehört?«, fragte er und ahmte ihren dumpf glotzenden Blick originalgetreu nach. »Tourette-Syndrom? Neuropsychiatrische Erkrankung? Tics?«, konkretisierte er ungeduldig mit schief gelegtem Kopf. »Na ...? Klingelt da was?« Sein Zeigefinger umkreiste seine Schläfe, als könne er auf diese Weise ihre Hirnströme ankurbeln, doch seine nervöse Banknachbarin wandte sich nur ruckartig von ihm ab und stierte, die Lippen zum Schmollmund gespitzt, in eine andere Richtung.

»Ruhe bitte ...«, schaltete sich nun Frau Knöpfle wieder zaghaft ein.

»Rede einfach nicht mehr so einen Scheiß daher«, schnaubte der Punk, ohne den Blick von dem Mädchen abzuwenden. Frau Knöpfle ignorierte er. »Ich kann es nämlich gar nicht leiden, wenn Leute null Ahnung haben, aber einfach mal das Maul aufreißen. Kapiert?«

Auf das Lehrerpult krachte wieder mal der Schlüsselbund. »Max? Möchtest du gerne eine Frage stellen?«

Punk Max hob die Hände minimal zu einer Entschuldigungsgeste, die eigentlich keine war, blickte dann auf seine bereits fertig ausgefüllten Testblätter und trommelte ungeduldig mit den Fingern auf den Tisch.

Ich seufzte leise. Es war, als wollte Luzifer meinen neuen Klassenkameraden direkt zum Start klarmachen, was für ein Freak ich war.

Und ja, ich weiß, dass ich so nicht denken sollte. Meine Mutter würde ausflippen. Für sie war ich ein ganz normales Mädchen.

Aber was hieß bei uns zu Hause schon normal? Meine Ma war Performancekünstlerin mit Schwerpunkt auf tänzerisch interpretierten Lautgedichten! Und ihr Langzeitfreund, der sich selbst ernsthaft *Digga* nannte, davon abgesehen aber mehr als okay war, na ja, der war ein langsam alternder Rockgitarrist mit reichlich Träumen, wenigen Gigs und jeder Menge allmählich verblassender Tattoos. Die beiden waren also echt alles andere als normal. Und wenn in unserer kleinen Hinterhofwohnung links nebenan Digga seine Gitarre johlen ließ und auf der anderen Seite Ma ihre Lautgedichte stammelte, dann fiel Luzifer eben wirklich kaum noch auf.

Und ja, ich weiß, dass ich so nicht denken sollte. Hier allerdings ... ich sah mich unauffällig im Klassenraum um. Hier fiel er auf.

Andererseits – es gab auch was Gutes. Ich blickte kurz zum Schlabberklamottenkiffer. Dann zu diesem Max. Beide hatten sich ... für mich eingesetzt.

Julian

3 Nach den gestrigen Erfahrungen gönnte ich meinem Wecker und damit mir erst mal dreißig Minuten Zeitzugabe. Prompt platzte ich dieses Mal in einen vollen, aber mucksmäuschenstillen Unterrichtsraum und rauschte fast in einen riesigen Kerl hinein, der an der Tafel stand und anscheinend einen Vortrag hielt.

Ich bremste mitten in der Bewegung ab und glotzte den Typen an, der locker zwei Meter groß war, Unterarme hatte, die meinen Oberschenkeln Konkurrenz machten, und ein Kreuz, hinter dem ich mich zweimal hätte verstecken können. Mit seinen Tattoos, den Ohrringen und dem Kopftuch wirkte er wie ein Schwerverbrecher auf Hafturlaub. Hatte ich da gestern irgendwas verpasst? Was hatte der mit Knöpfle gemacht?

»Willst du 'ne Rede halten oder warum setzt du dich nicht?«, wandte sich der Riese mit tiefer Stimme an mich.

»Äh ... ich ...«, setzte ich an, brach jedoch sofort wieder ab, als er schweigend eine Augenbraue hob und mit dem Kinn zu einem freien Stuhl deutete.

Automatisch schlüpfte ich in so eine dämliche unterwürfige Buckelfigur, schob mich hin zu meinem Platz und kassierte neben einigen gehässigen Grinsern auch noch einen Tadelblick von meiner speziellen, auch heute schwarz gekleideten Freundin ... *Liza*. So hieß sie laut dem Namensschild, das heute alle vor sich auf den Tisch gelegt hatten, wie ich nun registrierte. Flott beschriftete ich ebenfalls ein Blatt aus meiner Kladde.

»Also, ich denke, ihr habt mich verstanden«, setzte Mr Easy Rider seinen Vortrag fort. »Für die ganze Zeit hier gilt: Wenn ihr was braucht, kommt zu Marlen, Hugo oder mir, wir sind für euch da. Wofür wir jedoch nicht da sind, ist, euch den Arsch nachzutragen.«

Erst jetzt fiel mir auf, dass einen halben Meter unter dem Rockerschädel Knöpfles Rotschopf hervorlugte. Ich hatte sie bloß nicht gesehen. Und neben dem Riesen selbst stand ein Name an die Tafel geschrieben: *Til Pfeiffer.*

»Ob ihr das Ganze total lächerlich findet, Bock auf die Nummer hier habt oder nicht, ist euer Ding«, fuhr der Riese namens Pfeiffer fort. »Wir haben ein ziemlich cooles Angebot für euch, also nutzt die Chancen, die ihr jetzt bekommt. Aber letztendlich liegt es in eurer Hand. Wenn *wir* nachmittags nach Hause düsen, haben wir unsere Kohle auf jeden Fall eingefahren, egal, ob ihr was mitgenommen habt oder nicht.«

Moment, das hörte sich aber jetzt irgendwie nicht so prickelnd an und auch Gangster Tariq schaute irritiert zu Pfeiffer. Da vorn standen schließlich unsere *Betreuer!* Die mussten sich doch um uns *kümmern,* oder nicht? Andererseits ... das klang auch ein bisschen nach In-Ruhe-gelassen-Werden und Abhängen-ohne-Stress und die einzige Voraussetzung, dass meine Eltern diese Familienkassenkohle kassierten, war ja nur, nicht zu fliegen.

»Wie ihr bestimmt auf dem Stundenplan gesehen habt, werdet ihr jetzt gleich in der Halle eure Einweisung für den ersten Holztag bekommen. Viel Spaß!« Damit verabschiedete sich Pfeiffer und lächelte Knöpfle zum Abschied überraschend sanftmütig an. Im Türrahmen drehte er sich noch einmal um. »Ach ... und neben dem Unterricht werdet ihr auch noch an einem Projekt arbeiten, für das ihr in Vierergruppen eingeteilt werdet. Genauere Infos dazu bekommt ihr später noch. Die Ergebnisse werden dann beim Tag der offenen Tür der Kölner Medienschule *Mediasos* vorgestellt.«

Kaum, dass das Wort im Raum verhallt war, begann das Mädchen mit den schwarzen Klamotten wieder zu zucken. Doch dieses Mal wirkte es sogar total euphorisch. Anscheinend gefiel ihr das mit der Medienschule.

Der Typ in der Holzwerkstatt, zu dem Knöpfle uns dann brachte, war irgendwie schräg: um die sechzig. Flusige, schulterlange graue Haare, die er – als wäre das nicht übel genug – auch noch zu einem rattenschwanzähnlichen, dürren Zopf gebunden hatte. Dazu: drahtiger Bizeps in einem verblichenen, schlackernden Muskelshirt und fliederfarbene Latzhose.

»Hallo, die Bande, mein Name ist Hugo!«, rief er fröhlich und hob grüßend seine nicht mehr ganz vollständigen Hände in die Höhe.

»Wie ihr seht, gebe ich *alles* fürs Holz«, kicherte er und wackelte mit den ihm noch verbliebenen Fingergliedern.

Dann bekamen wir von ihm und Knöpfle eine Grundeinweisung in das *Arbeiten an der Werkbank*. Ziemlich sinnlos, wie ich fand.

Das reichlich aufgedonnerte Mädchen neben mir sah es anscheinend ähnlich. »Hey, ich bin Elvira«, flüsterte sie mir lächelnd zu.

»Glückwunsch«, gab ich wortkarg zurück.

Sie schnaubte beleidigt. Dann schob sie sich mit einer Arschbacke auf den Kreissägentisch, checkte ihr Dekolleté und startete den Selfiemodus ihres Smartphones.

Katzengleich schlich Hugo sich heran, setzte mit einem geschmeidigen Drehen eines Schalters die Kreissäge in Gang – und löste damit ein Kreischduett von Beautyqueen und Säge aus.

»Regel Nummer eins«, sagte Hugo gelassen, nachdem Maschine und Sirene allmählich wieder zur Ruhe gekommen waren. »Nie auf Werkbänke und elektrische Geräte setzen. Ich kannte mal eine, die ...«

Knöpfle atmete tief durch und schaute Hugo warnend an.

»Okay, das gehört nicht hierhin ...« Er riss sich zusammen, grinste jedoch so sehr vor sich hin, dass ich gerne mehr gewusst hätte.

Nach Hugos Werkstatteinweisung starteten bei der Knöpfle unsere so genannten »Förderkurse«.

»Also«, begann sie, »ich habe die Tests kontrolliert. Die Auswertung bekommt ihr jetzt und außerdem das hier ...« Sie gab jedem von uns einen Stapel Übungsmaterial. »... individuell zusammengestellt«, erläuterte sie mit einem fast entschuldigenden Blick in meine Richtung.

In Mathe war ich auf 7 von 120 Punkten gekommen. Okay, das war nicht wirklich überraschend. Aber dass ich im Aufsatz eine ähnliche Nullnummer fabriziert hatte, kratzte mich schon sehr. Vielleicht lag es daran, dass ich gestern mal wieder keinen einzigen klaren Gedanken hatte fassen können?

Ernüchtert schnappte ich mir die für mich persönlich zusammengestellten Matheübungsblätter – und zuckte angewidert zurück: Auf dem Deckblatt schritten ein Minus- und ein Pluszeichen Arm in Arm lächelnd in meine Richtung. Es war, als wollten sie mich fragen: »Naaa? Hast du eine Idee, warum wir so drollig illustriert auf dich zumarschieren? Das liegt daran, dass diese Arbeitsblätter eigentlich für *Siebenjährige* sind, und die stehen auf solche wie uns!«

Scheiß Kobolde, dachte ich wütend und tötete sie mit gezielten Bleistiftstichen.

»Hey, Alter ... es reicht. Eine Irre genügt«, grunzte der Skinhead vor mir. Auch andere glotzten irritiert in meine Richtung und ausgerechnet Liza schüttelte nur schweigend den Kopf. Dabei sollte die doch nun wirklich Verständnis für solche ... Ausbrüche haben.

Oder vielleicht auch nicht. Irgendwie schien sie eher so der

Typ nerviger Überflieger zu sein – auch jetzt löste sie schon eifrig erste Aufgaben.

Als sich alle endlich wieder Interessanterem als meinem Zahlenmord zuwandten, blickte ich mich verstohlen um. Lagen auf den übrigen Tischen eigentlich auch solche peinlichen Zweitklässlerblätter? Ich konnte nirgendwo welche entdecken und platzierte meinen Rucksack reflexartig so, dass keiner die Übungsaufgaben vor mir erkennen konnte.

Julian ... du bist so ein Versager!

Wie aus dem Nichts hörte ich plötzlich die Stimmen von früheren Klassenkollegen, manchen Lehrern und allen voran: meinem *lieben* Vater.

... ein Idiot ... selbst zu dumm für diese Quali ... der Dümmste der Dummen ging es weiter.

Und dann passierte es. Ich schrumpfte, schrumpfte, schrumpfte und schien meinem Körper zu entweichen.

»Sorry ... ich muss mal aufs Klo«, stammelte ich Richtung Knöpfle und schob mich an den anderen vorbei. Leicht wankend lief ich aus dem Klassenraum zu den Toiletten. Dort angekommen spritzte ich mir erst mal am Waschbecken kaltes Wasser ins Gesicht und lehnte mich an die gefliese Wand.

Ganz langsam atmete ich tief ein und aus.

Ich hatte echt gedacht, diese Zeiten wären vorbei. Die Zeiten von Panikattacken. Die Zeiten, in denen die Meinung anderer mich so fertigmachte.

Ausgeschlossen, dass ich jetzt wieder in den Klassenraum reinging.

Wenigstens auf meine Beine war in solchen Momenten Verlass, sie wussten von ganz allein, was zu tun war, und lenkten mich einfach aus der Halle heraus und runter vom Qualigelände in Richtung Heimat.

Doch mein Flashback hatte mich immer noch so heftig in seinen Klauen, dass ich mich hoffnungslos verlief und am Ende auch noch die falsche Bahn nahm.

Erst satte zwei Stunden später schloss ich die Tür zu meiner Wohnung auf. Ich zog den Tabak samt seinen feinen Zutaten aus dem Versteck und baute mir eine stattliche Tüte des Vergessens. Dann drehte ich Jimi Hendrix auf, ließ mich aufs Sofa fallen und sehnte den lila Nebel herbei.

Liza

4 Die Nachricht, dass es eine Projektarbeit in Kooperation mit Mediosos gab, hatte mich gestern total umgehauen. Ein Ausbildungsplatz dort war mein größter Wunsch – den zu bekommen allerdings so wahrscheinlich wie ein Lottogewinn, denn es war *die* Kölner Topadresse für die Ausbildung zur Mediengestalterin. Ihre Internetseite hatte ich schon tausendmal durchforstet und beim Tag der offenen Tür dort fast die ganze Zeit im Videoraum und in den Studios verbracht. Unfassbar, dass sich nun vielleicht doch noch eine Möglichkeit auftat, selber einmal in diesem Hightechparadies von echten Profis lernen zu können. Denn wer weiß, vielleicht könnte ich ja dank einer super Projektarbeit auch trotz meiner ätzenden Schulzeit noch eine Chance dort haben. Das wäre der Wahnsinn, denn zu filmen und dann zu schneiden – das war, seit ich vor zwei Jahren an einem Videoworkshop teilgenommen hatte, zu meiner großen Leidenschaft geworden, besonders diverse Spielereien mit Perspektivwechseln und technische Verfremdungen des Materials in der Nachbearbeitung ...

Und selbst wenn es mit Mediosos nicht klappen sollte, hing ziemlich viel davon ab, ob wir eine einigermaßen vernünftige Projektarbeit zustande brachten: Wir würden eine Beurteilung dafür bekommen, mit der wir uns um Praktikumsplätze bewerben sollten. Wer nichts Gutes liefern würde, hätte deshalb auch eine deutlich geringere Chance auf gute Praktika.

Seit ich von dem Projekt erfahren hatte, scannte ich deshalb permanent die übrigen Teilnehmer ab. Nicht, dass ich mir groß Hoffnungen machte – denn wer aus dieser Freakshow würde sich schon auf eine Gruppenarbeit einlassen? Die hatten hier doch alle null Lust auf nichts!

Gut, ich gebe zu – streng genommen kannte ich die potenziellen Kandidaten eigentlich noch gar nicht. Aber das war ja auch nicht der Punkt. Ich musste die nicht erst besser kennenlernen. Ich wusste auch so: Von denen passte definitiv keiner.

Ich meine ... *Scherzkeks* Tariq, der würde wohl kaum irgendwas Ernstes zu Papier bringen.

Das blasse Mädchen mit Angst vor einer Tourette-Epidemie?

Kadir, der Typ mit der geflickten Brille, der bis jetzt noch *keinen einzigen* Ton gesagt hatte? Miss Selfie Elvira? Max, der überhebliche Punk? Auf die konnte ich echt bestens verzichten.

Oder etwa Julian mit seinen dunklen Locken und dem aufgesetzten Kifferlächeln? In der Mathestunde gestern hatte der erst ein paarmal wie wild mit einem Stift auf sein Arbeitsblatt eingestochen und war dann für den Rest des Tages spurlos verschwunden. Den konnte ich also auch vergessen.

»So, Leute«, verkündete Herr Pfeiffer, bei dem wir an diesem Donnerstag unsere erste Motivationsstunde hatten. »Zeit für eine Runde *Wünsch dir was!* Was möchtet ihr heute in fünf Jahren machen? Wer wollt ihr sein? Was auch immer euch in den Sinn kommt, schreibt es auf diese Zettel und schmeißt die Zettel in den Topf dort.« Er platzierte einen Schwung bunter Papiere inmitten unseres Sitzkreises und blickte aufmunternd in die Runde.

Ich griff nach einem Zettel und keine Minute später war ich als Erste fertig, ich wusste ja schließlich, was ich werden wollte.

»Tariq«, schaltete sich Herr Pfeiffer irgendwann wieder ein, als endlich auch die Letzten irgendwas zu Papier gebracht hatten, »zieh doch bitte den ersten Lebenstraumzettel und lies ihn vor!«

»Zcro Problemo.« Tariq schlurfte lässig nach vorn und fischte einen Zettel heraus. *»Lo...tto...millio...när!«,* entzifferte er mühsam die offensichtlich krakelige Schrift. »Yo, Alder, dann gönn dir von der Kohle aber auch ein paar Schönschreibkurse!«

»Vor-le-sen. Nicht kommentieren«, unterbrach Herr Pfeiffer seufzend das aufkeimende Gekicher und rief den ewig schlecht gelaunten Punk Max nach vorn.

Der zog den nächsten Zettel und starrte ungläubig darauf. *»Ein Haus und eine Familie«,* las er schließlich laut vor, murmelte was von »Spießerscheiß« und kehrte zu seinem Platz zurück.

In dem geistreichen Stil ging es dann immer weiter:

»Topmodel? – Sorry, keine Chance für die anwesenden Damen«, kicherte Gustav, der rundliche Typ im Pullunder.

Tischler mit eigener Schreinerei – »Arbeiten ist scheißööööö!«, tönte es von schräg hinten.

Und dann las Julian meinen Zettel vor: *»Mediengestalterin?«* Er blickte skeptisch auf. »Vielleicht ein bisschen übertrieben für diese Runde hier?«

Übertrieben? Ich warf ihm einen verärgerten Blick zu.

Dann ging Justin, der Skinhead, nach vorn und plötzlich hatte ich ganz andere Probleme. Langsam und genüsslich las er ab, was irgendein Trottel, wahrscheinlich er selbst, hingekritzelt hatte: *»Zuckendes und bellendes Geisterbahnmonster.«*

Alle Blicke trafen sich bei mir.

Tja, und das war's dann. Luzifer wurde natürlich sofort aktiv, dabei war er heute halbwegs friedlich gewesen. Bis jetzt.

Schon grölte der Erste los und immer mehr Lacher kratzten an meinem Trommelfell.

Reflexartig zog ich die Kapuze über den Kopf. Der Pony reduzierte mein Panorama noch zusätzlich. Fast fühlte es sich an, als säße ich unsichtbar in einem schützenden Kokon – aber eben doch nur *fast.* Deshalb braute sich auch ein Gewitter zusammen, das kurz vor der Entladung stand.

Wut und Luzifer, das war eine sauschlechte Kombination.

Noch gelang es mir halbwegs, ihn zu unterdrücken. Doch er zuckte – *ich* zuckte, schnalzte und schlug mir mit der Faust gegen die Schulter. Und damit würde sich Luzifer nicht zufriedengeben. Was gäbe ich drum, ihn jetzt zum Schweigen bringen zu können. Dem Idioten, der den Zettel geschrieben hatte, keinen Triumph zu gönnen. Doch es half nichts, Luzifer ließ mich laut bellen und schnalzen und dazu heftig zucken.

Die Lacher echoten körperlos tausendfach durch den Raum.

Bitte, lass wenigstens niemanden die Tränen hinter dem Pony sehen, betete ich im Stillen.

Trotzdem war ich ein bisschen stolz auf mich: Dieses Mal harrte ich eisern im Raum aus. Wartete einfach darauf, dass Luzifer müde wurde. Leider dauerte es länger, als ich erwartet hatte.

Irgendwann blickte ich auf – und sah nur noch Herrn Pfeiffer im sonst leeren Raum. Ich hatte anscheinend alles radikal ausgeblendet. So sehr, dass ich das Abebben des Gelächters – und sogar das Ende der Stunde – nicht einmal mitbekommen hatte.

»Liza?« Herr Pfeiffer schaute mich fragend an. »Komm mal mit in mein Büro.«

Mit einem reichlich unguten Gefühl tappte ich hinter Herrn Pfeiffer her.

Nachdem er mich in sein Büro dirigiert hatte, verschwand er noch einmal kurz, um Kaffee zu holen.

Nervös rutschte ich auf meinem Stuhl hin und her. Um mich etwas zu beruhigen, ließ ich den Blick schweifen – und betrachtete leicht verwundert Herrn Pfeiffers Besprechungstisch: Kreuz und quer darüber verteilt waren jede Menge Miniaturmotorräder. So, als hätten ein paar Rockerzwerge sie mal eben dort abgestellt. Im krassen Gegensatz dazu wirkte der Schreibtisch absolut pedantisch: Exakt ausgerichtete Papierstapel lagen dort genau parallel zueinander und in gleichmäßigen Abständen. Ein sauberer

Radiergummi, ein Spitzer und ein angespitzter Bleistift befanden sich – der Größe nach sortiert! – fein säuberlich an der rechten Seite des Tisches. Es reizte mich, von diesem geometrischen Kunstwerk ein Foto zu machen. So ein Schreibtisch traf genau meinen Geschmack.

Ich zuckte zusammen – hinter mir war die Tür zugefallen. Herr Pfeiffer nahm gegenüber von mir Platz und schob eine der beiden Kaffeetassen zu mir. Mein Stresslevel stieg wieder. Ich wartete, die Augen auf einen blauen Chopper geheftet, auf das, was nun kommen würde.

»Hör zu, Liza ... das eben mit der Geisterbahn ...«, startete Herr Pfeiffer – zu meiner Überraschung wirkte er fast ein wenig verlegen, »... das war ... ziemlich heftig«, fuhr er fort. »Ich glaube, es war ein Fehler, mit den anderen nicht über deine ... *Krankheit* zu sprechen. Einige deiner Mitschüler wirken einigermaßen überfordert.«

Überfordert? Das war aber eine nette Umschreibung. Luzifer ließ meinen Kopf zucken und das linke Auge zusammenkrampfen, bis meine Umgebung unscharf wurde. Er war wie immer ausgesprochen aktiv, wenn so über ihn geredet wurde.

»Ich hatte bisher noch keine Teilnehmerin, die ... also ich meine ... also so wie dich.«

Obwohl er ziemlich unbeholfen wirkte, schwang hinter seinen Worten etwas wie Wärme und Bemühen mit. Nach dem ganzen bisherigen Mist war das immerhin ein kleiner Lichtblick.

»K-kein P-P-Problem«, sagte ich, doch mein Zucken strafte mich im selben Moment Lügen.

»Die Sprüche der anderen ...« Herr Pfeiffer sah mich ernst an. »Das geht so nicht weiter, dafür sorge ich.«

»D-d-das ist normal«, stammelte ich und bellte zweimal.

Oh, Mann, war das alles furchtbar. Das war so unendlich peinlich!

Herr Pfeiffer, der trotz seines wilden Outfits gerade milde wie Balou der Bär wirkte, tat einfach so, als habe er nichts gehört.

»Normal ist so ein Verhalten nicht«, sagte er schließlich langsam. »Zumindest nicht in *meinem* Kurs. Lass uns mal überlegen, was dir helfen kann.«

»Ich brauche keine S-S-Sonderregeln, ich schaffe das! Es sind doch nur diese sechs Stunden am Tag. Nur noch insgesamt ...« Ich musste kurz überlegen, denn ich hatte heute Morgen noch die Zahl in meinem Kalender aktualisiert. »... 1072 Schulstunden übrig. U-u-und davon gehen noch die Praktika ab. Also alles okay!« Mein zögerliches Lächeln fühlte sich matt an, mein Blick huschte rasch zu meinen Händen, damit er nicht die Unsicherheit in meinen Augen bemerkte.

»Liza, du musst vor mir nicht so tun, als würde dir das alles nichts ausmachen«, sagte Herr Pfeiffer sanft.

Ich spürte, wie sich jener Druck in mir aufbaute, den ich eigentlich nie mehr spüren wollte. Die ganze Verzweiflung und die Wut wegen des Tourette-Syndroms – verdammt, warum konnte ich nicht cooler damit umgehen, so wie andere Leute mit Tourette?

Dennoch wagte ich es jetzt doch, den Blick zu heben.

»Ich überleg mir was, okay?«, fügt er freundlich hinzu.

Auf einmal verspürte ich mitten in der ganzen Verzweiflung und Wut so etwas wie Hoffnung. Vielleicht hatte Luzifer mir hier ja doch noch nicht alles kaputt gemacht.

Julian

5 Mein unerlaubter Abgang aus der Schule hatte mir direkt eine Privataudienz bei Pfeiffer beschert. Ziemlich entspannt zauberte ich die frische Entschuldigung meiner Mutter hervor. Sie hatte mir schon mit so mancher sehr großzügigen Entschuldigung den Arsch gerettet, wie eben auch heute. Leider ließ sich Pfeiffer von den attestierten »Kreislaufbeschwerden« kein bisschen beeindrucken.

»Na fein ... dann ist ja wieder alles gut, ne?«, stellte er trocken, jedoch mit unmissverständlichem *»Ich lass mich nicht für dumm verkaufen«*-Blick fest.

Ich zuckte mit den Schultern und überraschenderweise ließ er mich ohne weitere Ansprachen ziehen.

Für die nächste Stunde stand eigentlich der Matheförderkurs bei Knöpfle auf dem Plan. Zu meiner großen Freude hielt jedoch der Pfeiffer stattdessen einen Vortrag, und zwar ausgerechnet zum Thema »Klassenzusammenhalt«.

Erst als er auf Liza zu sprechen kam, horchte ich auf. Die zuckte schon wieder auf ihrem Platz herum, fast noch mehr als sonst. Pfeiffer meinte, sie wollte was zu ihrem Gebelle, dem Geschnalze und ihrem Gezucke sagen, und plötzlich stand sie tatsächlich auf: Sie fing einfach an, der gesamten Klasse was über ihre Tourette-Krankheit zu erzählen.

Dass es mal besser, mal schlimmer sei, dass sie diese »Tics« zwar etwas unterdrücken könne, aber nicht auf Dauer. Sie könne das Ganze nicht wirklich steuern, fügte sie noch hinzu, gefolgt von einem lauten Bellen. Keiner wagte es, darauf zu reagieren.

»Es ist w-w-wie ein Niesreiz. Wenn es passiert, tut es irgendwie gut, ist aber leider auch meistens ziemlich peinlich.« Prompt zuckte sie heftig, schlug sich vor die Brust und bellte wieder laut.

»Gesundheit!«, rief Gustav lachend in den Klassenraum und löste damit mehrfaches Gekicher aus. Aber dieses Mal fing auch Liza an zu lachen, was das Ganze irgendwie ... okay machte. Immerhin grinste sogar der Pfeiffer.

»Hey, so wie jetzt ... also, wenn ihr das alle einfach etwas lockerer nehmen k-k-könntet und mit mir drüber lachen, wäre das echt cool. Und ...« Wieder bellte sie laut. »Ach, *Shit!*«

War *Shit* jetzt ein Fluch oder auch irgendein Tourette-Zeug? Eigentlich auch egal.

Liza lächelte weiter und wirkte fast ein bisschen erleichtert. Mit einem Mal sah sie nicht mehr wie ein grimmiges Rumpelstilzchen aus, sondern wandelte sich in etwas deutlich Sympathischeres. Danach wurden noch ein paar Sonderregeln vereinbart: Liza bekam zum Beispiel einen Platz an der Tür. Sie durfte jederzeit rausgehen und vor dem Gebäude bellen, pfeifen oder zucken, wenn ihr danach war – weil das dann anscheinend entspannter für sie wäre. Und ab sofort waren dumme Sprüche über ihr Tourette-Syndrom natürlich absolut tabu.

Nach dieser netten Entspannungsphase wurde es wieder deutlich ernster, denn dann startete doch noch der Mathekurs bei Knöpfle. Dass die süßen kleinen Plus- und Minuskobolde jetzt zermetzelt auf dem Blatt ruhten, änderte meinen Stresslevel nur geringfügig. Zudem waren in meiner kleinen erlesenen Mathenietengruppe außer mir nur Leute, denen ich allesamt nicht wirklich viel zugetraut hatte, doch nun hängten selbst die mich in Mathe mal eben locker ab. *Alle.*

»Alter, was hast du gemacht?«, flüsterte Tariq beeindruckt nach einem Blick auf die ermordeten Kobolde.

»Das ist noch gar nichts«, flüsterte ich finster zurück und blickte das erste Aufgabenblatt verzweifelt an. Statt auch nur einen einzigen klaren Gedanken fassen zu können, stellte ich mir in Dauerschleife abwechselnd zwei unbeantwortbare Fragen: *Wofür brauche ich Kopfrechnen, wenn es doch Taschenrechner gibt?* und *Wieso sollte mir ausgerechnet dieser Stapel Papier dabei helfen, Mathe endlich zu kapieren, wenn in den letzten Jahren nichts geholfen hat?*

Souverän überlächelte ich mein Unverständnis und nutzte in den nächsten Minuten jede Gelegenheit, die Ergebnisse der anderen abzuschreiben, sofern wir doch mal die gleichen Arbeitsblätter hatten. Die meiste Zeit verbrachte ich jedoch mit einer alten Lieblingsbeschäftigung, dem Zahlenschänden. Einer meiner vielen *Begabungen:* Ich war Meister darin, mit ein paar Strichen Zahlen in hässliche Gnome, Monster oder sonstige Freaks zu verwandeln. So zeigten sie ihr wahres Gesicht und ich konnte sie deutlich besser ertragen.

»Alter, ich krieg Trauma«, ächzte Tariq geschockt. Er hatte sich über meine Blätter gebeugt.

Warum konnte der Typ sich nicht einfach mal auf seinen eigenen Kram konzentrieren? Demonstrativ drehte ich mich von ihm weg und vollendete mein Werk, eine Sieben in eine Schlange zu verwandeln.

Fertig. Zufrieden zwirbelte ich ein Stück meines Blatts möglichst auffällig zu einem kunstvollen Joint. So war ich wenigstens rein optisch der schlaue Typ, der sich seine Mathezellen weggeraucht hatte, statt einfach nur der dumme. So à la irres Genie mit Kurt-Cobain-Aura. Hoffte ich jedenfalls.

Als wir nach dem Sonderstündchen wieder zurück zu den *Schlauen* gingen, lösten diese gerade lässig Gleichungen und prahlten mit ihren Champion-Checker-Formeln rum.

»Herr Pfeiffer, soll ich das jetzt mit Pythagoras machen oder doch eher mit Cosinus, damit ich weiß, was x ist?«

Ich schielte zu Liza und war sofort ein bisschen genervt, weil sie den ganzen Mathescheiß anscheinend bestens beherrschte.

»Schon mal dran gedacht, dass x vielleicht anonym bleiben möchte?«, warf ich beiläufig in den Raum.

Die anderen starrten mich verwirrt an.

»Na, so datenschutzmäßig und so«, erläuterte ich meinen Spitzengag extra langsam. »Also ... x will vielleicht gar nicht, dass du weißt, wer oder was es ist?«

Liza starrte mich böse an. Tja, humortechnisch hatten wir uns wohl noch nicht so recht gefunden.

Vielleicht war es ganz gut, dass nun als Nächstes Deutsch bei der Knöpfle drankam – so konnten wir alle erst mal einen Gang runterschalten. Davon abgesehen war ich hier trotz des vermurksten Tests in der Expertengruppe. Eigentlich überraschte mich das, aber beschweren wollte ich mich nun auch nicht, denn für die Fördertruppe, die jetzt Pfeiffer übernahm, stand ernsthaft Groß- und Kleinschreibung auf dem Programm. Noch simpler ging es jetzt aber echt nicht. Dachte ich. Doch dann hörte ich im Rausgehen das überforderte Ächzen meiner Kollegen. Na ja – wahrscheinlich hatte ich eben in Mathe noch ähnlich gestresst vor meinen Blättern gesessen.

»Unser heutiges Thema: *Argumentieren*«, begann Knöpfle unsere Deutsch-Pro-Session und klemmte sich ihren Ordner schutzschildgleich vor die Brust. »Ich möchte, dass ihr euch ein Thema überlegt, zu dem wir Pros und Kontras sammeln können.«

Eigentlich war sie ja ganz nett, nur total unsicher. Ständig zwirbelte sie beim Reden ihre roten Locken oder knabberte zwischen den Wörtern auf ihrer Unterlippe herum, als zögere sie, die nächste Information herauszulassen.

Max, der Punk, kippelte auf seinem Stuhl und wirkte dabei unfassbar überheblich.

»Wie wäre es mit: Sinn und Unsinn einer Qualifizierungsmaßnahme wie dieser?«, schmiss er in den Raum, kaum, dass Knöpfle
ausgeredet hatte.

Innerlich stöhnte ich. Jedes Mal, wenn der Typ seinen Mund
öffnete, hatte ich den Eindruck, dass hinter der lockeren Punker-
fassade nichts weiter war als ein höllisch schlaues, aber ziemlich
ätzendes Arschloch.

»Ein ... ähm ... interessanter Vorschlag«, kiekste Knöpfle. »Gibt
es noch andere Ideen?«

»Sorry. Nehme meinen Vorschlag zurück«, meldete sich der
Punk prompt erneut zu Wort. »Hatte vergessen, dass es ein The-
menvorschlag sein soll, zu dem es auch *Pros* gibt.« Seine rampo-
nierten Springerstiefel klopften einen schnellen Takt in die Stille.
Eins musste ich ihm lassen. Die punktypische *Leck mich*-Attitüde
hatte er ziemlich gut drauf. Und dann legte er unaufgefordert mit
einer Abhandlung über den Unsinn solcher Maßnahmen los.

Wir anderen glotzten ihn mit offenen Mündern an. Hatte der
das vorbereitet? Das kam ähnlich professionell rüber wie schon
diese Erklärung zu dem Tourette. Er belegte das sogar noch mit
Prozenten, Statistiken, Wahrscheinlichkeiten, binomischen Formeln, Pi und dem Satz des Pythagoras.

Knöpfle war scheinbar genauso perplex. Ihre nervösen Finger
ließen ihre Haarsträhnen fast verschmoren.

Liza allerdings hatte wohl die Schnauze voll. »Max, wenn es
dir n-n-nicht passt, dann geh doch«, zischte sie den überrascht
innehaltenden Punk an und bellte bekräftigend.

»Jep. Dem habe auch ich nichts mehr hinzuzufügen«, brachte
ich mich hilfreich ein.

Aus irgendeinem Grund war das Liza auch wieder nicht recht –
jedenfalls blitzte sie erneut böse zu mir rüber. Ich probierte es mit
meinem entwaffnendsten Grinsen, bis sie irgendwann schnaufend ihren Blick abwandte.

Der Rest der Klasse schwieg. Vielleicht, weil der Punk sie mit seinem Gelaber praktisch plattgemacht hatte. Vielleicht auch, um nichts zu verpassen – weil der große Provokateur mich gerade reichlich finster anstarrte und seine Kieferknochen mahlten, als würden sie gleich zerspringen.

»Mir reicht's«, presste er schließlich hervor. »Habt noch viel Spaß, ihr *Loser!*« Er schnappte sich seine Tasche, stand auf und verließ den Raum. Ganz so wie gestern ich. Nennt mich Trend-setter.

Liza

6 »Wer von euch hat denn heute Themenvorschläge mitgebracht?«, startete Frau Knöpfle so schwungvoll die zweite »Deutschexperten«-Stunde, als müsse sie sich selbst mitreißen. Und dann, als sie die leeren Blicke der anderen sah, fügte sie hastig hinzu: »Wir wollten ja einmal das Debattieren üben.«

Es war Freitag, Tag fünf der Quali, und nachdem sich Max gestern in der letzten Einheit so ätzend aufgeführt hatte, fragte ich mich echt, woher die Frau ihren Enthusiasmus nahm. Ich an ihrer Stelle hätte jetzt wahrscheinlich mit Panikattacken oder Magenkrämpfen auf dem Klo festgehangen, mich allerdings genau dafür verflucht.

Max trommelte schon wieder vornübergebeugt leicht aggressiv mit den Fingern auf seinen Tisch.

Warum nur musste ich mit diesen lustlosen Gestalten in dieser Quali sitzen? *Warum?* Ich tat mir irgendwie leid.

Aber Moment mal –

»Wie wäre es denn wirklich mit *Sinn und Unsinn einer solchen Maßnahme?*«, meldete ich mich spontan zu Wort und fügte mit einem freundlichen Nicken in Max' Richtung hinzu: »Wie Max es gestern ja schon so schön vorgeschlagen hat.«

»Himmel wirf Hirn herab«, ächzte Max und sackte endgültig auf seinem Tisch zusammen.

»*I-i-ich* kenne nämlich jede Menge Propunkte«, fügte ich ruhig und wiederum in seine Richtung hinzu, was er mit einem lauten Wimmern quittierte.

Frau Knöpfle allerdings schnaufte erleichtert. »Ich finde, das ist ein wirklich guter Vorschlag, Liza. Wir werden per Los Gruppen bilden und nachher in Form einer Debatte die Argumente vortragen.«

Viele stöhnten genervt auf, einige blickten giftig in meine Richtung, als trage nun ich die Schuld daran, dass wir hier allen Ernstes *eine Aufgabe* bekommen hatten. Ich wünschte, ihrem Blick gleichgültig standhalten zu können, doch Luzifer zog mal wieder die Fäden.

Das Losglück bescherte mir immerhin den biederen Gustav, die dauerfröhliche Ayse und Julian. Ich war vor allem erleichtert, dass sich andere mit Max herumschlagen mussten.

»Na, dann mal flotti-lotti«, lachte Gustav, der heute ein beiges Kurzarmhemd unter einem schwarz-weiß karierten Pullunder trug. Bei rund dreißig Grad Außentemperatur eigentlich kein Wunder, dass er schwitzte.

»Gern...chen«, kicherte Ayse und krempelte sich voller Tatendrang die Ärmel ihrer mit Paradiesvögeln bedruckten Bluse hoch. Vom Style her war sie das perfekte Gegenstück zu Gustav. Und das war jetzt kein Kompliment. Mit ihr und Gustav hatte ich zwar zwei ziemlich schräge, aber zumindest motivierte Gestalten an meiner Seite.

»Also, ich wäre dann der Kandidat für die Kontrafraktion«, meldete sich Julian.

»Gut«, antwortete ich knapp. »Auch der wird ja gebraucht.«

»Gustl ... wie steht's bei dir?«, erkundigte sich Julian scheinheilig. »Ich meine«, sein Tonfall sackte dramatisch ab: *»Auf welcher Seite stehst du?«*

»Na, ich bin natürlich total *pro*sitiv.«

»Ich auch!«, kiekste Ayse.

»Okay ...«, Julian nickte uns zu. »Ich nehme die Challenge an. Bei so viel Anti, wie ich zu bieten habe, nehme ich es locker mit euch drei Träumern auf.«

Ich ignorierte ihn. Erstaunlich, dass aus diesem attraktiven Typen ständig nur derartiger Schwachsinn schwappte. Aber es war eine Wohltat, mit Ayse und Gustav zur Abwechslung mal zwei auf *meiner* Seite zu wissen.

Wir steckten die Köpfe zusammen und sammelten eifrig alle Proargumente, die uns so einfielen. Wobei ... die Vorschläge von Ayse und Gustav waren eher so lala.

Unauffällig schielte ich hinüber zu Julian. Der füllte seinen Zettel ohne Unterbrechung mit Wörtern. Ich kniff verwundert die Augen zusammen, denn auf einmal verwandelte er das Chaos zielstrebig in eine Landschaft aus Linien, Pfeilen und kleinen Zeichnungen. Zwischendurch hielt er immer wieder inne, schaute seinen Zettel kritisch an und wippte mit dem Kopf, als würde er etwas abwägen, strich manches durch und fügte anderes hinzu.

Dieser Julian war echt ein komischer Typ.

»So! Fertig«, murmelte er – und schaute mich zufrieden an.

Ich fühlte mich ertappt und merkte, wie ich rot wurde. »Diesen Battle gewinne ich«, sagte er gelassen. »Denn mein Plädoyer ...«, er stach auf das vor ihm liegende Blatt ein, »... ist hieb- und stichfest.«

Mein Mund verzog sich zu einem klitzekleinen Lächeln – als sich Max auf einmal meldete. Der konnte es echt nicht lassen.

»*Frau Lehrerin, Frau Lehrerin, wir haben ein Problehem*«, mimte er den Klassenstreber. »In unserer Gruppe gibt es nur Kontrakandidaten. Ob das wohl an der Themenvorgabe liegen könnte?«

»Nein, tut es nicht!«, regte Gustav sich auf.

Frau Knöpfle seufzte resigniert.

»Du bist immer nur negativ!«, muffelte Gustav weiter und streckte seinen Zeigefinger anklagend in Max' Richtung.

»Genau. Wir dagegen haben so viele gute Dinge, wir könnten euch glatt noch welche abgeben.« Ayse wirkte so stolz an Gustavs Seite, dass ich mich allmählich fragte, ob sie und Gustav nicht wirklich perfekt zusammenpassten.

Bevor Ayse nun großzügig meine besten Argumente verschenken konnte, zeigte ich schnell auf, um als Erste unsere Ergebnisse vorzustellen zu können.

»Okay, Liza, dann komm mal nach vorn«, sagte die Knöpfle. »Ich schlage vor, dass wir das als Rollenspiel vortragen. Also wie bei einer Gerichtsverhandlung.« Sie winkte Julian zu. »Julian – du vertrittst die Gegenseite!«

»Mit Vergnügen.« Julian stellte sich mir gegenüber – und schlüpfte prompt in die Pose des erfolgreichen Staranwalts. Er trug seine Kontrapunkte rhetorisch so gekonnt vor, als mache er den ganzen Tag nichts anderes. Und so schaffte er es ernsthaft, mit meist völlig sinnlosen Argumenten, angefangen von hohen Kosten für die Gesellschaft bis hin zu Freiheitsberaubung der Teilnehmer, sogar ordentlich Zwischenapplaus der Zuhörer zu bekommen. Wenigstens verlor er zwischendurch dann doch mal den Faden und suchte ziemlich verwirrt auf seinem vollgekritzelten Blatt nach dem nächsten Argument.

Blöderweise hatte mich sein überraschend guter Auftritt eiskalt erwischt. Dadurch kam ich selbst ein bisschen durcheinander beim Vortragen unserer Punkte. Zudem wirkten meine Argumente – *reale Chance auf ein tolles Praktikum, neue Lebensperspektive* – gegen Julians Spaßauftritt auf einmal sehr trocken. Allmählich wurde ich unsicherer und Luzifer immer aktiver. Ich sage es nur ungern, aber am Ende war ich froh über Ayses und Gustavs Unterstützung.

»So, jetzt lasst uns darüber abstimmen, wer nach den vorgetragenen Argumenten *für* und wer *gegen* die Maßnahme ist«, schaltete sich schließlich Frau Knöpfle wieder ein.

Wir kamen exakt auf ein Unentschieden.

Direkt nach der Stunde sprach Julian mich an.

»Jetzt sei mal nicht sauer«, sagte er leise. »Das war doch nur ein Spiel eben. Also ich ...«, er lächelte, »... hätte *dich* als Gewinnerin gewählt. Deine Argumente waren besser.«

Ich winkte ab. Dabei brodelte es in Wahrheit in mir. Wie konnte es sein, dass ich mir von diesem Chaoten das Wasser abgraben ließ? Und warum konnte ich das nicht auch so locker sehen wie er?

Julian

7 »Hey, guckt mal ... Nazihirn.« Tariq hielt lachend zwei Hände voller Holzspäne in die Höhe.

Wir waren mitten in unserer ersten Holzchallenge, mit der Woche zwei der Quali startete, sprich: dem Praxistag. Und diese traurigen Holzlocken waren alles, was von Justins Baumscheibe, die er eigentlich in etwas Rundes, Glattes transformieren sollte, übrig geblieben war.

Justin stand mit nach unten gestemmten Fäusten schwer atmend nur ein paar Zentimeter vor Tariq und schaute ihn aus wütend zusammengekniffenen Augen an. Justins Kombination aus cholerisch, aber völlig harmlos war einfach zu verlockend, um ihn nicht immer wieder mal aus heiterem Himmel hochgehen zu lassen. Jetzt tat er mir trotz all meiner Antipathie aber schon etwas leid. Ja, er machte einen auf böser Nazi, aber eigentlich war er nichts weiter als eine arme Wurst. Ich zog die beiden auseinander und blitzte Tariq streng an.

»Komm schon«, rechtfertigte sich Tariq, »das war *lustig.*« Er grinste schief und zuckte resigniert mit den Schultern.

Ja, okay – es *war* lustig. Aber damit sich alle mal wieder einkriegten, klopfte ich Justin lieber beruhigend auf seine Schulter, die sich unter der wattierten Jacke sehr knöchern anfühlte, und drückte ihm an der Restebox ein neues Holzstück in die Hand.

Hugo schritt derweil durch den Raum, prüfte unsere Kunstwerke und spendierte großzügig Tipps, wahrscheinlich, wenn er der Meinung war, dass etwas ganz besonders scheiße geworden war.

Ich blickte stolz auf mein erstes selbst gemachtes Kunstwerk aus Wurzelholz. Okay ... eigentlich sollte es ja ein Topfuntersetzer werden. Die Schleifmaschine und ich hatten uns allerdings so perfekt eingegroovt, dass schließlich nur noch ein winziges, garantiert zwecksfreies, aber sehr handschmeichlerisches Stückchen übrig geblieben war.

Alle, die schon was zustande bekommen hatten, durften sich Holz für die nächste Challenge – *»Erstellt aus einer Baumscheibe einen Würfel!«* – holen. Da ich ja nun auch hier Mitglied der *Fortgeschrittenengruppe* geworden war, angelte ich lässig im Holznachschub nach Material für mein nächstes *Werkstück*. Mit einer armdicken Scheibe kehrte ich zurück und wollte direkt mit der Schleifmaschine an meinen ersten Erfolg anknüpfen. Leider stoppte mich Hugo noch im letzten Moment.

»Das kriegst du aber nicht zu einem Würfel *geschliffen*, Junge!«, lachte er.

»Doch ... kein Ding, Mann«, hielt ich lachend dagegen und wollte voller Tatendrang starten. Aber Hugo ging das anscheinend gegen seine Holzwurmehre.

»Nix da.« Er verdrehte die Augen und schüttelte den Kopf. »Miss mal erst, wie die Kantenlänge sein muss, dann zeichnest du an, wo geschnitten werden muss. Du weißt ja: Alle Kanten gleich lang und alle Winkel tausend Grad. Außerdem muss noch Cosinus eins dem Sinus geben und die elfundzwanzigste Wurzel aus dem Quotienten von ...«

Als ich Kanten und Winkel hörte, war ich wieder raus und verstand nichts mehr. Hugo redete und redete und in meinem Kopf schienen sich alle Mathebegriffe, die ich schon mal gehört hatte, fröhlich zu toben.

»Hallo? Noch jemand da? Hörst du mir noch zu?« Die Reste von Hugos rechter Hand winkten vor meinen Augen hin und her, mit der anderen rüttelte er sanft an meiner Schulter.

Wahrscheinlich wirkte ich wie kurz vor dem Kollaps. Kalkweiß, Schweißausbruch, stierer Blick. Ein Therapeut hatte mir erklärt, dass es sich bei solchen Zuständen um Panikreaktionen handelte und wir Menschen da immer noch genauso ticken wie unsere Vorvorvorfahren: *bei Gefahr Hirn aus und weglaufen.* Und was brachte mir dieses Wissen? Klar, ich hatte verstanden, dass in so einem Moment keine echte Lebensgefahr bestand, aber dummerweise glaubte mir mein Körper das nicht – der befand sich gerade wieder einmal im Nahtodmodus und wollte lieber wegrennen.

Allmählich kam ich wieder zu mir und die Konturen der Umgebung wurden zunehmend schärfer.

Hugos Scheibenwischer lief noch und aus seinen rot geäderten Augen schaute er mich prüfend an. »Alles gut?« Ich nickte lächelnd. »Hast du verstanden, was ich dir gerade erklärt habe?«

»Klar, einfach messen, dann zeichnen und wupps ist das Dings fertig.« Ich klatschte selbstbewusst die Hände zusammen. *Natürlich* hatte ich null Ahnung, aber so ein Würfel konnte ja wohl nicht so eine große Nummer sein, oder?

»Wenn du meinst ...«, sagte Hugo. »Aber melde dich bei Fragen.«

»Klaro ... ist ja nur ein *Würfel.*«

Fünftausend Sägeschnitte später starrte ich auf die Reste meiner einst stolzen Holzscheibe. Übrig geblieben war ein vom Sägen noch warmer, streichholzgroßer Holzpimmel. Ich holte aus und warf ihn im hohen Bogen durch die Werkstatt.

»Autsch!!!« Hugo hielt sich den Kopf an der Stelle, wo ihn das Geschoss getroffen hatte, blickte kurz darauf in meine Richtung und hob es auf.

»Regel Nummer achtunzwanzig: Werkstücke werden nicht durch die Gegend geworfen.«

Gemächlich kam er, meine Glanzleistung zwischen Daumen und Zeigefinger zwirbelnd, auf mich zu. Natürlich hatten nun wirklich *alle* mitbekommen, was ich da fabriziert hatte.

»Was ... was zum Teufel ...?« Justin kriegte sich vor Lachen nicht mehr ein, weitere stimmten ein und auf einmal stand ich inmitten eines fegefeurigen Gelächters.

»Ganz ehrlich ... hiermit würde ich keine Runde Kniffel spielen.« Selbst Hugo musste lachen – und ich hatte so langsam echt die Schnauze voll.

»Schau mal.« Liza stand plötzlich neben mir und stupste mich an. In ihrer Hand hielt sie ein neues Stück Holz.

»Es ist viel einfacher, w-w-wenn du erst einmal obendrauf ein Quadrat zeichnest.« Sie legte ein Geodreieck auf die Schnittfläche und zeichnete mit einem Bleistift nach einem unverständlichen System routiniert ein paar Striche. Zu viel für mich. Zudem faszinierte es mich viel mehr zu beobachten, wie sie beim Markieren konzentriert die Augen zusammenkniff und sich ein paar Haarfransen hinters Ohr schob.

»Jetzt einfach nur noch an den Linien entlang abschneiden und dann noch ein b-b-bisschen schleifen«, sagte sie und schaute zu mir. Hoffentlich hatte sie nicht gemerkt, wie ich sie gerade angegafft hatte. Neugierig schaute ich auf die nun schnittfertige Scheibe. Mit den Linien könnte ich es vielleicht auch schaffen. Ziemlich überrascht sah ich wieder zu ihr.

»Warum hilfst *du* mir denn?« Eigentlich hatte ich im Laufe der letzten Woche das Gefühl bekommen, ihr ganz fürchterlich auf den Senkel zu gehen.

»Na ja ... ich hatte den Eindruck, du könntest gerade etwas Hilfe gebrauchen. Oder?« Sie lächelte und ging dann Richtung Holzkiste, um sich selber ein neues Stück zu holen.

Was auch immer Liza da gezeichnet hatte: Als ich mit dem Sägen fertig war, hielt ich in meiner Hand erleichtert ein Ding mit sechs Seiten, das aussah wie die Steinzeitversion eines ... Würfels.

Wow.

»Lasst uns mal Pause machen und danach reden wir in der

Gruppe drüber, um was es sich bei einem Würfel so im Detail handelt. Ich glaube, da gibt es noch bei einigen unter euch ein bisschen Erklärungsbedarf.«

»Echt jetzt?« Tariq schaute Hugo entgeistert an und ich verstand schlagartig auch, warum: Tariq hatte doch tatsächlich begonnen, ein *Backgammonbrett* aus unterschiedlich farbigen Hölzern zu bauen! Die bereits fertigen Spielsteine sahen sogar echt edel aus.

»Wer schon einen Würfel hat, darf natürlich auch an seinem aktuellen Projekt weiterbasteln«, fügte Hugo hinzu und versperrte mir den Weg nach draußen.

»Und mit dir trinke ich jetzt noch ein Tässchen Kräutertee«, ließ er meinen Wunsch nach Pause platzen. Lieber als Tee wäre mir nach der Pleite eben ein Whisky, Tequila oder am besten eine fette Tüte gewesen, aber ich war wohl gerade nicht in der Position, so eine Bestellung aufgeben zu können. Ich nahm dankbar eine der von ihm angebotenen filterlosen französischen Zigaretten an und wir pusteten furchtbar stinkende Wolken an die Decke der Werkstatt.

»Hast du dir eigentlich mal angeschaut, was auf den Werkbänken der anderen lag, die sich eben so prächtig amüsiert haben?«, erkundigte er sich.

Hatte ich natürlich nicht.

»Wenn du so viel Stress hast, bekommst du nicht mehr mit, was um dich herum passiert.« Er sah mich abwägend an. »Wie viele solcher Situationen hast du schon erlebt?«, fragte er plötzlich. »Ich meine so Momente, in denen du irgendwas mit Zahlen, Formeln oder Winkeln machen sollst und plötzlich nichts mehr auf die Reihe kriegst?«

»*Ich* soll eine *Zahl* als Antwort geben?«

Hugo winkte etwas ungeduldig ab. »Ich will keine *Zahl,* sondern nur irgendwas zwischen ›nie‹ und ›unendlich oft‹.«

»Ausgesprochen knapp unter ›unendlich oft‹, würde ich sagen.«

»Und dann haut dich das immer noch um? Warum sagst du nicht einfach: *'tschuldigung, aber mit Zahlen kann ich nicht so?«*

Jetzt sah ich ihn leicht angesäuert an. »Na toll, dann kann ich mir ja auch gleich *Ich bin dumm* auf die Stirn tätowieren.«

»Verstehe ... mit deiner Strategie wirkt es also schlauer, was?« Hugo beugte sich zu mir vor, schaute mich eindringlich an und sprach ernst weiter. »Nur wer nicht fragt, obwohl es nötig wäre, ist *dumm*. Du und all die anderen, ihr seid hier, weil es bei euch bisher nicht rundgelaufen ist, und wir sind dafür da, euch dabei zu helfen, dass es nun besser wird.« Hugo nahm den letzten Zug, bevor er die Kippe ausdrückte und den in einer Holzwerkstatt bestimmt absolut verbotenen Stummel nebst meinem in seinen leeren Teebecher legte. »Wenn dir das zu anstrengend ist, kannst du dich aber natürlich auch gerne weiterhin ...«, er sah mich vielsagend an, »... zudröhnen.«

Zudröhnen? Ich zuckte zusammen, aber der alte Holzi ging gar nicht weiter drauf ein. »Denk einfach drüber nach«, meinte er und komplimentierte mich mit einer knappen Bewegung nach draußen. »Wär ja auch gut, wenn du bei unserer Eifelfahrt in drei Tagen nicht direkt in so einen Paniktunnel gerätst, nur weil man dich mal einer zu 'ner Runde Mäxchen einlädt«, schob er noch zwinkernd hinterher und schloss die Tür.

Wie bitte?

Ich erstarrte mitten in der Bewegung. Scheiße, die Dreitagesfahrt! Pfeiffer hatte kürzlich was davon geschwafelt, dass wir alle zusammen für drei Tage in den wilden *Nationalpark Eifel* abtauchen würden ... *irgendwann* – aber doch nicht schon jetzt! Der Qualimist hatte mein gemütliches Leben ja so schon genug auf den Kopf gestellt. Ob mich wohl eine Entschuldigung meiner Mom ret...

»Na? Was machst du denn für ein Gesicht?«, rief mir jemand

zu. »Freu dich doch, dass ihr diese Woche nur drei Unterrichtstage habt!« Pfeiffer ging mit einem breiten Grinsen an mir vorbei und verschwand dann in seinem Büro. Mist. Einen Brief meiner Mutter konnte ich nicht noch mal bringen.

Aber wie sollten meine zarten Hanfpflänzchen nur diese Abwesenheit überleben? Geschockt taumelte ich nach draußen und war so neben der Spur, dass ich auf dem Hof prompt mit jemandem zusammenknallte. Liza. Ausgerechnet. Da sie gut einen Kopf kleiner war als ich, muss ich sie voll mit meiner Schulter erwischt haben, doch sie lächelte tapfer.

»Oh, Mann, tut mir leid!«, rief ich erschrocken. »Aber sag mal«, ich legte meine Hand kurz auf ihren Arm, damit sie nicht direkt weiterdüste, »Hugo sagte da gerade was von Dreitagesfahrt. Ist die wirklich am Donnerstag?« Ich sah sie leicht verzweifelt an.

»Ja, ist sie allerdings. Wurde seit dem Qualibeginn ja auch erst ungefähr fünfhundert Mal erwähnt.« Liza hüstelte, diesmal aber eindeutig nur amüsiert. »Da hattest du wohl immer gerade mal kurz deinen Kopf auf den Tisch gebettet. Also ... ich muss dann mal.«

Ich nickte, winkte ihr schwach zum Abschied zu und hing weiter meinen düsteren Gedanken nach, während ich mich rüber zum Matheförderkurs schleppte. Drei Tage mit dem Trupp.

Der Horror.

Liza

8 »Ey, Scheiße ... hat einer Hotspot für mich? Mein Handy ist tot!«, kreischte Obertussi Elvira. Ich verdrehte die Augen, musste jedoch genau wie alle anderen direkt verstohlen mein eigenes Handy checken. So wie alle ächzten, schien keiner von uns Empfang zu haben.

»Ah ... hatte ich das vergessen zu sagen?«, meldete sich Herr Pfeiffer. »Wir befinden uns hier in einem Funkloch.«

Dieses *hier* war eine Lichtung mitten in einem Wald, der sich wiederum inmitten des Nichts befand. Es war das Ziel unserer Dreitagesfahrt in die Pampa, deren Termin Julian anscheinend komplett verdrängt hatte – so verschreckt, wie er mir am Montag aus der Werkstatt entgegengestolpert war.

Jedenfalls bedeutete das nun: vierundfünfzig Stunden weg von zu Hause. Fünfzehn praktisch wildfremde Leute. Absolut keine Auszeiten für mich. Kein Handyempfang. Wie, bitte schön, sollte ich diesen Dauerstress aushalten?

»Ach, komm schon, das wird dir guttun«, hatte Ma noch gestern Abend auf mein Gejammer hin wenig überzeugend behauptet.

»*Guttun?*«, war meine gereizte Antwort gewesen. »Sollst du mir vielleicht noch schöne Grüße von Dr. Moiré bestellen?«

Dr. Moiré war die Therapeutin, zu der ich zuletzt nur noch unregelmäßig gegangen war, weil sie mich mit ihren ganzen unbequemen Fragen und Mutmachspielchen ziemlich stresste. Ma rief sie allerdings immer noch dann an, wenn sie mit mir nicht mehr weiterwusste. Und so einem Anruf hatte ich bestimmt auch die Tatsache zu verdanken, dass ich partout zu dieser Maßnahmenfahrt musste. Dabei war meine Mutter heute Morgen, als sie mit mir am Reisebus auf die Abfahrt wartete, eindeutig noch aufgeregter als ich.

»So, die Bande. Jetzt mal raus mit euch und schleppen!«, rief Hugo fröhlich, der natürlich auch mit dabei war, und ich beschloss widerstrebend, meinen düsteren Gedanken später weiter nachzuhängen. Die anderen hatten zwar genauso wenig Lust auf das Ganze wie ich, aber wie sich nun zeigte, würde der Bus selbst bei heftigstem Protest nur ohne uns umkehren. Also stiegen wir murrend aus und holperten mit Rollkoffern über feuchte, wurzelüberwucherte Wege zu einem Haus, das mitten auf einer Waldlichtung stand.

»Voilà ... die Villa Foresta!«, rief Hugo und wies uns mit einer schwungvollen Verbeugung den Weg. Das war die *Villa?* Villa Foresta – das hatte so edel geklungen. Nicht wie dieses düstere, mit Efeu überwucherte, dreigeschossige Haus, auf das wir nun zugingen.

»Scheiß Villa! Scheiß Wald! Scheiß Idee!«, fluchte Elvira wenig überraschend – sie verdammte pausenlos alles, was ihren Minirock-, High-Heels- und Gelnagelkosmos bedrohte, und fühlte sich für ein anderes Leben berufen. Dass die Arme nun auch noch eine *lebensbedrohliche Survivaltour* mitmachen musste, schien sie endgültig zu überfordern. Endlich verschwand sie im Haus.

Ich atmete erleichtert aus.

»Chica, steht dir jemand im Weg oder warum bleibst du stehen?«, fragte Tariq, der direkt hinter mir stand. Nachdem er mittlerweile immer öfter die Quali schwänzte, hatte ich ja gehofft, dass er mir auch hier erspart bleiben würde, aber leider hatte er es wohl ausnahmsweise mal einrichten können.

»Oh, sorry«, murmelte ich. Jetzt erst fiel mir auf, dass ich den Eingang zum Haus versperrte.

»Komm, mach mal Alarm und bell sie alle aus dem Weg«, schlug er vor. »Darin bist du doch Pro.«

Er freute sich über seinen Spruch, ich verdrehte wieder einmal

die Augen, betrat dann aber endlich den Flur, einen engen, holz-
vertäfelten Schlauch mit hirschgeweihbehangenen Wänden.

Suchend sah ich mich nach unseren Zimmern um und schon
kam Elvira wieder wütend in den Flur zurückgerannt.

»Die Zimmer sind total klein«, hechelte sie, »und muffig und«, sie
legte eine kurze Atem- und Kunstpause ein, »... es gibt Spiiiinnen!«

Wenig später stand ich in einem kleinen Dreibettzimmer, in das
Elvira mich zur Veranschaulichung der *Spiiinnen* gezerrt hatte,
und musste ihr leider recht geben. Aber es gab echt Schlimmeres
als eine leicht marode »Villa« im Retrostil. Zum Beispiel, überhaupt hier zu sein.

»Wie schön, dass wir ein Zimmer zusammen haben!«, freute
sich Ayse hingegen, die sich nun auch zu uns ins Zimmer ge-
quetscht hatte.

»H-h-haben wir das?«, erkundigte ich mich verblüfft.

»Klar.« Ayse und Elvira nickten energisch und deuteten auf den
unmissverständlichen Namenszettel an der Zimmertür.

»O-o-okay«, murmelte ich zögerlich und versuchte, mir mein
Entsetzen nicht anmerken zu lassen.

»Komm, lass uns die Betten beziehen!«, trällerte Ayse, nachdem
sie schlauerweise erst mal das Fenster aufgerissen hatte. »Und
dann gehen wir runter zu den anderen. Die Knöpfle heckt was
aus.« Sie warf mir ein Kopfkissen zu und sang lauthals einen
Namika-Song, den ich kein bisschen mochte, jedoch zu meinem
eigenen Erstaunen plötzlich mitsummte.

Ayse hatte recht gehabt. Frau Knöpfle hatte tatsächlich etwas vor
mit uns.

Mit vier Hütchen markierte sie auf der Wiese neben der Villa
Foresta ein Rechteck und wandte sich dann zu uns um. »Stellt
euch hier nebeneinander in einer Reihe auf«, piepste sie. »Wir
werden gleich mit einem Wettlauf starten.«

Unser mehrheitliches Stöhnen ignorierte Frau Knöpfle.

»Oh, und der Gewinner bekommt einen Preis!«, schlug Ayse fröhlich vor. »Zwei mal Befreiung vom Küchendienst, Frau Knöpfle, okay?«

Knöpfle lachte. »Gut, lasst uns das machen.« Und dann erklärte sie die Spielregeln, während sich Julian und Ayse rechts und links neben mich drängelten. »Stellt euch alle mal an der Startlinie auf«, befahl sie. »Ich lese jetzt etwas vor«, erläuterte sie dann »und jeder, auf den es zutrifft, darf einen Schritt in Richtung Ziel vorwärtsgehen. Also: *Du hast eine Schule besucht.*«

Alle gingen vor.

»*Du bist nie sitzen geblieben.*«

Keiner ging vor.

»*Du hast die siebte Klasse besucht.*«

Einige, unter ihnen erstaunlicherweise auch Max, blieben stehen.

»*Du lebst mit beiden Eltern zusammen.*«

Ein paar machten einen Schritt vorwärts, Max blieb auch diesmal stehen.

»*Deine Eltern haben einen Schulabschluss ...*«, und so weiter.

Nach dem zwölften Punkt stand nur Julian kurz vor dem Ziel, ich und ein paar andere im Mittelfeld und der Rest – die »Verlierer« – immer noch fast am Anfangspunkt. Dann gab Frau Knöpfle den Startschuss: Den ersten Platz des nun folgenden Wettlaufs mit ungerechten Startpositionen räumte natürlich Julian ab.

Grinsend nahm er seinen Gutscheinpreis entgegen.

»Das ist doch voll unfair!«, protestierte dieser ätzende Skinheadtyp Justin und ausnahmsweise stimmten wir anderen ihm zu.

»Wow ... selbst unser Glatzköpfchen hat es kapiert«, brachte es Max auf den Punkt. Er drehte sich zu Frau Knöpfle um. »Und jetzt?«

Julian

9 »Sind wir jetzt ernsthaft hierhingefahren, um den Witz des Systems noch einmal nachzuspielen?«, richtete sich Max aufgebracht an die Knöpfle, die gerade nervös auf ihrer Unterlippe herumkaute, als wäre sie mit diesem Auftakt selber nicht mehr ganz zufrieden.

»Unser Bonzensöhnchen ...« Er machte einen Schritt in meine Richtung und deutete auf mich. »Er hat alles, braucht nichts und gewinnt zu allem Überfluss sogar noch einen Gutschein. Um von uns anderen bedient zu werden.«

Ich grinste etwas verkrampft und fühlte mich ehrlich gesagt gerade maximal mickrig.

Zum Glück wandte Max sich ab und giftete die Knöpfle erneut an. »Willst du dich über uns lustig machen, Knöpfle?« Er schüttelte ungläubig den Kopf. »Ohne mich!« Ruckartig drehte er sich um und verschwand im Wald.

Knöpfles Kopf klemmte mittlerweile zwischen ihren hochgezogenen Schultern. Mein Wettkampftriumph schmeckte mit jeder Minute deutlich bitterer.

»Ich glaube ...«, Knöpfle räusperte sich mühsam, »... also dieses Spiel eben, das war vielleicht doch nicht so toll. Zu Hause am Schreibtisch fand ich das eigentlich super. Weil es so gut zeigt, was für unterschiedlich optimale Startbedingungen man haben kann. Und wie wenig es oft an einem selber liegt. Ich ... äh ... wünschte, wir hätten etwas anderes gemacht. Tut mir leid.« Sie sah betroffen in die Runde.

Einen Moment lang schwiegen alle, dann durchbrach Ayse als Erste die bedröppelte Stille: »Ach, Frau Knöpfle, machen Sie sich mal keine Sorgen. Der beruhigt sich schon wieder.« Ein paar andere stimmten mit ein und nachdem sich alle wieder eingekriegt hatten, war zum Glück auch ich wieder aus der Schusslinie geraten.

Dachte ich zumindest.

Denn später am Nachmittag, als Knöpfle sich ins Haus verzogen hatte, blieben die meisten von uns noch draußen und tauschten sich ausgiebigst darüber aus, wie schwierig doch vieles in ihrem Leben gelaufen sei und dass sie deshalb eigentlich nie eine Chance gehabt hätten: Ayses Eltern hatten sich getrennt. Die von Gustav ebenfalls – seitdem lebte er bei seiner Oma. Auch Justins Eltern hatten sich getrennt und sein Vater war schon seit Jahren arbeitslos – und Alkoholiker. Kadir war mit seiner Familie aus Syrien geflohen und dort noch nie auf einer Schule gewesen. Ich fand das meiste total schlimm. Ehrlich! Aber irgendwie war es auch *für mich* schlimm: Denn jedes Mal, wenn wieder jemand eine Dosis Elend aus seinem Leben preisgeben hatte, starrte er mich anklagend an. Als trüge ich persönlich die Schuld an seinem miesen Schicksal.

»Wären meine Eltern so reich, dass sie mir Musik- und Tennisunterricht bezahlen könnten, wär ich nicht hier«, grummelte Justin und glotzte provozierend in meine Richtung. Er hatte trotz begrenzter Ressourcen seines Erbsenhirns anscheinend genau abgespeichert, bei welchen Fragen ich eben vorrücken durfte.

»Verdammt!«, rutschte es aus mir raus. »Meinst du, ich bin hier, weil ich Bock drauf habe? Meinst du, im Gegensatz zu dir wäre ich selber schuld daran?« Ich sah die anderen wütend an – und fast alle Augenpaare flatterten jetzt unschuldig davon. »Ganz ehrlich, Leute: Ich scheiß auf den ersten Platz und gäbe was drum, nicht hier mit euch sitzen zu müssen.« Ich rappelte mich auf, blieb aber unentschlossen stehen. Dem Impuls, ihnen meine Gutscheine vor die Füße zu werfen, widerstand ich – vielleicht wollte ich sie ja doch noch einsetzen? Tja ... Konsequenz war mein zweiter Name. Nicht.

»Ach, Quatsch, es stimmt gar nicht, dass wir das alle denken«, schaltete sich Elvira ein weiteres Mal beschwichtigend ein und streckte ihre Hand in meine Richtung aus, wohl um beruhigend an mir herumzutätscheln. Ich war darauf nicht unbedingt scharf und deshalb froh, außerhalb ihrer Reichweite zu stehen. Na ja, immerhin schlug sie sich auf meine Seite.

»Nicht alle denken so über ihn, findest du? Aber schon ziemlich viele, oder?« Justin blickte auffordernd in die Gesichter der anderen, die jedoch größtenteils schwiegen oder etwas betreten zu Boden schauten. Nur Liza war in Action.

»Auch ich denke«, erklärte sie etwas abgehackt, aber energisch, »*n-n-nicht* so wie du, Justin. Jeder kann was aus seinem L-L-Leben machen!« Ihr Gesicht zuckte und sie räusperte sich heftig. Sie wirkte ganz schön aufgebracht! »D-d-du bist eben auch mehr Schritte v-v-vorgegangen als andere. Und was hast du aus deinen V-V-Vorteilen gemacht?«

»Korrekt, Chica!«, stimmte Tariq zu und drehte sich dann zu Justin. »Alter, wer keine Haare hat, sollte nicht Kämme verkaufen.«

Einige murmelten zustimmend, manche lachten, nur Justin fluchte laut, stand auf und marschierte als Nächster eingeschnappt von dannen.

Als es ans Schnippeln und Tischdecken ging, schlenderte ich mit den Gutscheinen in der Hosentasche Richtung Küche. Doch je näher ich meinem Ziel kam, desto weniger konnte ich mir vorstellen, hier und jetzt einen der beiden Joker zu zücken.

»Ach, da kommt ja unser Gewinnertyp«, kicherte Elvira, als ich die Küchentür öffnete. Eine riesige Schüssel Kartoffelsalat vor die Brust geklemmt, schob sie sich an mir vorbei in Richtung

Essensraum. »Na, dann gib mal den ersten Gutschein drinnen ab.«

»Von wegen«, antwortete ich, ohne nachzudenken, als habe sie da gerade eine ganz absurde Idee geäußert. Dabei war genau das ja eigentlich der Plan gewesen. Doch jetzt zu kneifen, war mir ein bisschen zu peinlich. Ich würde mich dem stellen, auch wenn ich in der Küche ähnlich virtuos war wie in Mathe.

Tariq rief mich direkt zu sich, da er Hilfe bei einem Rohkost-massaker brauchte. Sein Messer zerhackte im Eiltempo Möhren, Gurken und Paprika, während ich kurz darauf leicht überfordert mit ein paar Kohlrabis kämpfte.

»Alter, so lahm kann doch keiner ernsthaft schneiden.« Tariq schüttelte lachend den Kopf und filetierte mal eben nebenher auch noch einen Teil meines Kohlrabibergs.

Ich lächelte ihn so cool wie möglich an, hackte dabei in die Kohlrabi und ahhh, *Scheiiiße!* ...

... schnitt mir voll in den Daumen. Das Mitleid der anderen hielt sich in Grenzen – aber Gustav eilte sogleich mit einem Erste-Hilfe-Köfferchen herbei.

»Hier ... beiß darauf. Gegen die Schmerzen.« Er drückte mir einen Holzlöffel zwischen die Zähne. »Mach schon, zubeißen!«

»Ifff habe keine Fmerfen«, wehrte ich mich, Gustav war das egal. Im Gegenteil, er drückte den Löffel noch einmal nach und legte einen Verband an, der allerdings nicht von schlechten Eltern war. Ups ... nun sah ich erst, dass ich blutete wie Sau.

»Ausgebildeter Rettungssanitäter«, erklärte Gustl ungefragt, nickte ein letztes Mal höchst zufrieden in Richtung Verband und räumte dann routiniert die Verbandssachen weg.

»Du Fuchs ... Da hast du schon deinen Gutschein und jetzt noch die verletzte Hand. Das war's dann wohl mit Helfen ne?«, stichelte Tariq und heimste dafür jede Menge Gekicher ein.

Ich legte mein blutiges Messer beiseite und starrte ihn an.

»Dass ich jetzt nur noch neun Finger habe, heißt ja nicht, dass ich nichts mehr machen kann, oder?«, blaffte ich, wusste allerdings selber nicht so recht, was mit der angesäbelten Hand noch machbar war. »Aber sag mal ...«, setzte ich nun in einem versöhnlicheren Ton an, »was bist du denn für ein Küchenprofi? Machst einen auf Gangsterkoch, oder was?«

»Aber logisch, ist ja fast wie ...« Tariq wurde knallrot und stürzte sich wieder auf das arme Gemüse.

»Jetzt mal kein Neid, Julian!«, rief Hugo, der sich inzwischen zu uns gesellt hatte. Er warf einen kurzen Blick auf meine Hand. Aus eigener Erfahrung kannte er sich ja gut mit verstümmelten Gliedmaßen aus. Er nahm mir kurzerhand die Entscheidung ab, indem er mir einen Brotkorb in die Hand drückte und mich damit bis zum Abendessen zum Chefessensträger ernannte.

Nach dem Abendessen stand noch die große Lagerfeuerromantik auf dem Programm. Lodernde Holzscheite, eine Tüte Gras und Stille – was wollte ich mehr? Der erste Punkt würde klargehen, die anderen beiden konnte ich in dieser Gesellschaft wohl vergessen. Deshalb entschied ich mich für ein alternatives Abendprogramm in dezenter Entfernung zum offiziellen Lagerfeuer – obwohl es eigentlich gar nicht so übel gewesen war, eben gemeinsam mit Liza, Ayse, Gustav und Kadir an einem Tisch. Dabei war mir Ayse bisher ausschließlich als energiegeladenes, zwanghaft gut gelauntes Nervmönsterchern aufgefallen – aber ... okay, eigentlich war sie echt nett. Und der Kartoffelsalat von ihr, den sie schon zu Hause gemacht hatte ... Wow. Meiner Küchenmaschine würden vor Neid die Sicherungen durchbrennen.

Auf dem Weg nach draußen schnappte ich mir automatisch die abgegriffene Gitarre, die in einer Ecke des Aufenthaltsraums stand, mopste mir eine Ladung Feuerholz und verzog mich in die Dunkelheit des Waldes. Kurz darauf knackte ein kleines, feines Privatfeuer und auch meine Feierabendtüte knisterte beruhigend.

Im flackernden Licht wirkte die an einen Baum gelehnte Gitarre, als tanze sie für mich. Warum hatte ich die überhaupt mitgenommen? Seit ziemlich genau acht Monaten hatte ich keine Musik mehr gemacht. Damals hatte Jule und mit ihr die Musik mein Leben verlassen.

Sie studierte jetzt BWL in Egalhausen, umgeben von den ganzen schlauen und schönen Macherinnen und Machern von morgen. Bevor sie in die Liga der hippen Begehrenswerten aufgestiegen war, waren wir unsere großen Lieben. Nur hatte sich ihr Status dann leider geändert – nämlich als sie sich endlich eingestand, dass Julian, dieser Förderschulbehindi, nicht gerade die perfekte Begleitung für all die Clubabende mit ihren Abikollegen und fancy Studis war. Es war furchtbar gewesen, von jetzt auf gleich meinen wichtigsten Menschen verloren zu haben. Und ich Trottel hatte auch noch Verständnis für ihre Kehrtwendung.

Ich flitschte den ausgegangenen, kalten Stumpen des Joints ins Feuer und tippte *Hey Jule. Hoffe, dir gehts besser als mir* ins Handy, um es direkt wieder zu löschen. Sie hatte mich eh geblockt. Verdammt!

Die tanzende Gitarre flüsterte: *Spiel mit mir!* Ich griff danach und als ich sie fertig gestimmt hatte, schrammelte ich ein bisschen darauf herum, doch der Verband störte. Ich riss ihn ab und opferte ihn den Flammen. Nach einigem melancholischen Rumgezupfe begannen meine Hände ein Eigenleben. Ich zupfte unseren großen Liebessong: Rio Reisers »Für immer und dich«, den ich irgendwann mal auf einer verstaubten Playlist meiner Mutter gefunden hatte.

Das zu singen, tat weh, und ohne Jules zweite Stimme fühlte es sich falsch an. Mein Refrain klang nach nicht mehr als einem dünnen Winseln, aber ich konnte nicht aufhören. Der letzte Akkord verklang und ich starrte in die verschwommenen Flammen.

»Hey ... Julian?«

Ich zuckte zusammen und drehte mich so rasch um, dass ich fast vom Baumstumpf fiel. Im undurchdringlichen Nichts sah ich Lizas vom Feuerschein erhelltes Gesicht, den Rest von ihr verschluckte dank ihrer schwarzen Klamotten die Dunkelheit des Waldes.

»S-s-sorry ... wollte dich nicht erschrecken«, fügte sie leicht verlegen hinzu und ihr Kopf ruckte mehrmals zur Seite. »Wollte nur ... Sterne gucken und dann hab ich das Feuer gesehen.« Sie lächelte entschuldigend. »Bis später. Der Song ... der w-w-war echt schön. « Schnell drehte sie sich weg und wurde wieder schlagartig unsichtbar.

Eigentlich war mir gerade nach Einsamkeit und Elend zumute, dennoch räusperte ich mich. »Äh, Liza?«

Ihr Gesicht tauchte wieder in der Dunkelheit auf.

»Das war vorhin ziemlich nett von dir«, sagte ich und schob, als ich ihr erstauntes Gesicht sah, schnell hinterher: »Also nicht, dass du mich angemeckert hast. Aber das mit Justin. Du weißt schon ...« Der Trauergesang hatte meine Stimme belegt. Ich räusperte die dunklen Gefühle weg, reckte mich und hatte auf einmal überhaupt gar keine Lust mehr, weiter allein vor meinem Feuer zu sitzen.

»Der ist so ein dummer Idiot! Da musste ich was sagen.« Sie zuckte mit den Schultern.

»Hättest du vielleicht Interesse an einem ...« Ich zog einen weiteren Holzklotz neben das Feuer. »Sitzplatz an meinem exklusiven Feuer, bevor du gleich *Sterne gucken* gehst?«

Ihr Mund kräuselte sich zu einem kleinen Lächeln. »Na gut«, sagte sie gedehnt. »Ist es wirklich okay, wenn ich bleibe?«

»Absolut. Dein Timing ist perfekt.«

Liza

10 *Sterne gucken* war zugegebenermaßen eine ziemlich blöde Spontanausrede gewesen. Das hatte Julian wohl auch begriffen. Ein Blick zum Himmel genügte, um zu sehen, dass sich die Sterne hinter dicken Wolken versteckt hatten. Eigentlich war ich nur im Wald unterwegs, weil ich es am großen Feuer nicht mehr ausgehalten hatte. Es waren einfach zu viele Menschen seit mittlerweile viel zu vielen Stunden. Der ganze Ausflug war eine echte Zerreißprobe für mich. Und was tat ich? Statt in die Einsamkeit zu flüchten, hockte ich nun neben Julian. Ausgerechnet Julian.

»Sorry, bin gerade nicht so der beste Gesprächspartner«, brach Julian das wunderbare Schweigen und räusperte sich wieder.

»Ist schon gut«, flüsterte ich.

»Okay.« Julian betrachtete mich leicht verwundert. »Aber ... wenn du zu den anderen willst ... tu dir keinen Zwang an.«

Ich schaute ihn prüfend von der Seite an. »Äh, willst *du* denn deine Ruhe haben?«

Er drehte sich etwas zu mir, verschränkte seine Arme auf dem Gitarrenkorpus. »Nö, eigentlich nicht«, brummte er und zog die Mundwinkel in Richtung Ohren. Dieser Blick ... Seine strahlend hellblauen Augen durchleuchteten mich wie zwei ins Stocken geratene Suchscheinwerfer.

Mein Herzschlag beschleunigte sich, mir wurde schlagartig total warm und ich wusste nicht, ob das hier ein gutes oder ein schlechtes Gefühl war. Dummerweise verriet Luzifer auch noch meine Aufregung, indem er mich permanent zwinkern und den Mund verziehen ließ. Eine kleine Alarmglocke schrillte in mir. Ich sollte besser verschwinden.

»Also ... Ich starre mit dir gerne noch Hunderte Löcher in die Glut«, fügte er beiläufig hinzu und schwenkte seinen Blick wieder in Richtung Feuer. »Weißt du, wenn ich so am Feuer sitze, könnte ich mir gut vorstellen, ich würde in der Wildnis leben. Also nicht im Dschungel oder so, sondern eher hier, in so einem ganz normalen Wald. Auf jeden Fall ohne Menschen, ohne Stadt in der Nähe, ohne Krach und ohne irgendwelche Schulabschlüsse oder Pflichten.« Er stocherte mit einem Stock im Feuer, den Blick konzentriert in die Flammen gerichtet. »Das wär's für mich«, murmelte er und strich sich sichtlich frustriert über die Stirn. »Warum gibt mir mein Alter nicht einfach eines seiner Konten mit genug Kohle drauf und wünscht mir ein schönes Leben?«

»Der Eremit mit den geparkten Millionen auf dem Konto. Starker Lebenstraum, Julian«, witzelte ich.

Leicht gekränkt blickte er auf, musste dann aber selbst lachen. »Ja ... ich weiß, da könnte ich gleich mit dem Porsche zum Sozialamt fahren, aber was soll's? Wäre doch geil, oder?«

»Hm.« Ich sah ihn skeptisch an. »Vielleicht ein bisschen langweilig?«

»*Langweilig?* Niemals!« Julian schien seinen Ohren nicht zu trauen. Er hievte mit einem Ächzen einen weiteren Holzklotz ins Feuer, rückte dabei etwas näher und sah mich fragend an. »Also, was wäre denn so schlecht daran?«

»Na, dass du irgendwie keinen Sinn im Leben hast, vielleicht?«

»Aktuell kann ich mir ein voll abgesichertes Abhängen extrem sinnhaft vorstellen«, behauptete er. »Ich würde einen kleinen *sinnhaften* Gemüsegarten pflegen, *sinnhafte* Kurzgeschichten schreiben, *sinngebende* Songs spielen und sogar ein paar *sinneserweiternde* Hanfpflanzen züchten und mit vollem Einsatz ihre Wirksamkeit überprüfen. Apropos ...« Grinsend zog er einen Tabakbeutel und eine kleine Silberdose heraus und begann, einen Joint zu drehen.

Spätestens jetzt sollte ich dringend aufbrechen. Ich blieb.

»Was ist denn *dein* Lebenssinn?«, nuschelte Julian mit einem zwischen die Lippen geklemmten Stück zusammengerollter Pappe.

»L-L-Lebenssinn klingt so ... groß«, wich ich aus.

»Na, hör mal«, er sah mich vorwurfsvoll an. *»Du* hast eben damit angefangen. Aber es ist doch eine große Sache, oder nicht? Immerhin geht es dabei um dein *Leben*. Also ...?« Er zündete den nun fertigen Joint an und umhüllte uns mit einer Hanfwolke. Großzügig bot er mir den nächsten Zug an. Vielleicht eine Spur zu energisch lehnte ich ab.

»Auf jeden Fall n-n-nicht, mir den Verstand w-w-wegzurauchen.« Mist, Kiffer machten mich immer direkt viel zu aggressiv. Vor meinem inneren Auge sah ich Ma und Digga, die wieder mal völlig bekifft ihre lebensfernen Träume träumten. Weil sie ja immer *genau dann,* wenn es darauf angekommen wäre – und ein vielleicht auch mal finanziell vielversprechendes Engagement in Aussicht stand –, lieber erst mit einem Joint den noch gar nicht eingetretenen Erfolg feierten. Ich liebe Ma und Digga, doch ihr Künstlerdasein und die damit verbundene chronische Geldknappheit ist wirklich nervig. Somit wusste ich also, was ich *nicht* wollte.

Aber was war mein Lebenssinn?

»Liza?« Julian stupste mich an. »Du wärst nicht die Erste, die sich auf der Suche nach dem Lebenssinn verlaufen hätte.«

»Weißt du, ich will gern ...« Ich holte tief Luft. »Filmproduzentin. Ich w-w-will gern Filme produzieren. Dokus und so oder Musikvideos oder auch andere Videoinstallationen.«

»Klingt gut. Aber ...« Er dachte einen Moment nach. »Das ist kein Lebens*sinn,* oder? Was ist damit?«

»Ich g-g-glaube, da habe ich ehrlich gesagt bisher nie drüber nachgedacht«, gestand ich widerwillig ein. »Aber *ich* habe wenigstens ein paar Ziele.« An meinem heftigen Zucken konnte jeder erkennen, wie wenig mich selber diese Antwort beruhigte.

»Klingt so, als würdest du gerade gegen mich auftrumpfen wollen, aber darum geht's doch gar nicht.«

»Ach ... und warum fragst du mich sonst?«

»Weil es mich interessiert, was du dir wünschst. Es war echt nicht als Battle gemeint.«

»Ich bin es halt gewohnt, ständig alles rechtfertigen zu müssen«, murmelte ich leicht gereizt, zog mir die Kapuze über den Kopf und ärgerte mich tierisch über mich selbst. Warum schnitt ich auch solche Themen überhaupt an?

»Du musst dich nicht verteidigen«, sagte Julian ruhig, schwenkte seine Suchscheinwerfer ein weiteres Mal in meine Richtung – und ich schaute schnell wieder ins Feuer, bevor er es noch schaffte, seinen Blick auf den Grund meiner Seele zu bohren. Ich wollte lieber nicht so genau wissen, wozu das dann führen würde.

»Puh«, seufzte ich. »Sorry, irgendwie bin ich gerade voll neben der Spur ... Die ganzen letzten Tage und jetzt die Zeit hier und nun auch noch du mit deinen Fragen.« Ich zögerte. »Also ich glaube, es wäre besser, wenn ich ...«

»Bitte, bleib«, unterbrach mich Julian leise. Er hielt den Gitarrenhals mit einer Hand fest, zauberte mit der anderen aus seiner Jackentasche eines dieser rasselnden Kunststoffeier hervor und schüttelte es rhythmisch. »Das ist Beatbox, Chica. Offlinebeatbox«, imitierte er Tariq so gut, dass ich lachen musste. Dann begann er, die Saiten seiner Gitarre zu zupfen. *»Hey, Baby ... Lass uns Flammen stalken bis zum Morgengrauen«,* sang er passend mit rauchiger Stimme und ich wusste gerade nicht, ob das nun ein Song war oder eine Aufforderung.

Im nächsten Moment hatte ich meine Antwort: Er legte mir den Shaker in die Hand, schloss meine Finger um das Ei und startete einen langsamen Rhythmus, in den er kurz darauf mit seiner Gitarre einstimmte.

Julian

11 Mit Liza am Feuer zu sitzen. war genau das, was ich jetzt brauchte. Wir spielten ein paar Songs und quatschten miteinander. Kein verkrampftes Gelaber, bloß um peinlicher Stille keine Chance zu geben.

Als wir wieder in Richtung Haus aufbrachen, hatten sich tatsächlich auch noch die Wolken verzogen und der Himmel war übersät von den Sternen, nach denen Liza drei Stunden vorher gesucht hatte.

Übermüdet, aber ganz gut drauf kaperte ich am nächsten Morgen beim Frühstück direkt den Stuhl neben Liza. Sie warf mir einen kurzen, ich würde sogar so weit gehen, netten Blick zu. Wow, *freute* sie sich etwa auch, mich zu sehen?

»Ah, der Langschläfer ist auch schon aus den Federchen gekrochen!«

Oh, Mann, Ayse! Nicht nur ich zuckte zusammen, auch Lizas freudig-warmen Blick hatte sie mit diesem schrillen Spruch spontan schockgefrostet.

Ich konzentrierte mich deswegen darauf, meine mit Kaffee vollgesogenen Baguettestücke elegant zu verschlingen. Das war jedoch praktisch unmöglich, normalerweise aber auch total egal – weil ich meist allein frühstückte. Prompt löste sich ein kaffeeschweres Stück von meinem Baguette und platschte auf den Tisch. Ich schaute leicht zerknirscht in die Runde und traf auf Lizas Blick. Sie kicherte leise.

Für meinen Geschmack viel zu früh sollten wir uns nach dem Essen draußen auf der Wiese zu einem dieser Stressspiele zusammenfinden, bei dem man Bälle in gegnerische Eimer werfen musste und dann wie irre rennen, um dem Gegner ... Also, so ganz kapierte ich die Regeln nicht und eigentlich konnte man das auch nur spätabends und mit viel Alkohol spielen. Trotzdem machte ich mit. Nicht, weil ich Bock drauf hatte, sondern eher weil alle aufstanden und mitmachten. Alle bis auf Max.

Der saß da, beobachtete uns mit verschränkten Armen und wirkte total angespannt.

Mir war's egal, denn irgendwie hatte ich sogar meinen Spaß, weil Tariq und Gustav permanent versuchten, sich mit ihren schrägen Sprüchen zu übertrumpfen.

Genau in dem Moment erwachte Max urplötzlich aus seiner Starre und sprang auf. »Was seid ihr eigentlich für Schwachköpfe?«, pöbelte er uns an.

Allmählich ein bisschen anstrengend, der Typ, fand ich. Den anderen ging es, ihren irritierten Blicken nach zu urteilen, nicht anders.

»Ihr spielt doch Kindergeburtstag auf eurer eigenen Beerdigung!«

»Alter, was geht?« Tariq hatte ratlos die Arme ausgebreitet und blickte Max fragend mit gerunzelter Stirn an.

»Ja, was geht – *nichts* geht, du Schwachkopf«, pampte Max zurück und wirkte, als habe er noch weiteren Redebedarf. »Wir alle, die wir in dieser *großartigen Maßnahme* gelandet sind ... einen dieser begehrten Plätze für unsere *letzte Chance* ergattert haben ... wir alle sind doch schon lange durch.«

Seine Stimme kippte, so sehr regte er sich auf. Ich schob mich näher an Liza heran. »Weißt du, was mit dem los ist?«, erkundigte ich mich leise. Vielleicht kannte sie den Punk ja besser als ich.

»Nein«, raunte sie. »Der r-r-redet ja mit niemandem. Der ist einfach nur arrogant und schreit rum. Ich finde den echt f-f-furchtbar.«

Ich nickte. Eben. Das war exakt das Problem mit diesem Kerl.

»Ausgesondert von einem System, das jeden auskotzt, der nicht passt!«, steigerte sich Max gerade bildsprachentechnisch. »Dieses System ...« Er hob eine offene Faust in die Luft und klatschte mit einer flachen Hand gegen sie. »... es hat uns alle ge-fickt!«

Einige protestierten, Max war das natürlich völlig egal.

»Gefickt, weil wir nicht passen!«, rief er. »Gefickt, weil wir andere gestört haben.« Leises Kichern von Ayse, aber das spornte ihn nur noch an. »Gefickt, weil wir irgendwas nicht konnten. Und was macht ihr? Lasst euch von unserem System fröhlich weiterficken. Habt ihr immer noch nicht genug bekommen?«

»Ey, hast du auch Tourette?«, versuchte Tariq mit schwacher Stimme einen lahmen Witz, aber selbst ihm wurde es wohl langsam zu viel – sein Blick wirkte jetzt doch eher wie auf seiner eigenen Beerdigung.

Bei mir hingegen hatte Max gerade fette Sympathiepunkte gebunkert. »Sehr schöne Bildsprache! Und absolut die Wahrheit. So kannte ich dich bisher gar nicht«, lobte ich ihn. Wahrscheinlich verzockte ich damit gerade erst gewonnene Punkte bei dem Trupp. Aber hey, welche Punkte? Als ob ich da noch was hätte holen können, obwohl ... minus und minus ... ach, Scheiß drauf.

Doch dann schaute ich zu Liza und erschreckte mich über den eissplittrigen Blickregen, den sie auf mich niederprasseln ließ. Sie drehte ihren Kopf abrupt zu Max, holte Luft, aber Max deckelte ihren Redefluss bereits vor dem Ausbruch mit einer blockenden flachen Hand.

»Wisst ihr, wie viele Menschen in ihrem Leben keinen Sinn mehr sehen? Menschen, die sich täglich die Birne ausknipsen, um ertragen zu können, dass sie nutzlos sind und von keinem gebraucht werden?«

Ebenso plötzlich, wie Max sich in seine Wut hineingesteigert hatte, sackte er jetzt in sich zusammen und ließ sich auf den Rasen sinken. Oh, Mann, der arme Kerl war echt aufgewühlt. Sogar seine Schläfen pochten. »Das sind keine dummen Menschen«, rief er fast verzweifelt. »Das sind nur welche, die das *System* als unbrauchbar abgestempelt hat. Die meisten haben doch auch schon in der Schule aufgegeben, weil sie einfach keine Chance hatten mitzukommen.«

»N-n-nein, Max«, versuchte Liza nun doch, ihn zu bremsen. »Das ist doch gar nicht wahr. Jetzt rei–«

»Doch, Liza. *Jeder* in dieser Quali ist gescheitert. Wenn jemand, so wie wir, die Schule verlässt, dann gibt es verschiedene Anschlussoptionen. *Unsere* ist die mit Abstand schwächste. Wir sind *die* Handvoll, der wirklich keiner mehr irgendetwas zutraut. Gestrandet auf der Resterampe.«

Resterampe? Also das fand auch ich nicht so richtig cool.

»Alter, hast du irgendwas genommen? Laberflash oder so?«, schaltete sich Tariq in Max' kurze Vortragspause ein.

Der schüttelte nur unwirsch den Kopf und hielt einen Moment inne. Dann hievte er sich wieder hoch, drehte sich um und stapfte wortlos in Richtung Wald. Uns ließ er reichlich ratlos zurück.

»Also, lasst uns weitermachen!«, zwitscherte Ayse, als sei rein gar nichts geschehen, streckte sich und brachte sich in Spielposition.

»Halt mal den Bagger, du fette Qualle!«, blaffte Justin, der für sein hohles Äußeres reichlich mitgenommen wirkte.

Liza, die immer noch neben mir stand, erstarrte. Dann marschierte sie schnurstracks auf den Skinhead zu, stellte sich auf die Zehenspitzen und geigte ihm ordentlich die Meinung. Im nächsten Moment drehte sich Justin mit wutverzerrtem Gesicht um und stapfte nun ebenfalls davon.

Ich nahm das zum Anlass, zu ihr zu gehen.

»Hey ... Max und Justin als Zweierarbeitsgruppe wäre auch mal echt 'ne Option«, überlegte ich laut. »Dann springt ständig einer von den beiden auf und macht sich als beleidigte Leberwurst vom Acker.« Ich sah sie erwartungsvoll an, doch sie reagierte überhaupt nicht.

Stattdessen ließ sie mich einfach stehen. Ratlos blickte ich ihr hinterher. Hatte ich unser nächtliches Miteinander gestern fehlgedeutet? Mit schnellen Schritten verfolgte ich sie.

»Habe ich irgendwas falsch gemacht?«, rief ich. »Stopp, warte doch mal!«

Liza hielt an und schaute mich kühl an. »Ich verstehe einfach nicht, w-w-wieso man Max für den Mist, den er eben von sich gegeben hat, auch noch loben k-k-kann. Auch wenn für dich alles hier nichts weiter als ein Witz ist.« Ihr Gesicht zuckte heftig und sie räusperte sich permanent.

»Warum? Er hat doch recht. Was für einen Sinn soll das alles hier denn haben?«

Liza blitzte mich wütend an. »Nein. Er hat eben nicht recht und das werde ich auch beweisen.«

Unwillkürlich streckte ich die Hand aus und legte sie auf ihre Schulter. So zittrig, wie sie das gerade gesagt hatte, klang es eher so, als versuche sie, mit diesem wütenden Gekeife vor allem eine ganz spezielle Person zu überzeugen: sich selbst.

Liza

12 Ich hasste Max. So ein verdammter, pessimistischer, arroganter, herablassender Idiot! Als er eben so ausgerastet ist, bin auch ich fast ausgeklinkt. Und das nicht einmal wegen der Dinge, die er sagte, sondern wegen dem, was diese Wörter mit mir machten. Jedes Wort, nein, jede Silbe säbelte messerscharf und effizient an all dem herum, woran ich geglaubt hatte. Sie zermetzelten das, was mich angetrieben hatte. Mich angespornt hatte, um die Energie aufzubringen, doch noch meine Schulkarriere erfolgreich zu beenden – und was dazu geführt hatte, dass ich den Rest meines Lebens nicht einfach allein mit dem Laptop auf dem Sofa verbringen wollte.

Die Nähe zu Max, zu Julian und auch zu den anderen war gefährlich. Ich musste mich jetzt zwingen, mein Ding zu machen.

Allein.

Gerade wollte ich mich unauffällig verdrücken, da entdeckte ich Hugo, der wie so oft mit einer Selbstgedrehten im Mundwinkel auf einer Holzbank vor der Villa saß und Äste schnitzte. Seine Tiefenentspannung machte mich zunehmend wütender.

Jetzt setzte sich auch noch Julian neben ihn und die beiden lachten über …, ich nehme an, belanglosen Kram. Hugo legte das Messer zur Seite, griff in seine Hosentasche und zauberte zwei Würfel hervor. Julian schien dieser Anblick gar nicht zu gefallen, woraufhin Hugo einen mittleren Lachkrampf bekam. Doch dann erklärte er Julian etwas und die beiden begannen, mit den Würfeln und einem leeren Teebecher irgendwas zu spielen.

Gestern am Feuer hatte ich tatsächlich begonnen, Julian ein bisschen zu mögen, obwohl mir permanent ein inneres Frühwarnsystem tausend Gründe gegen ihn soufflierte. Allen voran: Er kiffte! Trotzdem hatte es sich mies angefühlt, ihn eben einfach so stehen zu lassen. Und um mal ganz ehrlich zu sein – am liebsten säße ich jetzt wieder friedlich irgendwo anders. Ohne die anderen. Zusammen mit ihm.

Solche Gedanken mussten unbedingt ganz schnell aufhören.

»Liiiza!« Elvira kam auf mich zugehumpelt und hielt mir einen ihrer einst roten, nun schlammverkrusteten High Heels entgegen, von dem der riesige Absatz abgeknickt in die falsche Richtung zeigte. »K-k-kannst du mir helfen?«, stammelte sie. »Ich glaube, ich habe mir den Knöchel gebrochen.« In ihren durch angeklebte Wimpern abgeschirmten Augen glitzerten Tränen.

»Klar«, murmelte ich und half ihr, zurück zur Villa zu humpeln. Am Eingang ließ sie sich laut klagend auf eine Gartenbank fallen.

»Danke, Liza. Weißt du«, gestand sie mir mit tränenerstickter Stimme, »ich bin echt total fertig, ich will hier nicht sein!«

Ich war völlig überfordert. Ich wollte mich ja eigentlich nur noch darum kümmern, meinen *Zukunftsplan* umzusetzen.

»Warum müssen wir nur diese bescheuerte Fahrt machen? Warum gab es für mich nur noch einen Platz ausgerechnet in dieser *Holzgruppe?*«, wimmerte sie. »Ich will doch einfach nur den Hauptschulabschluss machen. Ich will endlich Visagistin werden! Warum zur Hölle muss ich dafür so leiden? Das ist voll blöd.«

Moment mal … waren das nicht exakt dieselben Gedanken, wie auch ich sie ständig im Kopf hatte? *Elvira* tickte so wie *ich?* Es gibt Erkenntnisse, die fühlen sich echt unangenehm an. Das gerade war so eine, denn alles in mir sträubte sich dagegen, eine solch elementare Gemeinsamkeit ausgerechnet mit unserem Fashiongirl zu teilen.

»Wie ist das denn bei dir, Liza?« Elvira wischte sich in einer schwunghaft-dramatischen Bewegung die Tränen weg. Mit dem Ergebnis, dass sie sich das Make-up quer durchs Gesicht schmierte. Zudem klebten Teile falscher Wimpern an ihrem Handrücken. Zum Glück war hier grad kein Spiegel in der Nähe – in dem Fall hätte sie mit Sicherheit irgendwas zwischen Herpes und Nervenzusammenbruch bekommen.

»Geht so«, murmelte ich. »Also ... ich finde dieses gemeinsame Wochenende hier auch unnötig.«

»Oh, wirklich? *Wie cooool!*« Von einem Moment auf den anderen war Schluss mit Elviras Weltuntergangsstimmung und sie strahlte mich so furchtbar bestfriendsmäßig an, dass mir ganz übel wurde.

Na toll. Jetzt hatte ich bei dieser Fahrt also schon drei *Freunde* gefunden: Julian, den ich mochte, der aber leider kein bisschen zu meinen Zielen passte. Elvira, die ich nicht mochte, die aber von ihren Vorstellungen her genau zu mir passte. Und Ayse ..., na ja, eigentlich mochte die ja eh jeden.

Elvira hatte natürlich *keinen* gebrochenen Knöchel, wie unser Hobbysanitäter Gustav routiniert diagnostizierte. Dafür aber ruinierte Klamotten. Was für Elvira fast ein noch größeres Drama war. Damit ihr Gejammer endlich mal endete, brachte ich sie mit Ayses Hilfe in unser kleines Drei-Bett-Kabuff. Wir versuchten, sie von ihren ganzen schlammigen Klamotten zu befreien, kamen dabei ins Wanken, fielen wie Mikadostäbe um und blieben, jetzt alle drei total matschig, lachend auf Elviras Bett liegen.

Und *»weil es hier ja eh keine coolen Jungs gibt«* ließ sich Elvira nun zu einem kleinen Stylingwechsel à la Ayse überreden.

Geschlagene 45 Minuten später setzte Ayse unserem Modegirl als letztes i-Tüpfchen einen sehr erstaunlichen Strohhut auf. »Ein ganz neuer Schick, Chérieee«, kicherte sie und ließ den Blick über das Kolibrishirt und ausgetretene Chucks wandern, bevor wir Elvira nach unten in den Aufenthaltsraum lockten.

»Cooles Outfit, Miss World!«, kommentierte Tariq prompt – woraufhin er böse Blicke von uns dreien erntete und mit erhobenen Händen lachend den Rückwärtsgang antrat.

Mit einem spitzen Pfiff brachte Pfeiffer uns zum Schweigen.

»Hört mal alle bitte kurz her!«, rief er. »Nach der Mittagspause werden die Vierergruppen für das Mediosos-Projekt gebildet, damit ihr den Rest der Zeit und die Rückfahrt nutzen könnt, euch erste Gedanken zu machen.«

Na endlich! Ich war wie elektrisiert.

»Los, Mädels, lasst uns eine Gruppe bilden, okay?!« Elvira richtete ihren Strohhut und schaute die eifrig nickende Ayse und mich fragend an.

Zusammen mit Elvira das Projekt umsetzen? Hätte mir vor zwei Stunden jemand vorgeschlagen, gemeinsam mit der Dramaqueen – die beim Einstufungstest ihren Gelnagel beweinte – und dem Sonnenscheinchen Ayse freiwillig eine Arbeitsgruppe zu bilden, hätte ich nur schwach gelächelt. Aber egal, immerhin waren die beiden total motiviert.

»Kadir, was ist mit dir?«, fragte Ayse nun ausgerechnet auch noch den großen syrischen Schweiger mit der ewig kaputten Harry-Potter-Brille. Der nickte, womit wir also komplett waren. Dabei wäre ich auf den nun wirklich nicht gekommen.

Doch je länger wir beisammenstanden und sich selbst Kadir dank Ayse den ein oder anderen Wortbrocken aus der Nase ziehen ließ, desto besser gefiel mir der Gedanke, mit diesen dreien ein Projekt auszutüfteln.

»Chica, noch einen kleinen Klecks Mousse au Chocolat von Meister Tariq?«

Ich deutete auffordernd Richtung Dessertteller und ertrug Tariqs Sprüche stoisch – für einen weiteren Klecks dieses köstlichen Nachtischs. Den konnte der niemals selber gemacht haben! Aber egal. Ich saß wieder mit den Leuten aus meiner künftigen Projektgruppe zusammen am Tisch und hatte zum ersten Mal das Gefühl, die Maßnahme könnte tatsächlich nicht in einer Vollkatastrophe enden.

Kurz darauf erhob sich Herr Pfeiffer vom Mittagessentisch und ließ meine neu gewonnene Gute-Laune-Blase mit fünf simplen Wörtern zerplatzen: »So! Wir haben die Arbeitsgruppen ausgelost.«

Das durfte doch wohl nicht wahr sein!

Entsetzt meldete ich mich. Aber Herr Pfeiffer wedelte meine Information, wir hätten uns bereits zusammengefunden, unwirsch mit seiner Pranke fort. Auch weitere aufkeimende Proteste überlagerte er mit brachialem Bass.

»Eure Spielregeln für die Projektarbeit ...« Mit zusammengezogenen Augenbrauen blickte er in die unruhige Runde. Ich konnte mich kein bisschen auf seine Erklärungen konzentrieren, denn in meinen Ohren rauschte die Furcht vor drei grauenhaften Mitstreitern. Gleichzeitig versuchte ich krampfhaft, Luzifer zu bändigen, den die Aufregung geweckt hatte.

Herr Pfeiffer verstummte.

Oh, Gott, er hatte anscheinend alles gesagt – und ich hatte nichts mitbekommen!

Jetzt ging er zur Pinnwand neben der Tür vom Essensraum und heftete einen Zettel daran. Darauf hatte er unseren Namen die jeweilige Gruppe zugeordnet. Kurz darauf hörte ich sowohl Ächzen als auch kleine Freudenseufzer und traute mich gar nicht erst, selbst hinzugehen und meinen Namen zu suchen.

»Chica ..., na, du und ich in einer Gruppe? Das nenne ich mal einen coolen Zufall!« Tariq stand plötzlich vor mir und strahlte mich an.

Oh nein, oh nein, oh nein!, dachte ich. *Bitte lass das nur einen seiner Gags sein.*

»Dein Ernst?!« Ich sah ihn offensichtlich derart entsetzt an, dass er sich erst einmal lachend nach draußen verzog. Leider kam außer ihm sonst keiner, um mich in seiner Gruppe willkommen zu heißen – was ich als ausgesprochen schlechtes Omen deutete.

Nachdem sich meine Aufregung gelegt hatte und die meisten rausgegangen waren, zwang ich mich, endlich auch einen Blick auf die Liste zu werfen.

Meinen Namen fand ich in Gruppe drei und außer mir standen dort ... Julian, Max und tatsächlich auch Tariq.

Unfassbar.

Was für eine Truppe der Hoffnungslosigkeit! Ein lethargischer Kiffer, ein klugscheißender Antialles und der pseudolustige Gangsterverschnitt, der dauernd fehlte. Ich kniff immer wieder die Augen zusammen und starrte völlig verzweifelt auf die Liste, als könnte das irgendetwas ändern.

Als ich mich umdrehte, merkte ich, dass mittlerweile außer mir nur noch zwei Leute im Raum waren. Lesend beziehungsweise schlafend hockte dort exakt die Hälfte meiner Gruppe: nämlich Max und Julian.

»Hey, willkommen zur ersten Teilversammlung von G-G-Gruppe drei?«, startete ich einen Versuch und kam mir schlagartig absolut dämlich vor. Die Wände des Raums reflektierten tönern meine Stimme. Keiner der beiden Anwesenden schien mich wahrzunehmen, da der eine entspannt pennte und der andere mal wieder sauer vor sich hin stierte.

Super. Mein Ego schrumpfte auf die Größe eines vertrockneten Apfels. *Nichts wie raus hier!*, sagte ich mir und stürmte rüber in den Aufenthaltsraum.

Dort hielt ich kurz inne und legte ein paar einsame Grübelrunden ein. Neben mir hatten sich zwei Projektgruppen versammelt, die bereits erste Überlegungen anstellten oder wenigstens *gemeinsam* über die Projektaufgabe schimpften. Schließlich marschierte ich entschlossen zu Herrn Pfeiffer.

»Sie können unmöglich von mir erwarten, mit diesen dreien zusammenzuarbeiten«, setzte ich zu einer längeren Beschwerde an, aber Herr Pfeiffer ließ mich gar nicht ausreden.

»Liza, die Gruppen stehen fest und ich werde da auch nichts mehr dran ändern«, fertigte er mich ab – keine Spur mehr vom weichen, warmherzigen Rocker. »Meinst du etwa, dir steht eine Extrawurst zu?«

Ja, genau! Ich hatte mir exakt diese Extrawurst hart verdient. Warum verstand das denn keiner?

Julian

13 »Ups ... bin wohl ein kleines bisschen eingeschlafen.« Ich räusperte mich und blickte zu Max hinüber – dem Einzigen außer mir im Essensraum. »Wo sind denn die anderen alle hin?«

Max nickte Richtung Tür, ohne aus seinem obligatorischen Buch aufzublicken.

»Immer wieder schön, mit dir zu plaudern«, stellte ich fest. »Habe ich irgendwas Wichtiges verschlafen?«

»Würdest du weniger kiffen, hättest du mitbekommen, dass es hier *niemals* Wichtiges gibt, was man verschlafen könnte. Zu deiner Frage ...«, Max ächzte und blickte genervt von seinem Buch auf, »... wir sind beide in der gleichen Projektgruppe gelandet. Zusammen mit Liza und Tariq. Unsere Streberin wird dir schon erzählen, worum es geht. Ob du willst oder nicht. Wenn ich das richtig mitverfolgt habe«, er deutete mit einer müden Geste zur Tür, »ist sie grad drüben im Gruppenraum und macht Krawall.«

Er versank wieder in seinem Buch und reagierte auf keine weitere Frage von mir. Was für ein Idiot. Aber immerhin hatte ich jetzt Liza-technisch eine gute Gelegenheit, eine Gesprächsoffensive zu starten.

Ich hievte mich hoch und ging betont fröhlich rüber in den Gruppenraum, um mit ihr über die Neuigkeiten zu plaudern.

»Weiß ich alles schon«, giftete mich Liza an, die sich gerade von einem etwas erschöpft wirkenden Pfeiffer weggedreht hatte. »Darüber wollte ich eben auch schon mit dir reden, habe dich aber nicht wach bekommen.«

Überrascht sah ich sie an. Wieso regte sie sich denn so auf?

»Bin wohl ein bisschen müde gewesen.« Ich rekelte mir das letzte bisschen Schläfrigkeit aus den Knochen und lächelte sie entwaffnend an. »Worum geht's denn bei unserem *Projekt?*«

»Bin ich v-v-vielleicht die Auskunft?«, zischte Liza. »M-M-Max liest Marx, d-d-du schläfst, na, und Tariq ...« Sie winkte entnervt ab.

Was war denn hier los? Hatte ich gestern am Lagerfeuer vielleicht zu viel geraucht? War ich auf so einen Hab-euch-alle-lieb-Trip gekommen? So sehr konnte Liza sich doch nicht in den paar Stunden verändert haben!

Ihr Blick blieb an meinem hängen. Und auf einmal meinte ich, unter ihrer aktuellen Eiskruste noch etwas ... *anderes* erkennen zu können.

Doch da drehte sie sich ruckartig um und ließ mich einfach stehen.

Dieses Mädchen wurde immer seltsamer.

Einen Tag später wieder zu Hause zu sein – ohne sich ständig mit den Problemen anderer herumschlagen zu müssen –, fühlte sich entspannt und richtig an.

Andererseits fehlte mir auch was ...

Zum Beispiel jetzt, als mir ein kaffeetrunkenes Stück Baguette auf den Tisch plumpste und keiner einen dummen Spruch abließ. Oder letzte Nacht, als es hier zu Hause so totenstill war – statt dass Gustl schnarchend die Bude zum Wackeln brachte. Aber auf mein Handy war Verlass. Genau in diesem Moment tröstete es mich freundlicherweise mit seinem sonoren Brummen.

Es war Liza.

Hm. Wie kam ich jetzt zu dieser Ehre?

Sie lud mich in die Chatgruppe mit dem sensationell originellen Namen *Gruppe Drei* ein. Als Gruppenbild hatte sie eine Flipchartgrafik hinzugefügt.

> **Liza**
> Neuer Versuch! Projekttreffen morgen
> direkt nach der Quali.

> **Max**
> ...

> Max hat den Namen der Gruppe geändert in Die Verkackten

> Max hat das Gruppen-Profilbild geändert

> **Tariq**
> Treffen okay.

> Max hat die Gruppe verlassen

Schnell tippte ich meine Antwort:

> Hey-Ho ... klingt wie die Einladung zu einem wirklich
> kuscheligen Miteinander. Freu mich drauf! ☺

Nach kurzem Nachdenken löschte ich den Text und wählte stattdessen einen zwar faden, aber dafür neutralen hochgereckten
Daumen.

Die Schrummelei am Lagerfeuer hatte mir die Finger gelockert
und jetzt juckte es mich erstmals wieder seit ... Wow, es war das
erste Mal, dass ich ohne akute Atemnot an Jule denken konnte.

Ich schnappte mir meine Stromgitarre und entschied mich für
»Smells Like Teen Spirit« – zum Entstauben.

Nach dreißig Minuten pochten jedoch die Fingerkuppen meiner linken Hand, als würden sie gleich platzen. Weitere dreißig
Minuten später fühlte es sich an, als hätten die Stahlsaiten sie
endgültig zerfetzt.

Die weichen, hornhautfreien Kuppen waren eines der Symptome meiner Liebeskummerselbstmitleidsnummer. Doch jetzt war Schluss damit, das spürte ich.

Plötzlich hatte ich einen Riesenhunger! Ein Stück Fleischwurst, Brie, Ketchup, Schmelzkäse, Gewürzgurken und Toastbrot wanderten in den Zauberkessel von Fräulein Elfriede. Sie würde schon was Brauchbares daraus zaubern. *Fräulein Elfriede* – so hatte ich dieses Hammerluxusteil von Küchenmaschine getauft. Mom hatte es mir vor ein paar Wochen gekauft, weil sie fürchtete, ich könne sonst verhungern. *»Die macht eigentlich alles von allein, da musst du gar nicht bei rechnen.«* Dreißig laute Sekunden später saugte ich die Plörre direkt aus der Mixschüssel. Ich erstarrte kurz.

Öhm ... okay – ich gebe zu: Es gab schon schlechtere Kreationen. Aber auch bessere. Uuahh, war die Pelle der Fleischwurst aus Plastik gewesen? Vielleicht hätte ich sie besser nicht mitgeschreddert.

Jetzt fehlte eigentlich nichts weiter als ein kleines Tütchen.

Bei wummerndem Reggae auf dem Sofa liegend sah ich wenig später den Rauchschwaden dabei zu, wie sie eben noch verborgene Sonnenstrahlen sichtbar machten ...

Da wurde meine Zimmertür schwungvoll aufgerissen.

Die träge dahinwabernden Nebelscheiben verschmolzen hektisch zu einem breiigen Grau – wie schade. »Mom?«

»Julian, hast du etwa schon wieder ...?« Sie sprach es nicht aus, wedelte stattdessen völlig übertrieben mit einer Zeitschrift durch den Raum und riss nach und nach alle Fenster auf. Ziemlich lustig, mich das zu fragen, während wir einander vor Rauch kaum sahen.

»Habe gelesen, dass diese Kräutermischung gut gegen *Matheangst* sei«, sagte ich. Ich grinste sie verlegen an und drückte den Rest des Joints leicht schuldbewusst im Aschenbecher aus.

Sie schüttelte mit einem resignierten Seufzen den Kopf.

»Warum benutzt du auch nie meine Klingel?«, fragte ich sie. »Dir bliebe dadurch so einiges erspart.«

Sie überging meine Frage und hob entschuldigend die Schultern. »Wo du gerade Matheangst sagst ...« Garantiert spiegelte jede Zelle meines Körpers meinen akuten Aversionsfaktor wider, der mich immer packte, wenn sie ein Gespräch auf dieses Thema lenkte. »Also ... dazu wollte ich dir noch was sagen.« Sie strich die vom Wedeln mittlerweile zerknitterte Zeitschrift notdürftig glatt. »Ich habe hier drin etwas gelesen, was gegen Dyskalkulie helfen soll.«

»Oh, lass mich raten ... Vielleicht ein Seminar, bei dem Zahlen getanzt, getöpfert *und* gesungen werden? Oder vielleicht ... eine CD, die ich nur jeden Tag acht Stunden über Kopfhörer hören muss? Oder aber ... du hast einen neuen Glitzersaft aufgetan, der von Einhörnern bei Vollmondschein in Flaschen gekackt wurde?« Ohne Scherz, das gab's alles wirklich! Na ja ... fast.

»Ach, Julian.« Mom verdrehte entnervt die Augen. »Es ist so eine Studie, da geht es um Hirnströme und ein Rückkopplungsdings.«

»Hm, super interessant, leg es einfach mal zu den Zeitungen, das schaue ich mir auf jeden Fall später an.«

»Und wann ist später? In zehn Jahren? Nie? Julian, dir läuft die Zeit davon. Lies es dann auch wirklich, ja?«

»Die Zeit ist uns längst weggelaufen«, brummte ich. »Sollen wir mal gerade aufschreiben, was ich schon alles gemacht habe, *ohne* dass es mir geholfen hat?«

»Hach, ich weiß ja auch nicht.« Mom ließ sich kraftlos auf eine Sessellehne sinken. »Es muss doch etwas geben. Ich mag das einfach nicht akzeptieren.«

Sie mochte es *nie* akzeptieren. Schon in der Grundschule hatte sie stundenlang Rechnen mit mir geübt, bis wir irgendwann beide türenknallend das Zimmer verlassen hatten, weil es einfach nichts brachte. Und dann gab es da noch die Mathetherapeuten. Von etlichen Leidensgenossen weiß ich, dass die einem echt helfen können – vorausgesetzt, man klopft an die Türen der richtigen Kollegen an. Aber ich hatte leider Pech mit meinen. Vielleicht lag es am Ende ja doch nicht bloß an den falschen Experten, sondern an mir?

»Mom ... du *musst* es akzeptieren. Wir haben beide unser Bestes gegeben, aber mehr war nicht drin bei mir ... Schlechte Hardware, sorry.« Ich versuchte es mit einem halbherzigen Grinsen.

»Mensch, Julian ...« Meine Mutter hatte sich vorgebeugt und schaute besorgt in meine Richtung. »Ich wüsste so gerne, was ich tun kann. Dich so zu erleben, wie du hier nur noch herumgammelst und *Drogen* nimmst, das macht mich ganz fertig.«

Ich schüttelte beschwichtigend den Kopf. »Mach dir mal keine Sorgen, ich bin doch in dieser tollen Maaaaßnahme. Und davon abgesehen ... Bisher bin ich euch noch keine Miete schuldig geblieben.«

Es war nur ein Gag, ein dummer Spruch über mein Glück, kostenlos in der Einliegerwohnung meiner Eltern zu wohnen, doch Mom wirkte schlagartig angespannt.

»Ja also, es ist so, dass ...«

»Hm?« Es machte mich ganz kribbelig, sie so nervös zu sehen.

»Papi will mit dir sprechen. Wegen der Quali. Und der Wohnung. Und überhaupt.«

»Und?« Ich verstand nicht so richtig, was das Problem war. Obwohl ... ein vorher angekündigtes Gespräch mit meinem Vater – den ich ganz nebenbei niemals *Papi* nennen würde – verhieß erfahrungsgemäß nichts Gutes.

»Na ja«, seufzte Mom und fegte gedankenverloren die Tabakkrümel von meinem Tisch zusammen. »Er ist nicht so richtig gut drauf. Ich wollte dir das nur sagen, weil er nämlich vorhat, irgendwann in den nächsten Tagen zu dir rüberzukommen.« Sie stand auf und empfahl mir, ein bisschen Ordnung zu schaffen und auf alle Fälle kräftig durchzulüften.

Da fiel mein Blick auf eine Holzschale mit glitzernden Steinen. Och nö. »Mom?«, fragte ich streng. »Was ist das da?«

»Nur so ein paar Dekodinger. Ich fand sie ganz hübsch.« Nervös fummelte sie an den Steinchen rum. Eine einzige hochgezogene Augenbraue reichte und sie knickte ein: »Ist ja gut, ist ja gut. Das sind Heilsteine. Sollen helfen, bei ... Oh, Julian ... nun guck doch nicht so, ich nehme sie wieder mit. Aber ganz ehrlich, warum lässt du sie hier nicht einfach mal stehen?«

»In Ordnung. Ich glaube, sie wirken schon ... Warte ...« Ich starrte hoch konzentriert mit offenem Mund auf das Wunderschälchen. »Es sind sieben, oder? Mom, ich habe sie abzählen können. Ein Wunder! Ein Wunder!« Glücklich lächelnd hob ich die Schale mit den Steinen wie den heiligen Gral in die Höhe.

»Du verrückter Idiot«, lachte meine Mutter und ich duckte mich lächelnd zur Seite, um dem Kissen auszuweichen, das auf mich zugeflogen kam.

Liza

14 »Liza, hallöchen!«, tönte es mir am Montagmorgen nach unserer Rückkehr aus der Eifel vor dem Qualigebäude entgegen.

»S-s-selber h-hallöchen!«, begrüßte ich die beiden lächelnd.

Ayse und Elvira strahlten mich freudig an. Elvira war heute wieder schick wie immer und perfekt gestylt. Ich mochte sie seit der Fahrt ja irgendwie, aber dann legten sie alle beide die falsche Platte auf: indem sie sofort von den ersten Ideen ihrer gemeinsamen Projektgruppe – zusammen mit Kadir und Gustav – berichteten. Tja, ein *Gemeinsam* würde es in meiner Gruppe wohl nicht geben.

»Mit wem machst du denn das Projekt?«, wollte Ayse wissen. »Und wisst ihr schon, was ihr machen wollt?«

Zwei unschuldige Fragen, von denen jede ungefähr so angenehm wie ein Monsterpickel war.

»Also, in meiner Gruppe sind Julian ... und Max ... *und* Tariq.« Die beiden verdrehten bei jedem einzelnen Namen mitleidig die Augen. »Tja, m-m-mehr muss ich wohl nicht sagen, oder?«, schob ich sarkastisch hinterher.

»Wir sollen was zum Thema *Glück* machen«, zwitscherte Elvira fröhlich. »Und ihr?«

Das war das nächste Problem: Vor lauter Schreck über die Auslosung der Gruppen hatte ich am Samstag nicht einmal mitbekommen, was unser Thema war. Das hatte ich Pfeiffer gegenüber natürlich unmöglich zugeben und später die anderen aus meinem Trupp auch nicht fragen können ... also, *können* vielleicht schon. Aber nicht wollen. Dieser Max hätte nur wieder einen seiner grässlichen Kommentare abgegeben, Julian hatte aus lauter Desinteresse sowieso alles verschlafen und Tariq ...

»Hey, Chica«, raunte da eine Stimme dicht an meinem Ohr.

Erschrocken blickte ich auf. »Oh, Tariq!«

»Wo ist denn nachher dieses Treffen der *Verkackten?*« Er sah mich fragend an. Offensichtlich hatte er tatsächlich als Einziger meinen Vorschlag im Chat ernst genommen.

»Tariq ...« Ich überlegte kurz. »Es tut mir leid, aber ich weiß nicht ... ich glaube, da wird nichts draus.« Spätestens seit Max' Reaktion und Julians nüchternem Daumen-hoch-Smiley war ich etwas entmutigt.

»Ach, komm schon«, Tariq ließ sich nicht so leicht abschütteln, »jetzt keinen Rückzieher machen!«

Ayse und Elvira schauten erst einander und dann mich fragend an.

»Ein Treffen der *Ver...,* was?« Elvira schüttelte den Kopf, als hätte sie sich verhört.

»So heißt unsere *Projektgruppe,* Ladys.« Tariq wackelte aus – uns allen unerfindlichen – Gründen verführerisch mit den Augenbrauen und wirkte total ... motiviert.

»Mann, Tariq!«, kicherte Ayse. Sie hätte das Geplänkel offensichtlich gern noch etwas vertieft, aber ich entschied, dass es Zeit für einen Abgang war.

»Kommt, Mädels, lasst uns reingehen«, schlug ich vor. »Den Rest erzähl ich später m-m-mal.«

Die folgenden sechs Stunden an diesem Montag waren dank Elvira und Ayse gar nicht so schlecht. *Einerseits.* Andererseits aber auch schwierig, weil ich ständig mehr oder weniger erfolgreich versuchte, Julian aus dem Weg zu gehen.

Nach der letzten Stunde gestaltete ich im Kopf schon einmal mein eigenes weiteres Lernprogramm für den Nachmittag. Gerade wollte ich meine Sachen zusammenpacken, doch als ich kurz aufschaute, blickte ich direkt in die erwartungsvollen Gesichter von Tariq, Julian und Max.

»Also ..., wo geht's hin, Chica?«, erkundigte sich Tariq fröhlich, als wären wir auf der Suche nach dem nächstbesten Club.

Verständnislos starrte ich ihn an. Hatte er schon wieder komplett vergessen, dass es kein Treffen geben würde?

»Schöne Liza?« Er sah mich mit großen Augen an. »Was is' dein Problem, hm? Du guckst wie Ochs vorm Zwerg.«

»Boah, Tariq, du solltest echt mal an deinen Sprichwortskills arbeiten«, schaltete sich Julian ein.

»Was ist hier eigentlich los?«, fragte ich leicht verwirrt. »Seid ihr jetzt wegen der P-P-Projektgruppe hier? Auch *du*, Max?«

»Garantiert nicht freiwillig.« Max blickte grummelig zu Tariq, der sich lächelnd in meine Richtung verbeugte.

»Also, jetzt mal los, Leute!« Tariq lotste uns kurzerhand auf einen verwaisten Spielplatz ganz in der Nähe vom Qualigebäude.

Ich ließ mich auf einer maroden Bank nieder und dachte, wir würden sofort loslegen. Was natürlich absolut naiv war: Julian hatte schon einen Frisbeering aus seinem Rucksack gefischt und Tariq zugeworfen, während Max mal wieder mit vor der Brust verschränkten Armen dastand.

»Wusste nicht, dass der Kindergeburtstag nun hier weitergeht«, sagte er kühl mit krauser Stirn und ließ das gerade zu ihm geworfene Frisbee an sich abperlen.

»Boah, Alter, mach dich mal locker!« Tariq sah ihn kopfschüttelnd an und hob das Frisbee zu Max' Füßen auf, um es wieder Julian zuzuwerfen.

Frustriert und mit hochgezogenen Knien starrte ich die drei an.

»Hey, Chica«, Tariq kniete sich vor mich. »Was ist los?«

Ich schüttelte nur schweigend den Kopf. Zu meinem Erstaunen stand er auf und drehte sich um.

»Julian, Max? Liza leidet.« Er kicherte kurz, riss sich dann aber zusammen und fuhr fort: »Also, kommt schon. Lasst uns mal loslegen mit der ersten Projektgruppensitzung zum Thema ... äh ... Liza?«

Drei Augenpaare richteten sich fragend auf mich. Luzifer zeigte deutlich, wie unentspannt ich die Situation fand.

»Liza?«, hakte Tariq nach. »Das Thema, das für dieses Projektdings, wie hieß das noch gleich?«

Na super. Tariq hatte das Thema also vergessen, Julian hatte die Verkündung verpennt und ich war voll mit meinem mittelschweren Panikschub beschäftigt gewesen. Nur Max ...

Der kapierte natürlich direkt, was Sache war. »Du *weißt* es nicht, richtig?« Aus irgendeinem Grunde schien das seine Laune deutlich zu heben. »Sieh an, sieh an, es gibt etwas, was unsere Musterschülerin nicht weiß.«

»Was ist so lustig daran?«, fragte Tariq. «Wenn du es weißt, spuck's aus. Ich will nämlich einen korrekten Praktikumsplatz bekommen.«

»Du?«, hakte Julian erstaunt nach. »Wofür?«

»Egal«, lautete die ungewohnt knappe Antwort. »Also ...« Tariq stürzte sich wieder auf Max. »Was ist denn nun unser Projektthema? Na? Na?« In einem früheren Leben musste Tariq mal ein verspielter, tollpatschiger Labrador gewesen sein.

Immerhin – Max war jetzt so entnervt, dass er neben mir auf die Bank sank. »Okay ... Unser Thema lautet: *Träume.*«

Und nun spuckte er endlich alle Infos zu unserer Projektaufgabe aus: »Gut drei Wochen haben wir Zeit«, leierte er gelangweilt herunter. »Egal, ob Videoclip, Präsentation oder Hörspiel, Hauptsache gemeinsam und kreativ. Wer sich nicht beteiligt, darf die Maßnahme mit extrem hoher Wahrscheinlichkeit unmittelbar verlassen.« Es folgte ein kurzer, hämischer Blick in meine Richtung. *Blöder Kerl.*

»Ganz schön zynisch, oder?«, endete Max schließlich.

Nun schauten wir ihn allesamt irritiert an.

»Checkt ihr das nicht? Das ist, als würde man Obdachlose zum Thema Luxusautos befragen.«

»Hä?«, fasste Julian ganz treffend zusammen, was wir alle dachten.

Max schnaubte verächtlich. »Shit, an wen bin ich denn hier geraten? IQ knapp unterm Wimperntierchen, oder was? *Wir sollen etwas über Träume machen,* sagte ich. Keiner von uns hat mehr Träume.«

»Du hast doch echt n-n-null Ahnung!«, platzte es aus mir heraus. »Wenn *du* keine Träume m-m-mehr hast ... okay. Aber *ich* habe n-n-noch welche!«

»Äh, ich auch!«, stimmte Tariq mir überraschenderweise zu.

Max ließ sich gegen die Lehne der Bank fallen. »Ihr seid hoffnungslos.« Er schüttelte den Kopf. »Und? Also, was für Hirngespinste habt ihr denn so?«

»Auch wenn es dich nichts angeht«, zischte ich ihn an. »Ich muss auf jeden Fall m-m-mindestens meinen Hauptschulabschluss machen, weil ich später am liebsten Filme produzieren würde ... also nach der Ausbildung zur M-M-Mediengestalterin.«

Unwillkürlich blickte ich kurz zu Julian, der meinen Blick einen Moment lang erwiderte.

»Du willst Filme machen?« Julian und ich zuckten beide zusammen, als Max noch einen Zacken aggressiver fortfuhr: »Mensch, das is' ja mal ein Ding. Dann kannst du ja direkt mit einer Doku über unseren Niedergang starten ... Noch jemand hier mit solchen Träumchen?«

So ein Idiot!

»Ja, Alter«, giftete Tariq ungewohnt aufgebracht, bevor ich etwas sagen konnte. »Und jetzt halt mal den Ball niedrig. Lass uns einfach in Ruhe und geh dein Leben leben.«

Was passierte denn hier gerade? War das echt Tariq? Der coole Gangster Tariq, der eigentlich immer nur Schwachsinn zum Besten gab?

»Was ist denn dein Traum, *Bushido?*« Max hatte sich vorgebeugt und blickte Tariq provozierend an. Der glotzte zwar zurück, schwieg aber.

»Max, was haben wir dir eigentlich getan, dass du uns so sehr hasst?«, platzte es aus mir heraus. »Warum machst du uns die ganze Zeit nur fertig?«

Er schüttelte fast schon verzweifelt den Kopf. »Du denkst, ich *hasse* euch?« Das letzte Wort ekelte sich regelrecht aus ihm heraus.

»Jetzt tu mal nicht so. Das ist doch das Einzige, was du kannst. Alles, was wir sagen, direkt zu zerlegen.«

»Aber das heißt doch nicht, dass ich euch *hasse.*«

»Ach? Zeigst du uns so deine *Liebe,* oder was?«, erkundigte sich Tariq.

Max runzelte die Stirn. Er schien nach den richtigen Worten zu suchen, aber keine zu finden. Für einen Moment wirkte er ernsthaft sprachlos – was wiederum *mich* sprachlos machte.

»Max, du willst ja anscheinend nicht verraten, warum du dein Leben aufgegeben hast«, mischte sich Julian ein. »Aber behandle uns doch trotzdem einfach mal normal und geh uns nicht ständig so von oben herab an, okay?«

»Ich habe nicht aufgegeben, ich habe verstanden«, sagte Max langsam und deutlich, als wären wir total begriffsstutzig.

Ich atmete tief durch und wandte mich an Tariq, anscheinend meinen einzigen richtigen Verbündeten. »Komm, erzähl mal. Was ist dein Traum?«

»Also ...« Tariq blickte uns etwas unschlüssig an, als ringe er mit sich. »Ich will ... ich will eine Ausbildung zum Konditor machen.«

Julian

15 Unser erstes Gruppentreffen kam nicht so recht in den Entspannungsmodus. Dass ich einen Lachkrampf bekam, als Tariq von seinem Tortenbäckerwunsch erzählte, machte es nicht besser. Nicht sehr nett, ich weiß, aber er hatte mich eiskalt erwischt. Ich meine, der mit seinem Gangsterstyle – Kapuzenjacke und Kettchen inklusive – und dann in der *Backstube* stehen?

Und warum Liza manchmal bei den banalsten Dingen so gereizt reagierte, checkte ich auch nicht. Aber ich beschloss, den Glauben an ein liebenswertes Etwas unter ihrem harten Kern noch nicht ganz aufzugeben.

Jedenfalls beschloss ich, diese aufgeregte Dramatruppe mal ein bisschen zu chillen.

»Wir sollten schleunigst handeln«, sagte ich ernst.

Damit hatte ich die volle Aufmerksamkeit aller drei und zauberte unter ihren Blicken den Tabakbeutel und das heilige silberne Döschen mit frischem Gras aus meiner Hosentasche.

»Das ist jetzt nicht dein Ernst ...«, ächzte Liza.

»Hast du ernsthaft was Produktives von ihm erwartet?« Max schmatzte auf einem Kaugummi herum und blickte Liza mitleidig an. »Ihr wisst doch: Ein Tütchen hilft *immer.*« Er verdrehte die Augen. »Bei guter oder schlechter Laune, Langeweile, Angst, Stress, Sex ...«

Tariq horchte auf.

»Dumpfe Kifferlogik«, schob Max erklärend hinterher und Tariq nickte beeindruckt.

»Yo«, sagte ich, um ihn zu ärgern. »Kennst dich wohl aus, Dottore?«

»Jep.«

»Jetzt schaut mal nicht so. Was sollen wir denn sonst machen?« Ich sah die drei fragend an. »Dank deiner Sprüche haben wir ja nun gelernt, dass wir alle alles verkackt haben und sowieso die Dummen von der Resterampe sind ...«

»Das habe ich so überhaupt nicht gesagt.« Max massierte sich die Schläfen, als verspüre er schlimme Schmerzen. »Dumm wäre ja das Gegenteil von intelligent. Aber wer bestimmt denn, was gesund und intelligent heißt? Professoren? Die WHO? Die Schulbehörde?«

Max war fließend in den Vortragsmodus übergegangen, Tariq und Liza schüttelten synchron die Köpfe und stöhnten entnervt auf.

»Intelligenz ist ein künstliches Gebilde, eine Erfindung!«, tönte Max verzweifelt, als er unsere Blicke sah. »Stellt euch unsere Intelligenzelite mal bei irgendeinem Naturvolk vor. Die wären da voll aufgeschmissen!«

Vor meinem inneren Auge tauchte eine hilflose krawattentragende SIM-Figur im Dschungel auf, ein umherirrender, hungriger Manager. Ich kicherte bei der Vorstellung und den anderen schien es ähnlich zu gehen.

Aber Max schüttelte ernst den Kopf. »Das heißt, unsere Intelligenztests messen nur, ob du das erfüllst, was in *unserer* Gesellschaft als intelligent bezeichnet wird und nicht ...«

»... andere Kompetenzen, wie zum Beispiel Bilder malen, lieb gucken, Joints bauen?«, erkundigte ich mich und Max stimmte mir überraschenderweise zu: »Genau, denn das findet bei *uns* keiner wichtig genug.«

»Könnten wir mal wieder ein bisschen auf das Parkett kommen?«, bettelte Tariq, dem die Diskussion anscheinend zu abstrakt geworden war.

»Klar. Zu *dumm* für einen Schulabschluss sein heißt nicht, dass du nichts kannst. Sondern nur, dass du nicht das kannst, was die

Gesellschaft wichtig findet.« Max lehnte sich entschlossen und zufrieden mit dieser Erklärung zurück, doch Tariq wirkte immer noch verwirrt.

»Er meint, wir und auch alle anderen in der Maßnahme sind eigentlich schlau. Nur anders. So, und jetzt ...« Ich sah Max und Tariq auffordernd an, vermied es aber, Liza in die Augen zu schauen. »Ich finde ... jetzt ist genau der richtige Moment für ein bisschen ... Aufheiterung, oder? Also, um den kreativen Prozess in Gang zu setzen und zack, das Projekt im Sack zu haben. Kommt schon, alles 100 Prozent bio, frisch geerntet und natürlich *absolutely vegan.*«

Max blickte auf. »Frisch geerntet?«, wiederholte er anerkennend. »Bio?«

»Ah, endlich würdigst du mal etwas, das mit mir zu tun hat.« Ich begann, aus Blättchen, Tabak, Pappe und Gras einen Joint zu drehen. Allerdings spürte ich die ganze Zeit Lizas bohrenden Blick auf mir.

»Jetzt schaut nicht so grimmig«, murmelte ich. »Wir haben ja wirklich nichts zu verlieren. Ist doch auch mal eine gute Basis, oder? Ein Haufen Gestrandeter ohne jegliche Verlustängste. Tariq, neues Sprichwort für dich: Wer am Boden liegt, kann nicht mehr fallen.« Ich zündete den Joint an, zog kräftig und bot Tariq den nächsten Zug an, aber der reichte direkt an Max weiter.

»Wirklich bio?«

Ich nickte stolz.

»Selbst gezogen?«

Ich nickte erneut, woraufhin auch er zog und den Rauch in kleinen Wölkchen wieder freigab. »Okay ... das ist was Gutes, nicht so ein gestreckter Russisch-Roulette-Dreck, der sonst verkauft wird. Da lass ich schon mal grundsätzlich die Finger von, will ja nicht in der Klapse landen.« Er lächelte mich tatsächlich an und reichte an Liza weiter, doch ihr Gesicht war eine Collage sämtlicher mir bekannter Ablehnungsausdrücke. Sie wandte sich ab, in Richtung Tariq, ihrem Nichtkifferkollegen, aber der senkte bloß betreten den Blick gen Boden.

Nachdem der letzte Zug verflogen war, lehnte ich mich zurück und schaute den Blättern des Baums beim Durchwedeln des Himmels zu. »Das hat schon was, unser Projektthema«, dachte ich laut vor mich hin. »Früher habe ich zum Beispiel davon geträumt, *Harry Potter 8* zu schreiben.«

»Wie bist du denn darauf gekommen?« Tariq schenkte mir einen äußerst skeptischen Blick.

»Na ja, ich schreib schon ganz gern«, sagte ich vorsichtig.

Ich erzählte ein bisschen von *damals* und Schreibwettbewerben, kam mir dabei aber ziemlich komisch vor. Nicht, dass ich hier noch wie Mom beim Gartenzaungespräch klang, die über ihren tollen Buben schwadronierte. »Alles lange her und unwichtig«, endete ich daher etwas abrupt, »weiß auch nicht, warum ich jetzt davon angefangen habe.«

»Warum hast du aufgehört zu schreiben?« Liza sah mich aufmerksam an. Sie klang aufrichtig interessiert. Überrascht erwiderte ich ihren Blick.

»Ach ... ich hatte irgendwann einfach keine Lust mehr.«

»Und warum mag ich dir das nicht abnehmen, wenn du das so sagst?« Max grinste wissend, aber ich schwieg.

»Julian?« Liza hatte sich in mein Blickfeld vorgebeugt und lockte mich aus meinen Gedanken heraus.

»Bringt doch eh nichts«, brummte ich und versuchte, die aufziehenden grauen Stimmungswölkchen wieder wegzuschieben.

»Klingt nach 'nem *geplatzten* Traum«, stellte Max fest und wirkte dabei ein bisschen versöhnlicher.

Ich zuckte nur mit den Schultern.

»Ey, du kommst hier voll schlecht drauf, weil du nicht mehr schreibst, aber dabei kannst du doch immer noch schreiben. Wa-

rum nimmst du nicht Stift und Papier und kritzelst drauflos?«
So, wie Tariq es sagte, klang das, was ich hier gerade abzog, echt
dämlich. Aber ich hatte auch keinen Bedarf, den dreien davon zu
erzählen, wie mich der ganze Mathescheiß, die schlechten Noten
und die Schulwechsel so sehr abgefuckt hatten, dass meine Gedanken am Ende so greifbar waren wie in Sonnstrahlen tanzende
Staubkörner. Und in dem Zustand war an Schreiben nicht mehr
zu denken. Fakt war, dass meine letzten Texte maximal nur noch
bekifft zu ertragen waren.

»Vielleicht hat der ein oder andere von euch schon meine le-
gendäre mathematische Begabung erkannt?«, murmelte ich aus-
weichend. »Die hat mir in der Schule alles versaut.«

»Ja, Mathe kann einen ganz schön runterziehen«, erwiderte
Tariq. »Aber warum hast du nicht einfach den Taschenrechner
genommen?«

Ich zuckte mit den Schultern. »In meinem Fall nützt auch der
nichts mehr. Ich hab nicht mal einen Schimmer, was ich verdammt noch mal in den beknackten Taschenrechner eintippen
sollte.«

»Na, und wenn du einfach was ohne Mathe machst?«

»Problem immer noch nicht erkannt?«, ächzte Max. »Wegen
Mathe hat Julian ...«, er trommelwirbelte mit den Händen auf seinen Oberschenkeln, »... rein gar keinen Abschluss geschafft. Und
er wird so auch keine Ausbildung durchstehen. Was soll er also
machen? Stütze beantragen?«

»Dottore, du hast es erkannt«, stimmte ich Max zu. »Aber hört
mal, Leute, für unser Traumprojekt ist das alles nicht wirklich
wichtig.«

»Doch, ist es«, konterte Max und versuchte nebenher, mit drei
Steinen zu jonglieren. »Denn du hattest, wie wir alle, einen Traum
und er ist geplatzt ... *Autsch, verdammt.*« Fluchend hob er einen
der Steine wieder auf.

Irgendwas hatte der letzte Satz von Max in mir angestoßen. »Leute, ich weiß, was wir machen!«, rief ich. »Max hat es eben vorgeschlagen und keiner von uns hat es gecheckt.« Alle, Max eingeschlossen, starrten mich irritiert an. *»Dann mach eine Doku über unser Scheitern,* hast du zu Liza gesagt. Und genau das ist es ... Hört zu: Wir alle *hatten* Träume.« Zustimmendes Nicken. »Und die konnten wir nicht umsetzen.« Wieder Nicken. »Schuld daran waren die anderen, richtig?«

»Nein, das würde ich nicht sagen, ich ...«, setzte Liza an, doch Max legte ihr beschwichtigend eine Hand auf den Arm und sie verstummte.

»Wie wäre es, wenn wir mit dem Projekt zeigen, wie unsere Träume und die von anderen Kids *zerstört* werden?«

»Ungewöhnlicher Ansatz.« Liza sah mich nachdenklich an.

»Also«, überlegte ich weiter, »jetzt denkt alle mal an euer schlimmstes Erlebnis.«

»Unser ... was?«, fragte Tariq. »Worauf willst du hinaus?«

»Träume und wie sie sterben. Unsere schlimmsten Erlebnisse eben. Produced by Liza. Darauf will ich hinaus.« Zufrieden lächelte ich in die Runde. »Das wär doch mal ein Thema!«

»Hm ... *Träume und wie sie sterben«,* wiederholte Max und ergänzte: »Klingt fast wie eine Anleitung.«

»Alter, eine Anleitung zum Träumekillen? Das ist doch voll krank!« Tariq sah mich ernsthaft entsetzt an.

»Das, Tariq, ist Ironie«, klärte Max ihn auf.

»Ach so«, murmelte Tariq. »Na gut. Ha, ha.«

Ich sah zu Liza, deren Augen auf einmal regelrecht zu leuchten begannen. »Das klingt wirklich interessant«, sagte sie langsam. »Dann lasst uns einen Film machen. Ich kann auch schon ganz gut filmen und schneiden«, fügte sie leicht verlegen hinzu.

»Yes!« Max' Gesicht hellte sich auf. »Und in dem Film kriegen dann alle, die schuld sind, mal so richtig eins in die Fresse.«

Liza

16 Wir standen zu viert auf der Uniwiese und beäugten die Studis. Nachdem Julian gestern mit seiner Dreamkilleridee herausgerückt war, hatten wir beschlossen, heute direkt zu starten. Max war, wen wundert's, auf eine ziemlich heftige Abrechnung mit den Verfechtern der in seinen Augen unsinnigen Qualifizierungsmaßnahmen aus. Natürlich ging das nicht – wir wollten ja nicht rausgeschmissen werden. Stattdessen hatten wir uns nach einigem Hin und Her überlegt, Interviews zu führen: und zwar mit Studenten, also denen, deren Träume – vielleicht – nicht geplatzt waren.

Nun begann unser erster Dreh.

Die wesentlichen Fragen:

Gab es in deiner Schulklasse jemanden, der komplett versagt hatte?

Was war der Grund für das Versagen?

Was macht er/sie heute?

Bewaffnet mit Smartphone und Mikro machten wir uns in Zweierteams auf den Weg. Da ausgerechnet Tariq der einzig wirklich Motivierte meiner Gruppe war, hatte ich ihn mir direkt geschnappt, war aber erstaunt, wie unsicher er jetzt wirkte.

»Boah, ich fühle mich gerade gar nicht gut, Chica«, flüsterte er. »Hier sind nur so schlaue Leute.«

»Quatsch!«, versuchte ich, ihn zu beruhigen.

Ich mochte die Stimmung auf der Uniwiese tatsächlich immer schon, keine Ahnung, warum genau. Vielleicht weil Ma mich früher manchmal hierhergezerrt und mit mir Nudelsalat-und-Tofuwürstchen-Picknicks veranstaltet hatte. Und weil ich die Studenten auf der Wiese irgendwie cool fand und bewunderte.

Die aktuelle Variante – als jemand, der wohl nie dazugehören würde, ausgerechnet mit dem sich deplatziert fühlenden Tariq hier umherzustapfen – war so nicht vorgesehen, hatte aber auch was.

Tariq stupste mich an und deutete auf eine große Blonde mit Dreadlocks im wallenden bunten Maxikleid, die gerade in unsere Richtung geschwebt kam. »Guck, die ist hammermäßig hübsch«, raunte er.

»Äh ... ernsthaft?«

»Ich meinte natürlich, sie ist sehr sympathisch«, korrigierte sich Tariq eilig, doch damit stand fest, wer unsere erste Interviewpartnerin sein würde: ein sympathisches, nebenbei auch noch total hübsches Mädchen um die zwanzig.

»Hm«, überlegte sie, nachdem wir sie angesprochen und sie mit unseren Fragen überfallen hatten. »Natürlich gab es welche, die nicht klarkamen.« Sie zupfte konzentriert an ihrer Nasenspitze. »Eine aus unserer Klasse war eigentlich ganz nett, wir waren sogar so was wie Freundinnen. Aber sie hat eine Sechs nach der anderen geschrieben und dann war sie irgendwann nach den Ferien nicht mehr da. Sie war einfach weg. Komisch. Was die heute macht, weiß ich echt nicht, sorry.« Sie wirkte ein bisschen verlegen und meinte, sie würde gleich mal nach ihr googeln.

Danach erzählte uns ein geleckt aussehender Idiot mit Aktenköfferchen, dass »zum Glück jedes Jahr im Sommer welche aussortiert wurden«. Denn diese Nullchecker hielten einen ja schon ziemlich auf, wenn die andauernd den letzten Scheiß fragten. Heute machen die »maximal Sozialamt«, so sein netter Abschlusskommentar. Ich war echt froh, dass ich dieses Interview nicht mit Max geführt hatte. Ich schätze mal, das hätte ziemlichen Stress gegeben.

In dem Stil ging es immer weiter – eigentlich waren die meisten Studenten sogar ganz nett, nur lief es immer wieder aufs Gleiche hinaus: *Klar, da war jemand, der nicht zurechtkam. Wurde immer schlimmer. Irgendwann von der Schule gegangen. Sorry, keine Ahnung, was die jetzt machen.*

Nach zwei Stunden hatten wir Massen an Interviews im Speicher.

»Irgendwie hat mich die Aktion total runtergezogen«, brummte selbst der sonst so entspannte Julian deprimiert und ließ sich seufzend auf die Wiese sinken.

»Mich auch.« Max kaute konzentriert auf seinem Kaugummi herum. »Ich habe mir immer wieder gedacht: Warum ist der hier und studiert fröhlich? Warum die? Und warum werde nicht ich hier sein?«

»Mir ging's ähnlich«, stimmte ich Max zu und hockte mich neben Julian. »Wohin wir auch schauen, überall um uns herum waren *G-G-Gewinner*. Na ja, so fühlt es sich zumindest an. Und wir könnten eigentlich auch mal zu denen gehören.« Ich *wollte* später mal eine von ihnen sein, ergänzte ich in Gedanken. Und vielleicht hätte ich auch eine Chance gehabt, wenn Luzifer sich jemand anderen ausgesucht hätte. Immerhin hatte ich bis zur siebten Klasse im Gymnasium zu den besten Schülerinnen meiner Stufe gehört. Na ja, und ein kleines bisschen war es mir auch peinlich, heute hier als Schulversagerin aufzukreuzen – so als könne man mir das ansehen.

»Also, *Gewinner* ... jetzt übertreibt mal nicht«, sagte Tariq. »Die werden es doch auch nicht alle packen.«

»Nö, das nicht«, sagte Julian trübsinnig. »Aber auch wenn sie das Studium schmeißen oder scheitern sollten ... Sie haben ganz andere Chancen. Die haben ihr Abi in der Tasche.«

In dem Moment wurde mir klar, was mich die ganze Zeit so gewurmt hatte. »Ich glaube, es ist noch was anderes«, überlegte ich laut. »Die Studis wussten total oft nicht mehr, was ihre angeblichen Freunde von früher gemacht hatten.«

»Fast nie«, stimmte Julian mir zu.

»Sie sind *vergessen* worden«, sagte ich leise.

Julian ächzte leicht, griff in seine Tasche – und brachte Tabak und das glänzende Döschen zum Vorschein.

Enttäuschung machte sich in mir breit.

Routiniert produzierte er einen Joint und zündete ihn an.

»Raucht ihr einen mit?«, fragte er uns schließlich. »Los, kommt schon. So ein trübseliger Trupp wie wir – den krallen sich die Psychologiestudenten und, schwups, stecken wir mitten in einer Depressionsstudie.«

»Na, komm, gib schon her«, brummte Max und vervollständigte gemeinsam mit Tariq unseren nun süßlich stinkenden Sitzkreis.

»Ihr spinnt doch«, sagte ich und schaute in der Hoffnung auf einen letzten Verbündeten kopfschüttelnd zu Tariq.

Aber der wich meinem Blick aus und als Max den Joint an Julian zurückreichen wollte, streckte auch Tariq plötzlich seine Hand aus.

»Ich meine ... einmal ist doch gar nicht, oder?« Er schaute fast entschuldigend in meine Richtung, zog und bekam einen Hustenkrampf. »Uah ... ewig nichts mehr geraucht.« Er zog ein zweites Mal, nun etwas vorsichtiger, und reichte den Joint an Julian weiter.

Unfassbar – nun hatte ich ihn also auch verloren: meinen letzten Verbündeten. Die Laune der drei steigerte sich zunehmend, während sich mir die Kehle zuschnürte – denn je alberner sie wurden, desto einsamer fühlte ich mich. Vielleicht war ich ja wirklich zu spießig? Was gäbe ich drum, jetzt auch mal den Kopf ausschalten zu können. Mich scheuerte dieses Gedankenkarussell richtig wund. Seit Jahren habe ich immer nur noch gedacht, gelernt, gehofft.

Warum eigentlich?, schoss es mir plötzlich durch den Kopf, denn es hatte nichts geholfen.

Was, wenn auch ich einfach mal an Julians Joint zöge? Ich

meine, was brachte es denn, hier als die letzte verkrampfte Streberin ohne große Zukunftschancen die ganze Welt zu hassen?

Schnell legte ich meine Hand auf Julians Arm. Er hielt erschrocken inne – nun schwebte der qualmende Joint genau vor mir. Ganz vorsichtig entwand ich ihm den Joint, als handele es sich um einen extrem giftigen Pilz, und hielt ihn dann reichlich überfordert zwischen Daumen und Zeigefinger.

Julian schaute mich ernst an. »Sicher?«

»Ey, Liza. Ich weiß nicht, ob das so eine gute Idee ist«, schaltete sich auch Tariq besorgt ein.

»Hey, macht euch mal locker. Es geht hier um *Biodope,* keine harten Drogen.« Max sprach, als hätte er einen dicken Wattebausch im Mund. »Das Schlimmste, was dir passieren kann, sind Übelkeit, Durchfall und Erbrechen. Klar, Wahnvorstellungen und Halluzinationen kann es auch geben. Bei sieben Prozent ...«

»Stopp, jetzt bloß keine Vorträge, Dottore! Du laberst uns sonst unser Tütchen aus«, bremste ihn Julian und Max kapitulierte – grinsend und mit erhobenen Händen. Einen Moment lang fand ich ihn fast sympathisch.

»Hast du schon mal geraucht?«, fragte Julian und als ich den Kopf schüttelte, wühlte er in seinem Rucksack und fischte eine mit Cookies gefüllte Butterbrotdose heraus. »Nimm mal besser was von denen ... Gestern frisch gebacken und mit demselben ganz speziellen Biogewürzchen veredelt.«

Ich nahm den Keks entgegen und biss vorsichtig hinein. Hm – superlecker. Also, eigentlich so, wie ein leckerer Keks halt schmeckt und nicht wie gebackene Drogen.

Total gespannt kaute ich gefühlte Ewigkeiten darauf herum und merkte – rein gar nichts.

Einen zweiten Keks gestand mir Julian noch zu, aber dann sollte ich warten, obwohl bei den dreien schon die nächste Tüte kreiste.

Ich hasste warten.

Besonders, wenn ich die Spaßbremse wider Willen war.

Ganz anders als Tariq zum Beispiel.

Der versuchte gerade, die Chipsdose auf seiner Stirn zu balancieren, und lachte sich ausdauernd schlapp, wenn sie herunterfiel. Auch Max und Julian hielten sich ihre von all dem Frohsinn schmerzenden Bäuche. Mann, waren die breit! Obwohl ... Als Tariq die Dose nun wieder auf seiner Stirn positionierte ... das war schon ziemlich witzig.

Ich schnappte mir eine Wasserflasche, stellte sie mir auf den Kopf und stand vorsichtig, angefeuert von den *Ohhhs* und *Ahhhs* der Jungs, auf. Grazil wie eine Seiltänzerin schritt ich mit meiner Flasche auf dem Kopf um die anderen herum.

Auf dem Weg zu meinem Platz stolperte ich über irgendetwas und wäre der Länge nach hingefallen, wenn Julian mich nicht aufgefangen hätte.

Okay, das war doch alles ziemlich lustig. »Du kannst mich wieder loslassen«, schlug ich ihm kichernd vor. Er lockerte seinen Griff, doch sobald ich keinen Halt mehr hatte, kippte ich schon wieder um. Julian bugsierte mich mühsam neben sich, ich lehnte mich Halt suchend an seine Seite und musste schon wieder lachen. Beim Blick an mir herab entdeckte ich in hundert Metern Entfernung zappelnde Füße, die meine Schuhe trugen. Schwankend zwischen Kichern und Erschrecken kniff ich die Augen zusammen.

»Guten Flug, Liza«, flüsterte Julian in mein Ohr. Er wischte mir meine Haare aus der Stirn und dann verstand ich, was da gerade mit mir passierte. Die Kekse hatten zu wirken begonnen.

»Ist das echt dein erstes Mal?«, erkundigte Max sich.

Ich war ganz gerührt von seiner Fürsorglichkeit, aber dann prusteten wir beide urplötzlich los.

»Mach dir keine Sorgen, wenn es dein *erstes Mal* ist«, kicherte Max. »Alles wird gut. Nein. Alles *ist* gut!«

Ich lehnte mich nach hinten gegen einen Baumstamm und krallte meine Finger vorsichtshalber an ein paar etwas längeren Grashalmen fest. Ein so wattiges und kreiseliges Gefühl hatte ich noch nie erlebt. Ich konzentrierte mich nur noch auf eins: nicht vollständig abzuheben.

Liza

17 »Chica, lass mich heute dein Beschützer sein!« Tariq hatte sich mir in den Weg gestellt, als wir kichernd das Unigelände verließen. »Ich bringe dich sicher nach Hause!«

»Keine Sorge, ich kann schon all... Ups!« Schon war ich wieder gestolpert und stützte mich sehr ungeschickt an einer Sitzbank ab.

Max und Julian krümmten sich vor Lachen, wohingegen Tariq mir auf die Füße half und sich bei mir einhakte. Reflexartig schaute ich in Richtung Julian.

»Vergiss ihn, Prinzessin. In der dunklen Nacht brauchst du einen echten Boss, nicht so einen Bubi!«, mimte Tariq weiter seine Rolle, musste aber beim Anblick von Max und Julian, die mittlerweile ebenfalls umgefallen waren, auch ziemlich lachen. Julian protestierte zwar, doch da er immer noch leichte Probleme hatte, auf die Füße zu kommen, entschied ich mich für Tariq.

Dieses erste richtige Dreamkillertreffen und die Aussicht auf das zweite – morgen Abend bei Julian, weil der anscheinend eine eigene Wohnung hatte – machten mich gerade unheimlich glücklich.

Komisch, dachte ich, als wir uns verabschiedeten und ich mit Tariq heimschwebte. Es waren ja nur zwei Kekse gewesen. Nie hätte ich gedacht, dass mich das so umhauen würde. Keine Ahnung, in welchem Vorgarten ich gerade die Nacht verbringen würde, wenn Tariq mich jetzt nicht freundlicherweise begleitet hätte.

Zum Glück gelang es mir, zu Hause angekommen, direkt in mein Zimmer zu rauschen, ohne Ma und Digga total breit ge-

genüberzutreten. Am Ende hätten die meinen Rausch noch gefeiert! Darauf konnte ich bestens verzichten. Ich wollte mich eh nur noch ins Bett legen, doch auf einmal rumorte mein Magen.

In letzter Sekunde schaffte ich es, die Toilette anzusteuern und mich übers Klo zu beugen, weil ... Oh Gott, war mir übel!

»Liza, kann ich dir helfen?«, hörte ich meine Mutter während der kurzen Kotzpausen von der Toilettentür her fragen.

Besser nicht. Ausführlich antworten konnte ich allerdings gerade eh nicht und es dauerte eine Ewigkeit, bis ich mich hochhievte und mir mit kaltem Wasser das Gesicht wusch. Nach einem versehentlichen Blick in den Spiegel zuckte ich entsetzt zurück: Da war eine alte Frau mit knallroten Augen. *Hilfe, jeder würde erkennen, was mit mir los war!* Spontan stülpte ich mir ein riesiges Badelaken über den Kopf und tapste als trashiges Gespenst vorsichtig durch den Flur in Richtung meines Zimmers.

»Liebes, was ist denn los mit dir?« Ma tänzelte um mich herum. Jedenfalls gurrte sie mir mal von rechts, mal von links besorgt ins Handtuch. »Oh, Liza ... Geht's dir nicht gut?«

»Magen verdorben, nehme ich an. Ich geh schlafen.«

Den Rest des Abends bekam ich Cola, Salzstangen, Zwieback, Tee, eine Wärmeflasche und all das permanent. Ich stellte mich schlafend, um einen guten Grund zu haben, die Augen nicht öffnen zu müssen.

Sobald ich allein war, googelte ich sofort nach Mitteln gegen rote Kifferaugen. *Sonnenbrille* ... wie lustig. Zwischendurch überprüfte ich im Minutentakt mit Selfies meine Augenfarbe. Mist, leider immer noch kaninchenrot.

Ich lehnte mich seufzend zurück und registrierte: Etwas fehlte ... auch jetzt noch.

Meine Tics. Sie waren verschwunden. Einfach so!

Max hatte es mir vorhin erklärt ... Googelt mal *Kiffen und Tourette*, dann wisst ihr, was da los war. Natürlich mussten wir *nicht* googeln, Max erklärte es gerne selber und nun war klar: Ich hatte einen Ausschalter für Luzifer gefunden: Kiffen verscheuchte Luzifer! Das musste man sich mal vorstellen. Nur sprang ich trotzdem nicht jubelnd durch die Wohnung. Denn da war gleichzeitig das Wissen: Diesen Ausschalter würde ich nicht noch einmal nutzen, weil er meinen Kopf matschig machte. Nie wieder. Bestimmt.

Ich schluckte.

Und ... Oh, Mann, es ging mir so richtig, also so *richtig* dreckig ...

Irgendwann ließ ich mein Handy sinken und sackte einfach weg.

Als ich wieder hochschreckte, fiel mein erster Blick auf den Wecker. Scheiße, nein, ich hatte sage und schreibe *sechzehn* Stunden durchgeschlafen! Es war halb eins!

Mit einem Satz sprang ich aus dem Bett und stolperte in den Flur. Stopp – ich drehte um, schloss noch mal leise die Zimmertür und überprüfte prophylaktisch mein Aussehen. Immerhin: Die Röte war wieder aus den Augen gewichen, nur noch ein paar geplatzte Äderchen störten die Optik.

Also huschte ich, den Urlauten meiner für irgendeine schräge Performance probenden Mutter folgend, den Flur entlang und in ihr Zimmer.

»Oh, Schatzi ... geht's dir besser?« Sie unterbrach ihr orgastisches Gestöhne und sah mich besorgt an. »Ich hatte deinen Wecker ausgestellt!«

Ich glotzte sie fassungslos an. »Du hast was?!«

»Ach, gestern ging es dir doch so schlecht«, gurrte sie schon wieder liebevoll. »Da musstest du einfach mal einen Tag Pause machen und ausschlafen.«

»W-w-würdest du bitte *mich* entscheiden lassen, wann ich ausschlafen möchte und wann nicht?«

Himmel, war ich sauer und auch Luzifer meldete sich aus seiner kleinen Drogenpause zurück, indem er meine Hand gegen mein Schlüsselbein schlagen und mich dauerräuspern ließ.

»Ach, Liza ... Sei doch nicht immer so ... *verbissen.*« Sie machte mit versöhnlich ausgebreiteten Armen einen Schritt in meine Richtung, ich wich stocksteif zurück.

»Ich bin *verbissen*, findest du?«, rief ich wütend. Ich wusste, ich sollte nicht so herumbrüllen, aber ich konnte einfach nicht anders. »Nimm mich endlich mal ernst und akzeptiere, wie ich b-b-bin!«, fuhr ich sie an. »Ich w-w-will etwas erreichen und nicht so wie du immer nur auf irgendwelchen Hinterhofbühnen für e-e-ein paar Euro herumröhren! Warum kannst du das nicht kapieren?«

Mas Blick änderte sich und sie blinzelte heftig, als würde sie gleich weinen.

Meine Wut zerbröckelte beim Anblick ihrer ersten Träne und nun schoss auch mir das Wasser in die Augen. »Ma ... Es tut mir leid!« Ich hatte das alles zwar schon oft gedacht, aber noch nie so zu ihr gesagt – weil sie ihre Arbeit so liebte.

»Schon gut, Liza. Du hast recht, das war nicht richtig von mir. *Mir* tut es leid.« Sie drehte sich weg, schlurfte aus dem Raum und schloss leise die Tür hinter sich.

»Mist«, murmelte ich. Mit schlechtem Gewissen ließ ich den Blick über all ihre Auftrittsfotos schweifen, über die sorgfältig getrockneten Blumensträuße, die ihr Digga bei jeder ihrer Premieren frenetisch jubelnd auf die Bühne geworfen hatte, die Veranstaltungsplakate und Zeitungsausschnitte, die vielen Fotos ... und es war, als schnürte mir das alles die Luft ab. Was hatte ich nur getan? Hatte ich Ma wehtun *wollen?* Warum?

Ich hörte die Wohnungstür ins Schloss fallen.

Und auf einmal war ich so unendlich einsam, so allein zurückgelassen in unserer Wohnung.

Oh, Mann! Ich wollte doch nur ein stinknormales Leben. Eines ohne Luzifer. Plötzlich hatte ich das Gefühl, auf einen Abgrund zuzutaumeln. Und da war noch etwas: Der altbekannte, zerstörerische Groll regte sich. Auf all jene, denen es besser ging als mir. Und auf jene, die immer besonders laut gelacht hatten, wenn Luzifer mich blamierte, oder jene, die meinten, ich solle doch endlich mal Ruhe geben und das Tourette nicht dauernd als Ausrede für mein schlechtes Benehmen missbrauchen.

Was gäbe ich jetzt für ein *Hab dich lieb, egal was kommt*-Gespräch mit Ma bei einer Kanne frischem, duftendem Sahne-Karamell-Tee und ruhiger Musik.

Ich schüttelte mich. Zum Glück gab es etwas, das immer half.

Die Notfallplaylist.

Zurück in meinem Zimmer startete ich sie im Shufflemodus. Kurz darauf ertönte – ausgerechnet! – Maria Callas' schmachtende, tieftraurige Stimme mit »La mamma morta« – *Die Mutter ist tot.*

Wie passend.

Ich schloss die Augen.

Julian

18 *Vielleicht ist diese elende Quali doch kein totaler Schwach-sinn?*, grübelte ich auf dem Heimweg von unserem Uni-wiesenmeeting. Also, klar, ich meine jetzt nicht: *Yeah, ich mache einen Abschluss, diese Quali ist einfach der Bringer.* Dermaßen viel rauchen konnte selbst ich nicht, um so was zu glauben. Aber es wurde immer mehr zu einem netten Zeitvertreib mit ein paar Leuten, die echt okay waren.

Meine gute Laune geriet jedoch ins Wackeln, als ich in unsere Straße einbog und sah, wie mein Vater gerade eine Tasche in sei-nen gelben Porsche wuchtete. Mein Versuch, James-Bond-mäßig direkt unauffällig hinter die Nachbarshecke zu hechten, scheiterte. Niemals, wenn ich bekifft war, klappte so etwas. Entweder verlor ich das Gleichgewicht oder ich versteckte mich derart schlecht, dass mich wirklich jeder schon von Weitem sehen konnte. Dieses Mal ratschte ich mich an den Dornen neben der Hecke und fand das so unglaublich komisch, dass ich furchtbar kichern musste.

Dümmer ging's natürlich gar nicht.

»Julian? Ich packe gerade fertig und bin in fünf Minuten bei dir in der Wohnung!«, bellte mein Vater in meine Richtung.

»Jawohl, Herr Oberst! Leider werde ich mich dann jedoch schon auf einer anderen Mission befinden!« Mit der Hand salutierend war ich aus dem Versteck aufgetaucht. Das, was ich hier veran-staltete, und mein aktuelles Drogenlevel waren eher suboptimale Voraussetzungen für einen guten Start in ein Problemgespräch mit meinem Oberbefehlshaber-Vater.

Aber der knurrte nur »Du wirst da sein« und war auch schon in den elterlichen Palast entschwunden.

Okay. Was war jetzt besser? Einfach abhauen? Oder völlig breit mit einem Vater zu reden, der selbst Kamillentee für eine gefährliche Einstiegsdroge hielt? Eins war so übel wie das andere. Aber: Ein Abgang würde definitiv krassen Ärger nach sich ziehen. Das hatte ich schon oft genug getestet.

»Hast du was an den Ohren?« Mein Vater stand rotköpfig vor meiner Tür, starrte mich abwartend an und ich Depp grinste noch immer dumpf zurück – von der Hecke aus. Tja: Rasche Entscheidungsfindung und Kiffen passten nicht recht zueinander.

Kurz darauf saßen wir am Esstisch meiner Wohnung. Ich hatte mir noch schnell die dunkle Sonnenbrille auf die Nase geschoben und exte eine große Flasche Wasser.

»Julian, ich mache es kurz und knapp.«

»Logisch. Wie immer«, sagte ich, worauf er irritiert innehielt und mich eingehend musterte.

»Mir ist wirklich nicht nach Späßen zumute. Und setz endlich mal diese idiotische Brille ab.«

Super Plan. Wenn der mir jetzt ohne Sonnenbrille in die Augen blickte, würde ich in Sekunden zum Drogentest gekarrt und dann sähe es für mich auch ohne Sonnenbrille düster aus.

»Ich brauche dich doch nur zu *hören* und nicht zu *sehen.*« Mit diesem leider ebenfalls nicht vermeidbaren Spruch hatte ich die immer recht bedrohliche Verwandlung meines Vaters in einen Habicht ausgelöst: eingezogene Wangen, aufeinandergepresste Lippen, dadurch schnabelartig hervorragende Nase und ein Blick zum Fürchten. Ich sollte ab jetzt versuchen, einfach die Klappe zu halten und mich aufs Atmen zu beschränken. Ziemlich sinnlos, wenn man gleichzeitig von Lachflashs heimgesucht wurde.

Mir fielen die mahnenden Worte von Mom wieder ein, meinen Vater nicht zu sehr zu reizen, und so riss ich mich zusammen und hörte ihm irgendwann tatsächlich zu. Dadurch realisierte ich allerdings, dass dieser Monolog meines Vaters, wie ich es wohl besser nennen sollte, noch extrem viel unlustiger wurde, als ich es sowieso schon befürchtet hatte.

»Julian ... Ich mache es kurz und ich meine es ernst«, stellte er noch einmal klar und wirkte dabei, als starte er ein Meeting mit einem Untergebenen. »Die Maßnahme, in der du jetzt bist, ist deine letzte Chance. Hast du gehört? Die letzte! Schau dich um, mein Sohn ...« Gönnerhaft wies er mit einem ausgestreckten Arm in die unendlichen Weiten meiner Wohnküche – wie ein Graf, der seinem Erben die Ländereien zeigt. »Das alles hier wird für dich der Vergangenheit angehören, wenn du wieder zu faul bist, genug für deinen Abschluss zu tun. Dann schmeiß ich dich raus und du musst dir was suchen. Und zwar ohne meine Hilfe.« Er sah mich ernst an. »Oder die deiner Mutter. Und ohne mein Geld.«

Der Rest verschmolz in meinen Ohren zu dumpfem Kackbrei.

Ich konnte diese Anschuldigungen einfach nicht mehr ertragen. In seinem rechtwinkligen Kosmos gab es keinen Raum für Schwäche. Da gab es nur Macher und Versager, Fleißige und Dumme, und das hatte er mir seit meinem beginnenden Schulabsturz nach dem Start aufs Gym in aller Ausgiebigkeit und mit großer Ausdauer und beeindruckender Lautstärke erklärt.

Anfangs habe ich ja noch vieles probiert, weil ich wollte, dass er *stolz* auf mich sein konnte. Aber ich hatte nun mal keine Chance. Und ... Überraschung: Selbst die großzügig ausgelobten Erfolgsprämien, wie das Luxussmartphone, das voll gefederte Mountainbike oder das Mofa schafften es nicht, mich wieder auf die Erfolgsspur zurückzuholen. Wie auch? Es war ja keine Faulheit! Es waren völlige Wissenslücken bei den grundlegendsten, in seinen Augen banalsten Themen der Mathematik. Und da ich die nachhaltig nicht checkte, konnte ich alles Weitere auch nicht kapieren. Das ist so, als wolle man den zweiten Stock vor dem ersten bauen. Der Vergleich kam von meiner Mutter und ich fand ihn ziemlich gut. Mein Vater nannte ihn eine dumme Ausrede. Auf jeden Fall lernte ich meinen Vater mit jeder ausgesetzten Belohnung ein kleines Stück mehr hassen – denn ich gab mir wirklich Mühe, aber ich bekam keines der angekündigten Bonbons. Das Einzige, was er mir immer großzügig spendete, war ein *Tja, hättest du dich angestrengt, würde dir dieses oder jenes nun gehören.*

Unser heutiges Gespräch endete ganz traditionell mit einer ausgeprägten gegenseitigen Schreierei.

Jedoch war ich dieses Mal doch sehr verunsichert und mich ließ die bohrende Frage nicht los: *Hatte er das jetzt echt ernst gemeint? Und wenn ja, wo soll ich dann leben?* Es war, wie fröhlich im Bällchenbad sitzend die Durchsage *Der kleine Julian möchte gerne aus dem Småland abgeholt werden* zu hören und zu denken: *Ich? Nein! Ich bin doch noch gar nicht fertig. Ich will hier nicht raus!*

Dooferweise war ich weiterhin viel zu breit, um meine Gedanken zu sortieren.

Eben auf der Wiese, mit Liza und Tariq und Max, war das ja alles reichlich lustig und fröhlich gewesen, aber jetzt gäbe ich sonst was drum, mein Hirn wieder klar zu haben. Aktuell war ich außerstande, darüber nachzudenken, was mich aus diesem Scheiß retten könnte. Und das stresste mich noch mehr. Mein Schädel reagierte mit einer nervtötenden Runde Kopf-ADHS.

»Scheiße, was mache ich nun?«

»Oh ... die Flusen hier sehen ja aus wie ein Drache.«

»ZUR HÖLLE, ICH KANN MICH AUF NICHTS MEHR KONZENTRIEREN!«

»Shit ... Ich muss irgendwie einen Plan schmie...«

»Huuuunger ... Ich habe Huuuunger!«

Oh, verdammt! Das war absolut furchtbar.

Fast, als platzte mir gleich der Kopf.

Dies hier war wohl einer der ganz, ganz seltenen Momente, in denen ich mir wirklich wünschte, nichts geraucht zu haben.

Üppige acht Stunden Schlaf später war ich immer noch nicht munter. Aber klarer. Ich zog die von einer anscheinend aufwühlenden Nacht schweißnassen Klamotten aus und duschte kalt. Meine gestrige panische Endzeitstimmung nach der Brandrede meines Vaters war schon ein bisschen übertrieben gewesen. Dope hat nicht nur Vorteile, mir vernagelte es zum Beispiel verlässlich die eh geringe Portion Rationalität, wenn so starker Stress auf mich zukam, dass er nicht mehr weglächelbar war.

Aber irgendeine Lösung gäbe es bestimmt auch hier, beschloss ich und zog mich schnell an.

Nach der bisherigen Schonzeit stand ab jetzt auch mindestens einmal wöchentlich ganz normaler gemeinsamer Unterricht für alle Teilnehmer am benachbarten Kolleg an und heute Morgen hatten wir unsere erste Stunde bei Herrn Mittlinger, dem Mathelehrer dort.

»Hey, Jungs«, begrüßte ich Max und Tariq, als ich mich, im Kolleg angekommen, direkt hinter Gustl zu ihnen in die letzte Reihe quetschte.

»Na, Alter, geht's wieder?«, brummte ein noch leicht ramponierter Tariq.

»Hoffentlich bist du fitter als Tariq«, lachte Max. »Der ist eben schon zweimal über Dinge gestolpert, die keiner außer ihm gesehen hatte.«

»Da war was, ehrlich!«, empörte sich Tariq.

Meine Endzeitstimmungspanik schmolz bei so viel Normalität endgültig dahin. Ich meine, mal ernsthaft – bei der Kuschelstimmung in unserer Quali würde ich doch niemals rausgeschmissen werden. Selbst wenn ich mich so richtig gehen ließ. Davon abgesehen ... bis das Thema Abschluss irgendwann in zwölf Monaten wirklich in greifbarer Nähe wäre, würden noch viele Tütchen verglommen sein.

Beruhigt ließ ich die deutlich angenehmeren Gedanken an gestern wieder aus dem Käfig.

Liza.

Klar war sie oft etwas übereifrig. Aber gestern Abend, da hatten die Kekse auch noch eine total witzige Seite von Liza preisgegeben ... Ich lächelte, als ich daran dachte, wie sie die Flasche durch die Gegend getragen hatte.

»Alter, bist du immer noch auf Droge?«, riss mich Tariqs Stimme aus meinen Gedanken.

Ich zuckte zusammen und winkte ab. »Nee, geht schon.«

Dann fiel mir etwas ein. Gestern, da war auch noch etwas anderes mit Liza passiert. Irgendwann war mir aufgefallen, dass sie weder zuckte noch bellte noch irgendwas anderes von ihrem Tourette-Zeugs gemacht hatte. »Max? Erklär noch mal, was da gestern mit Liza und ihren Tics passiert ist. Ich kann mich ehrlich gesagt nur noch vage erinnern ...«, fügte ich grinsend hinzu.

»Ja, was ging da ab?«, wollte auch Tariq wissen.

»Max?« Ich rüttelte an seiner Schulter, weil er nicht reagierte. Er hatte sich eben neben mich auf den Stuhl fallen lassen und war nun vollauf damit beschäftigt, seinen mit fünfzig Knoten geflickten Schnürsenkel durch ein Stück Kordel zu ersetzen.

»Was ist?«, brummte er unwirsch.

»Was war das gestern noch mal mit Liza, Tourette und THC?«, fragte ich.

»Ah, das ...« Max rieb sich die Augen. »Ja, das Gras hat sie ganz schön verändert, was? Schräge Kombi, THC und Tourette.« Er hatte gestern schon aus seinem endlosen Wissensspeicher irgendeine Studie rausgehauen, die belegte, dass THC, also das lustige Zeugs im Gras, bei Tourette die Tics ausknipsen kann. Diese Info hatte dann allerdings Liza komplett ausgeknipst. Dabei war es mir in letzter Zeit fast egal, ob sie herumticte oder nicht. Na ja, zumindest fiel mir ihr Gezucke mittlerweile ähnlich wenig auf wie Gustls – schon etwas nervige – Angewohnheit, sich die Nase zu reiben, wenn er nervös war.

Das tat er gerade schon wieder und ich konnte ihn bestens verstehen. Immerhin warteten wir auf *Mittlinger*. Sein Ruf als zynisches Arschloch war ihm vorausgeeilt und nun hatten wir das zweifelhafte Vergnügen, ihn persönlich kennenzulernen.

Die Aussicht auf das Rendezvous mit einem Mathepsycho erster Klasse machte auch mich reichlich mürbe. Deswegen war ich froh, ganz hinten und zwischen meinen Beschützern zu sitzen.

Suchend sah ich mich um. Von Liza war nichts zu sehen. Sofort breitete sich das schlechte Gewissen in mir aus. War es ein Fehler gewesen, Liza die Kekse zu geben? Gestern war sie am Ende doch noch heftig abgeschmiert. Tariq hatte darauf bestanden, sie nach Hause zu begleiten, weil sie mit ihrem leicht torkeligen Gang und dem weniger leichten Lachflash nicht mehr so ganz bürgersteigtauglich gewesen war.

»Ich glaub, das isser«, murmelte Tariq in diesem Augenblick düster und schubste mich an: Ein untersetzter, wabbeliger Mann mit Halbglatze betrat den Klassenraum, zog ein Stofftaschentuch aus der Tasche seiner abgewetzten braunen Cordhose, tupfte sich damit ein paar Schweißperlen von der Stirn und hinterließ dabei Krümel, die aus dem Taschentuch gerieselt waren. *Dieser* Mann war der Schrecken der Schule? Ich lockerte die Körperspannung, rutschte auf meinem Stuhl entspannt ein bisschen nach vorn und lächelte Tariq erleichtert zu.

»So, so ... nun wäre also auch die Loserfraktion dieses Durchgangs hier aufgeschlagen.« Was er da sagte, passte mir zwar nicht, seine quietschende, nasale Stimme hingegen entlockte mir und ein paar anderen ein lautes Kichern. »Genießen Sie den kurzen Moment der Fröhlichkeit, ich werde dafür sorgen, dass Ihnen solche Stimmungshochs schon bald vergehen werden«, quietschte er in meine Richtung.

Ich konnte diesen Zirkus hier echt nicht ernst nehmen, deshalb haftete das Lächeln auch weiterhin auf meinen Lippen.

»Machen Sie sich lieber nützlich«, knarzte er mich an und hielt mir einen Schlüsselbund hin. »Das ist der Schüssel für das Lehrerzimmer und dort steht direkt auf dem Tisch meine Aktentasche. Die holen Sie mir jetzt.«

»Selbstverständlich, Herr Mittlinger«, sagte ich erfreut und machte mich vom Acker. Es war Mathe und der Himmel hatte mir einen Botendienst geschenkt. Es hätte schlechter laufen können.

Eine ausgiebige Runde durch die Schule später brachte ich ihm seinen Pilotenkoffer und ließ mich wieder auf meinen Stuhl fallen.

»Glauben Sie mir – dass wir uns nun jede Woche sehen, gefällt mir ebenso wenig wie ihnen«, stellte Mittlinger gerade klar. »Deshalb bitte ich jeden hier, der von Mathematik nichts versteht, möglichst sofort den Raum zu verlassen. Eine kleine Entscheidungshilfe gefällig?« Er beamte meine ganz persönlichen Top Ten der mathematischen Grausamkeiten an die Wand.

»Wer von Ihnen meint, diese Themen nicht zu beherrschen ...« Er drehte sich mäßig elegant um seine eigene Achse und wies mit einer ausgestreckten Hand in Richtung Tür. *»Au revoir ...«*

»'tschuldigung?« Max rutschte schon seit einiger Zeit unruhig hin und her. Jetzt meldete er sich brav, doch er wurde ignoriert. Natürlich war ihm das ziemlich egal.

»Bitte, hör mit dieser Comedynummer auf und mach stattdessen einfach das, was gerade im Stundenplan steht, also Mathe«, sagte Max laut. »Du bist nicht lustig«, schob er erklärend nach, nur für den Fall, dass Mittlinger ihn nicht verstanden hatte. Die ganze Klasse starrte gebannt in Richtung Mittlinger.

Der jedoch ging langsam, mit zusammengekniffenen Augen und zu zwei Würstchen geschürzten Lippen, direkt auf Max zu. Er sah aus, als würde er ihn für seinen Spruch und das unerlaubte Duzen am liebsten erwürgen.

»Das, Herr Oberschlau, liegt daran, dass ich auch gar nicht die Absicht hatte, lustig zu sein. Das Lachen ist *mir* schon vergangen, als ich auf meinem Plan las, dass ich auch in diesem Jahr wieder die Nietentruppe aufgedrückt bekommen habe. Jahrelang nichts geschafft und nun soll ich es richten? ... aber er hier ...« Er schaute zu mir und klopfte zur Verdeutlichung auf die Platte meines Pultes. »Dieser Herr hatte ja eben schon seinen Spaß. Mal schauen, wie lustig er einen Platz an der Tafel findet.«

Alter! Wollte der mich jetzt *fertigmachen?*

Sein Blick ließ null Zweifel offen. Er meinte es ernst. Und ich ... Also, es war verrückt: Ich saß doch in einem sicheren Raum. Mir drohte keine physische Gefahr. Neben mir saßen ein wüster Punk und ein wilder Rapper, beide auf meiner Seite, doch in meiner Brust trommelte ein hyperaktiver Kolibri.

Ich war so was von geliefert.

Julian

19 Extrem gefrustet schleppte ich mich mit Tariq und Max nach draußen. Meine erste Mathestunde im Kolleg hatte mir eine Sechs und Mittlinger wohl einen richtig schönen Tag beschert. Ich hatte mich nämlich kurzerhand geweigert, an die Tafel zu gehen.

»Herr Mittlinger!«, hatte Tariq noch gerufen. »Julian hat dieses Mathedings, wissen Sie?«

Doch Mittlinger hatte nur lachend den Kopf geschüttelt und behauptet: »Welcher Fachausdruck auch immer sich dahinter verstecken mag ... es ist nichts weiter als ein weiteres neumodisches Synonym für Faulheit.«

Der müsste sich echt gut mit meinem Vater verstehen.

Sogar Max hatte sich reingehängt und dem Mittlinger geduldig erklärt, worum es sich bei dem *Mathedings* genau handelte. Doch den interessierte das alles nicht.

Auch nicht, dass sich selbst Gustav, Ayse und ein paar andere für mich einsetzten. Im Gegenteil – damit gar nicht erst Entspannung aufkommen konnte, kündigte Mittlinger schnell noch wöchentliche Tests an. Sobald der dritte schlechter als »Ausreichend« benotet würde, bekämen die Eltern eine Einladung zum Gespräch.

Diese eine Mathestunde ließ die gestrige Ansage von meinem Vater nun doch in einem ganz üblen Licht erscheinen.

Zum Glück war die nächste Stunde des Grauens erst kommende Woche und mir blieb ein Puffer von drei Tests bis zum Super-GAU namens Elterngespräch. Ich tastete nach dem silbernen Döschen in meiner Hosentasche. Ein winziges, süßes Tütchen nur – dann würde wenigstens dieser Druck, den ich gerade empfand, ein bisschen abnehmen. Ich ließ mich zurückfallen, gab Max und Tariq zu verstehen, dass sie schon mal rüber in die Quali gehen und nicht warten sollten, und blieb stehen, als die beiden hinter einer Häuserecke verschwunden waren.

Auf einer Mauer sitzend, konnte ich von einem Strauch halbwegs verdeckt mein Beruhigungsstäbchen rollen. Ich steckte mir den Joint zwischen die Lippen, doch ich entzündete ihn noch nicht. So ein verdammter Mist! Warum musste mein Vater so eine Welle machen? Wegen einer für ihn lächerlich kleinen Eigentumswohnung? Dem Mann gehörten in Köln *dreizehn* Mehrfamilienhäuser und er verdiente *Trillionen* mit Immobilien! Seine Kontostände waren so hoch, dass ich sie garantiert niemals fehlerfrei hätte vorlesen können. Und warum brauchte der Mittlinger, ein Lehrer mit festem Gehalt, so eine Sadismusnummer? *Warum?*

Aber – konnte ich die drohende Katastrophe überhaupt verhindern?

Für solche Situationen war ich echt null geschaffen. Also tief durchatmen und nachdenken. Wie konnte ich verhindern, aus der Wohnung zu fliegen? Und was täte ich, wenn es doch passieren würde? Mir einen Aushilfsjob suchen, in dem ich keine Zahlen brauchte? Wirklich Stütze beantragen? Ich schnippte das Feuerzeug an und führte die Flamme in Richtung des Joints, stoppte allerdings, kurz bevor ich ihn anzündete. Wenn ich ihn jetzt rauchen würde, wäre mein Kopf gleich voller kreativer und lustiger Lösungsvorschläge, die sich jedoch rückblickend betrachtet allesamt als komplett sinnlos entpuppen würden. Aber egal. Ich hatte ja noch ein paar Wochen Zeit, bis die Ergebnisse des dritten Tests feststanden.

Schon der erste tiefe Zug beruhigte mich mehr, als jeder gut durchdachte Plan es geschafft hätte. *Alles wird gut!* Davon war ich überzeugt.

»Alter, wo steckst du? Hast dich verlaufen, oder was? Äh, also melde dich mal beim Babo.«

Ich lag vor mich hin dösend auf meinem Sofa, als diese Voicemail von Tariq eintrudelte. Nach dem Tütchen hatte ich beschlossen, nicht mehr zur Quali zu gehen. So breit dort anzukommen, hätte definitiv fetten Stress, wahrscheinlich sogar den Sofortrausschmiss bedeutet. Ich schickte Tariq ein Fieberthermometeremoji, reckte mich und versuchte zu pennen.

Keine Chance.

Immer wenn ich gerade in den Schlaf abtauchen wollte, überfiel mich eine ausgesprochen deprimierende Zukunftsvision vom Typ *Ich, unter der Brücke lebend*. Ich befand mich aktuell in dem ungemütlichen Übergangsstadium zwischen zu bekifft, um klar zu denken, und zu klar, um sorgenlos zu sein. Eigentlich der richtige Moment, um nachzulegen, doch das wollte ich gerade nicht. Warum nur? In letzter Zeit hatte ich für meinen Geschmack viel zu oft solche Zweifel, ob die Kifferei wirklich gut war.

Ein Grund dafür war wohl, dass ich begonnen hatte, Texte für unseren Dreamkillerfilm zu schreiben, aber nichts Vernünftiges hinbekam. Dabei sollten die ersten schon fertig sein. Allein gestern hatte ich einen ganzen Papierkorb Schwachsinn produziert. Zudem merkte ich, dass mich dieses wattige Gefühl im Kopf langsam genauso nervte, wie es mir vor Kurzem noch gefallen hatte.

Liza schlich sich in meine Gedanken. Heute Vormittag hatte ich ihr eine kurze Nachricht geschickt, nur um zu sehen, wie es ihr ging. Bisher hatte sie nicht darauf reagiert.

Sofort schaltete sich das schlechte Gewissen wieder ein. Warum hatte ich Idiot ihr nur diese dämlichen Kekse angeboten? Nicht, dass ihr doch noch was passiert war! Immerhin wusste ich von Tariq, dass er vorher zur U-Bahn abgebogen, sie also nicht bis vor die Haustür begleitet hatte. Auch anrufen nutzte nichts, ihr Handy war off.

Was soll's. Ich gehe jetzt zu ihr, beschloss ich. Ihre Adresse stand ja zum Glück auf der Teilnehmerliste.

Wenig später stand ich vor einem Altbau und klingelte wie blöde. Da auch beim zigsten Drücken keiner öffnete, umrundete ich ihren Wohnblock so lange, bis ich eine Hofeinfahrt entdeckte, die mir den Einstieg in die Welt der Hinterhöfe bot. Weil ich am Ende des Garagenhofs immer noch zu weit von Lizas Haus entfernt war, kletterte ich auf eine Mauer und balancierte in Richtung meines Zieles.

Je näher ich kam, desto lauter schallte ein ausgesprochen schräges Operngesinge durch die Luft. An der Rückseite von Lizas Haus angekommen spähte ich in die raumhohen geöffneten Erdgeschossfenster. Durch eines von ihnen erblickte ich Liza. Sie stand da mit geschlossenen Augen und wirkte, als dirigiere sie zur Opernmusik, die eindeutig aus ihrem Zimmer dröhnte. Boah, also, nichts für ungut. Aber diese doch sehr schrillen Töne lösten bei mir akute Fluchtreflexe aus – bis ich Liza mal genauer betrachtete.

Wie sie da gerade völlig mit der Musik verschmolz ... das sah so schön aus, dass ich mich, ohne den Blick von ihr lösen zu können, auf die Mauer niedersinken ließ. Diese Opernmucke schien durch Liza zu sprechen, jede ihrer Bewegungen unterstrich ihre Stimmung, die zwischen dramatisch und friedlich mäanderte.

Die Klänge verstummten, Liza hielt inne und bewegte sich erst wieder, als mit tiefen Streichern das nächste Stück begann.

Es war diese Anmut, mit der Lizas Hände durch die Luft glitten, und es waren vor allem ihre Gesichtszüge, die mich schweigend verharren ließen. Denn es war schon beeindruckend: Liza zuckte nicht.

Ihr Gesicht war völlig entspannt und auch ihre Arme und Beine schienen nur das zu machen, was sie sollten. Sie wirkte so glücklich. Irgendwie überstrahlte sie alles. Mit ihren in dem ganzen Lizaschwarz überraschend tiefblauen Augen und ihren feinen Zügen fand ich sie ja vom ersten Tag an schon spektakulär hübsch, aber jetzt gerade ...

»Was bist du für ein ekliger Spanner!«, hörte ich da eine Männerstimme und wurde kurz darauf von einem unerwarteten Rempler aus dem Gleichgewicht gebracht.

Einen Wimpernschlag später fand ich mich in einem frischen Blumenbeet von Lizas Garten wieder. Ziemlich verlegen grinste ich in Richtung Liza, die ihre Dirigententätigkeit kurzfristig beendet hatte. Aufgeschreckt vom Tumult hier draußen kam sie schnurstracks auf mich zu und sah mich ungläubig an.

Ich wollte gerade zu einer wortreichen Erklärung ansetzen – doch diese wurde von einer Ladung Kompost erstickt. Die hatte der Blockwart nämlich nachgekippt. Nun saß ich also in diesem doofen Beet – über und über mit Obstschalen, Kaffeefiltern und faulendem Salat bedeckt – und Liza lachte sich schlapp.

Sie reichte mir die Hand und half mir auf die Füße. Gemeinsam pflückten und klopften wir den Biomüll von meinen Klamotten und dann standen wir auf einmal ganz nah voreinander, starrten uns an und ich spürte das gleiche wohlig warme Gefühl wie am Lagerfeuer und auch gestern auf dem Campus in mir aufziehen.

Liza wischte sich die Fransen aus der Stirn und wirkte etwas nervös. Jetzt räusperte sie sich auch wieder permanent und schlug sich gegen ihr Schlüsselbein.

»Ich ... also ...«, stammelte ich und war plötzlich sehr verstört von meinem Drang, sie hier und jetzt küssen zu wollen. Ich hatte sie ja wohl nicht mehr alle! »Hörst du solche Musik öfter?«

Sie nickte. »Die entspannt mich immer ganz gut.«

»Gehst du manchmal auch in die Oper?«

»Ich?« Liza sah mich irritiert an und lachte auf. »Na, das fänden die anderen Besucher bestimmt super.« Wie zur Bestätigung bellte sie unmittelbar und zuckte heftig. »Du siehst, Luzifer, mein Dämon, ist auch w-w-wieder da.«

»Sorry«, sagte ich verlegen. »Dämlich von mir, das zu fragen.«

»Hm ... Hast du Lust, was zu trinken?«, erkundigte sie sich.

»Klar.« Dankbar für den Themenwechsel folgte ich ihr zur Gartenterrasse.

»Ich wollte nur mal schauen, wie es dir geht«, sagte ich, nachdem wir uns mit einer Cola draußen hingefläzt hatten. »Du warst ja nicht mehr erreichbar. Hab mir ein bisschen Sorgen gemacht.«

»Ach, das war schon in Ordnung gestern«, beruhigte sie mich. »Ich wusste ja, worauf ich mich einließ. Natürlich wäre ich trotzdem heute zum Unterricht gekommen. Aber ...«, sie verdrehte genervt die Augen, »meine Mutter hatte den Wecker ausgestellt. Sie war der Meinung, ich sollte mich erst mal erholen.«

»Okay.« Verständnislos sah ich sie an. »Und wo genau ist jetzt das Problem?«

»Hallo? Ich war heute nicht in der Quali ...?«

»... und bekommst eine Entschuldigung von deiner Mutter. Also, wo stimmt was nicht?«

Liza antwortete nicht, aber ihr Blick verunsicherte mich. War ich schon wieder ein paar Pünktchen auf ihrer Beliebtheitsskala abgestiegen? Und wenn ja – warum störte mich das so? Warum machte ich mir neuerdings wieder dauernd Gedanken um meinen Beliebtheitsscore? War das so eine posttraumatische Julehinterlassenschaft? Immerhin hatte ich mir wegen ihr geschworen, keine so engen Freundschaften mehr zuzulassen.

»Was, bitte schön, habe ich von einer Entschuldigung? Meine Mutter würde mir ein Blankoheft mit hundert unterschriebenen Zetteln schenken, wenn ich es wollte. Ich will es aber nicht. Ausgerechnet heute, wo der richtige Matheunterricht angefangen hat. Wie war es überhaupt?«

»Och ...« Über das Thema wollte ich nun gar nicht sprechen. Das Lagerfeuergefühl von eben erlosch. »Ganz ehrlich? Der Typ ist ein übler Psycho.« Ich gab ein paar Details zum Besten und damit hatte diese Gruselstunde nun doch noch was Gutes: Sie brachte Liza zum Lachen. Schließlich zeigte ich ihr das Foto von Mittlingers Mathethemenliste.

»Hey, das ist ja eigentlich echt okay. Das meiste kann ich.« Sie sah mich schweigend an. »Du eher nicht, was?«

Ich verzog das Gesicht und schüttelte den Kopf.

»Komm schon«, versuchte sie, mich aufzumuntern. »Das schaffst du auch. Ich helfe dir.« Tatsächlich holte sie umgehend Stifte und Papier aus ihrem Zimmer und begann, ein armes, unschuldiges weißes Blatt mit Zahlen und Buchstaben zu besudeln.

»Pass auf ... hier ...« Liza deutete auf ein *a,* einen dieser elendigen Mathebuchstaben.

»Liza?«, unterbrach ich sie. »Du sagtest, du willst mir *helfen?*«
Sie lächelte und nickte eifrig.

»Dann zerreiße bitte das Blatt und rede mit mir nicht weiter über Mathe.«

Einen Moment lang wirkte Liza unschlüssig. Aber dann zuckte sie mit den Schultern und zerriss das Blatt in unzählige Schnipsel.

»Aber ich helfe dir immer, wenn du magst«, fügte sie wie beiläufig hinzu.

»Bitte, lass es nicht in Mathe sein, dann ich freue mich darüber.« Ich lächelte ihr zu. »Sehr sogar.«

Liza

20 »Wir sehen uns später!« So plötzlich, wie er bei mir aufgeschlagen war, hievte sich Julian wieder die Mauer hinauf, nickte mir lächelnd zu und balancierte mit einem lässigen Winken auf der Mauer zurück.

Mit etwas zwiespältigen Gefühlen starrte ich ihm hinterher, bis er hinunter in den Garagenhof sprang. Als sich der Shufflemodus meiner Playlist vorhin für »La mamma morta« entschieden hatte, und das genau in dem Moment, als Julian hier aufkreuzte und von der Mauer aus zu mir herübersah, da erhaschte er einen Blick auf etwas von mir, das mir eigentlich viel zu ... *privat* gewesen war.

Obwohl. Privat, *pfff*. Was hieß das schon? Mein ganzes Leben war mittlerweile *privat* geworden.

Ich hatte es bisher niemandem erzählt, auch nicht Julian: Bevor ich ihn und die anderen in der Quali kennengelernt hatte, war ich wegen des verdammten Tourettes irgendwann so runter mit den Nerven gewesen, dass ich mich immer öfter weigerte, das Haus zu verlassen. So kam es, dass ich – ausgerechnet ich, die ehemalige Klassenbeste! – die achte Klasse wiederholen musste und, als sich keiner mehr zu helfen wusste, sogar ein paar Wochen in der Klinik verbracht hatte: Ich hatte inzwischen nämlich eine derartige Angst davor entwickelt, erneut zu scheitern, dass ich Tag und Nacht nur noch lernte und mich zudem total von allen zurückzog. Oder vielleicht auch sie von mir. Andere Leute außer Digga und Ma war ich deshalb schon seit Längerem gar nicht mehr gewöhnt. Aber in letzter Zeit zog es mich raus aus meiner sicheren Höhle hin zu den anderen. Und jetzt, wo ich so drüber nachdachte – dann *hatte* Julian mich halt vorhin die Callas dirigieren gesehen. Na und?

Kurz überlegte ich, ob ich wirklich heute Abend zu Julian, also zum zweiten Dreamkillertreffen, gehen sollte. Nicht, dass am Ende wieder alle dicht wären – mir hatte die gestrige Erfahrung nämlich definitiv gereicht. Andererseits hatte ich heute dank meiner Zwangspause jede Menge Zeit gehabt, die Interviews zu bearbeiten, und das wollte ich den anderen schon gerne zeigen.

Punkt neunzehn Uhr stand ich daher vor Julians Haustür in der Kastanienallee und klingelte, misstrauisch beäugt von einem Mann, der gerade aus einem gelben Porsche stieg. Dieser stechende, kritische Blick von ihm machte mich so nervös, dass Luzifer mich prompt heftig zucken und bellen ließ.

Die Tür wurde aufgerissen und Julian strahlte mich an.

»Hey, Liza«, begrüßte er mich und breitete die Arme aus. »Wie du siehst, bin ich frisch geduscht.« Er schloss die Tür hinter mir und drehte sich nun zu mir um.

»Äh *sollte* mich das interessieren?«, fragte ich und spürte, wie meine Wangen ganz heiß wurden.

»Na, weil ich vorhin nach dem Biomüllangriff alles vollgestunken habe, dachte ich, das wäre vielleicht mal fällig ...«, erklärte er und grinste frech.

»Unbedingt«, stimmte ich ihm zu und verpasste ihm einen kleinen Stupser. Seine Erklärung ließ mich aufatmen und das Kribbeln, das ich gerade noch verspürt hatte, verschwand beruhigenderweise wieder.

»Und?« Julian lächelte und prompt beschleunigte sich mein Herzschlag. »Hat dich mein Vater draußen in unserem Garten angemessen begrüßt?«

»Ach, das war dein Vater, der Mann mit dem schicken Porsche?«

»Jepp und er sollte definitiv viel öfter mal angebellt werden, weil ...« Er brach ab und sah mich entschuldigend an. »Äh, sorry. War nur so ein dummer Spruch.«

Ich winkte beschwichtigend ab. Etwas verlegen blickte ich auf meine unruhigen Hände. Wann kamen nur endlich die anderen?

Die Türglocke schrillte.

»Welchem Bonzen gehört denn der Porsche?«, erkundigte sich Max finster, nachdem Julian geöffnet hatte.

Anstelle einer Antwort winkte Julian Max mit einem breiten Grinsen zu sich in die Wohnküche.

»Chips und Coke?«, erkundigte er sich über seine Schulter hinweg.

Wir nickten, lümmelten uns aufs Sofa und die Jungs erzählten mir, wie es heute in der Quali gelaufen war. Irgendwann, es war inzwischen schon acht Uhr, hatten wir keine Lust mehr, noch länger auf Tariq zu warten, und so zeigte ich beiden meinen ersten Zusammenschnitt unserer Interviews.

»Also, wie findet ihr's?« Gespannt sah ich Julian und Max an und wartete auf ihre Reaktion. Ich hatte den Interviews durch Zwischenschnitte und jede Menge Untertitel einen, wie ich fand, ziemlich professionellen Anstrich gegeben.

»Sehr geil gemacht.« Julians Lob machte mich ganz ... glücklich und aufgeregt. »Und das ist schon echt krass«, murmelte er dann. »Ich meine, wenn man das so dicht aneinandergeschnitten alles direkt nacheinander hört.«

Selbst Max brummte irgendwas Anerkennendes und fischte dann sein Handy aus der Hosentasche.

»Seht mal, ich habe auch noch was«, sagte er und öffnete eine Videosequenz.

Neugierig beugten wir uns über das gesplitterte, mit Tesafilm geflickte Display. Erst sah ich nur wilde Schwenks durch ein Klassenzimmer und hörte eine Männerstimme: »... *die Loserfraktion dieses Durchgangs hier aufgeschlagen* ...«, dann sah ich einen dicken Glatzkopf mit extrem unsympathischem Gesichtsausdruck.

»Du hast dieses Arschloch gefilmt? Max, du bist genial!« Julian schlug Max so überschwänglich auf die Schulter, dass dem das Handy aus der Hand rutschte. »Liza ... das ist er, dieser Mittlinger!«

Max nickte.

»Pssst!«, zischte ich, weil ich unbedingt weiter zuhören wollte. Warum zur Hölle machte er seine Schüler so fertig? Was war denn das für ein mieser Lehrer?

»Das kommt rein in unseren Film«, forderte Max, als die Sequenz endete.

»Unbedingt«, stimmte Julian ihm zu.

»Auf gar keinen Fall! Wenn wir das mit einbauen, werfen die uns definitiv aus der Quali«, widersprach ich leicht entsetzt.

Ich erntete nur verständnislose Blicke.

»Ist mir völlig egal«, sagte Max stur. »Das *muss* rein! Der Mittlinger ist ein echter Traumtöter. Wegen solcher Typen sitzen wir doch alle hier.«

Julian sah mich auffordernd an. »Eben.«

»Das ist doch völliger Blödsinn und das wisst ihr auch. Manche sind vielleicht wie dieser Mittlinger.« Einen Moment lang erwiderte ich schweigend Julians Blick. »Aber ich jedenfalls«, setzte ich schließlich energisch hinzu, »hatte mehr gute Lehrer als schlechte und –«

»Vergiss es«, fuhr Max unwirsch dazwischen. »Wenn wir was über Traumtöter machen wollen, dann muss das rein. Wenn du nur so einen weichgepülten Mist machen willst, um deinen Abschluss zu bekommen, dann ...«

Er brach ab, weil die Türglocke schrillte.

Kurz darauf tauchte Julian mit einer sehr ungepflegten Version des normalerweise so perfekt gestylten Tariqs auf. Ungegelte Haare, dunkel verschmierte Hände und keinerlei Schmuck.

»Frisch zurück vom Job in der Kohlengrube?«, kommentierte Max trocken Tariqs neuen Style.

»Frag nicht«, ächzte Tariq und ließ sich erschöpft in einen Sessel fallen.

»Aber, aber«, frotzelte Julian, »wo ist unser fröhlicher Checker Tariq geblieben?«

»Checker Tariq am Arsch«, antwortete Tariq knapp.

»Was ist denn passiert?«, erkundigte ich mich.

Er reagierte nicht. Aber er atmete heftig und ich sah ihm an, dass es in ihm brodelte.

»Scheiß Tag gehabt? Brauchst du vielleicht ein kleines Tütchen?«, bot Max, hilfreich wie immer, an.

»Für euch gibt's auch keine andere Lösung als Kiffen, was?«, zischte ich entnervt.

Julian tätschelte schnell in meine Richtung beschwichtigend die Luft.

»War doch nur Spaß.« Max grinste. »Ich hab nicht vor, heute was zu rauchen ... Gestern war ich so breit, dass ich jeden Satz aus ›Kapitalismus und Globalisierung‹ zehnmal gelesen und trotzdem nicht kapiert habe.«

»Vielleicht solltest du es nach dem Kiffen eher mit Kapitalismuslektüre von ›Dagobert Duck‹ probieren als mit deinen dicken Schinken?«, schlug Julian süffisant vor.

Ich blendete die beiden aus und wandte mich wieder an Tariq. »Ohne dich wäre ich gestern wohl verloren gegangen. Echt nett, dass du mich noch begleitet hast.«

Tariq lächelte nur müde.

»Kleine Instantdepression heute, oder was?«, fragte Julian. »Gibt es denn jetzt auch mal eine Erklärung? Was los ist?«

Tariq winkte kraftlos ab. »Was soll ich schon groß drüber erzählen? Ich bin ja ... ähm, nicht so oft in der Qualimaßnahme.«

»Klar, ist uns nicht entgangen«, bestätigte Max ungeduldig. »Aber das heißt ja nicht, dass wir auch wissen, *warum* du nicht da bist.«

»Mein Vater.« Tariq starrte grübelnd vor sich hin. »Familien-
kram, ihr wisst schon.«

»Erzähl schon«, ermahnte ihn Max. »Wir sind einander verbun-
den in der Hoffnungslosigkeit unserer Leben ...«

»Na, warst du etwa eben schon heimlich in meiner Hanfplantage?«, kommentierte Julian prompt Max' salbungsvolles Gerede.

»Na, wenn sich da einer bedient, dann wohl du selbst, Trottel«,
konterte Max und selbst Tariq konnte sich ein kleines Grinsen
nicht verkneifen.

Jungs. Die mit ihrer ewigen Kifferei. Ich seufzte.

»Also, Tariq«, setzte Max erneut an, »jetzt sag schon, warum du
dermaßen fertig bist.«

»Okay, also, mein Vater«, rückte Tariq endlich mit der Sprache
heraus. »Sein Standardspruch: *Schulabschluss is' was für Faule.*«

«Der Mann ist jetzt schon mein Held!«, rief Julian.

»Sehr witzig.« Tariq schoss einen Todesblick in seine Richtung.
»Dabei bedeutet unser Nachname, Aydin, *gebildet«,* erklärte er
dann nicht ohne Stolz.

»Natürlich. Hab mich nur versprochen«, fügte Julian hastig
hinzu: »*Antiheld.* Ich meinte natürlich, dein Vater ist mein Antiheld!«

»Na ja ... recht hat er ja«, musste Max natürlich wieder seinen
Senf dazugeben. »Mir erschließt sich der Sinn eines Abschlusses
für uns ja auch nicht ernsthaft, weil ...«

Jetzt platzte mir endgültig der Kragen. »Boah, könnt ihr vielleicht einfach mal die K-K-Klappe halten und Tariq zuhören?«,
regte ich mich auf und Luzifer stimmte auf seine Art zuckend zu.

Etwas perplex sahen mich alle drei Jungs an, aber sogar Max
verstummte und wedelte auffordernd mit der Hand in Tariqs
Richtung.

»Okay ...« Tariq holte tief Luft. »Also, mein Vater hat so eine
Reifenwerkstatt. So ein Teil, wo die Leute hinfahren, die Reifen

gewechselt bekommen oder neue kaufen. Und er will, dass ich dort helfe. Am liebsten immer, jeden Tag, rund um die Uhr und ohne Bezahlung. Deswegen musste ich irgendwann in der Hauptschule erst die siebte und dann die achte Klasse wiederholen.«

»Moderne Sklaverei ...«, setzte Max an, doch es gelang mir, ihn mit einem Blick zum Schweigen zu bringen.

»Nee, Max hat recht. Für den Baba bin ich ja wirklich der perfekte Angestellte. Eigen Fleisch und Blut und so.« Tariq zuckte mit den Schultern. »Was soll mein Vater auch machen? Er findet das normal, der hat ja selber keinen Abschluss. Weil auch er in meinem Alter nur ackern musste, statt in die Schule zu gehen.«

»Du nimmst ihn auch noch in Schutz! Wisst ihr, dass es überall in der Stadt solche Formen von Sklaverei gibt? Das ist echt das Allerletzte!«

»Hey, Max ... es ist mein *Vater.*«

»Und das gibt ihm das Recht, über deine Zeit und dein Leben frei zu verfügen? Er baut den Erfolg der Firma darauf auf, dass er dich, seinen eigenen Sohn, zwingt, für sich zu arbeiten, und noch nicht mal dafür bezahlt!«

Julian und ich tauschten einen kurzen Blick und hoben zeitgleich die Augenbrauen – Max redete sich mal wieder in Rage.

»*Öh ... Freedom for Tariq?*«, versuchte Julian, Max ein bisschen runterzukühlen, und reckte halbherzig die Faust in die Luft.

»Ja, ja ... lacht ihr nur! Das ist das asoziale Prinzip der kapitalistischen Welt im Kleinen.« Max warf sich zurück in seinen Sessel und funkelte uns mit verschränkten Armen böse an.

»Deine Sprüche sind aber manchmal schon ein bisschen drüber, oder?«, verteidigte sich Julian. »Wedelst ständig mit deinen schlauen Büchern in der Luft rum und schwingst Reden über das böse, asoziale System.«

»Nimm du nur immer alles schön leicht und locker«, fauchte Max. »Als Bonzensohn lässt sich alles so wunderbar ironisch kommentieren. Was kann dir denn schon passieren? Dir in deiner eigenen kleinen Wohnung, die größer ist als die von meiner Mutter und mir ... und die hast du auch noch bis zum Lebensende. Super.«

Tariq hörte schweigend zu. Hatten die beiden denn gar nicht begriffen, was er ihnen gerade zu erzählen versuchte?

Frustriert starrte ich Julian und Max an. »Könnt ihr euch nicht einfach *einmal* zusammenreißen? Zufällig geht es gerade nicht um euch!« Ich stand auf und packte meine Sachen zusammen. Ich wandte mich an Tariq. »Sollen wir draußen weiterreden?«

»Sorry, Jungs. Scheinbar habe ich ein *Date* ...« Er wackelte vielsagend mit den Augenbrauen.

Bevor Max und Julian, die uns mit offenen Mündern hinterhersahen, noch etwas sagen konnten, waren wir draußen.

Vor Julians Wohnung schauten Tariq und ich uns etwas ratlos an.

»Also, lass mal überlegen, wie du das mit deinem Vater schaffen kannst«, sagte ich schließlich.

Doch Tariq schüttelte nur den Kopf. »Liza, mein Baba ist ein Betonkopf!«

»Aber ...« Ich versuchte ein kleines Lächeln. »Du etwa nicht? Ich finde dich auch ganz schön dickköpfig.«

Er streckte sich, dann schien er einen Entschluss zu fassen.

»Chica ... ganz ehrlich«, meinte er schließlich nachdenklich. »Ich brauch diesen Abschluss echt dringend.« Er hielt grübelnd inne – ein ungewohnter Anblick. »Weißt du, was?«, erklärte er plötzlich mit blitzenden Augen und rückte minimal näher. »Wir beide machen das Projekt einfach allein.«

»Hm.« Nachdenklich blickte ich zurück zu Julians Wohnung. »Du denkst, die beiden sind zu anti, um das ernsthaft durchzuziehen?«

»Exakt.« Tariq nahm meinen Arm und zog mich sanft weiter, Richtung Straße. »Los, komm schon. Wir schaffen das und wer zuletzt lacht, lacht allein. Schlag ein!«

Julian

21 Draußen war es schon dämmrig, auch Max hatte nach dem Streit den Abgang gemacht – und das reiche, verwöhnte Bürschchen saß wieder allein in seiner schnuckeligen, kostenlosen Luxuswohnung und versuchte erfolglos, Kommentartexte für die Dreamkillersequenzen zu produzieren.

Ob es an Lizas wütendem Abgang lag, dass ich mich nicht konzentrieren konnte? Oder an dem diffusen Gefühl, Tariq im Stich gelassen zu haben?

Oder war es Max' Geschwafel über mein sicheres Luxusleben? Wenn der wüsste!

Shit, Mittlinger ging mir einfach nicht aus dem Kopf. Waren meine Tage hier in meiner gemütlichen Wohnung womöglich gezählt?

Oder war ich so daneben, weil ich seit Stunden nichts mehr geraucht hatte? Irgendwie hatte ich es total verlernt, Kram, der mich nervös machte, auszuhalten.

Wie zur Beruhigung tastete ich nach meinem Silberdöschen. Die letzte Tüte hatte ich nach der Mathestunde geraucht und dann – kurz bevor die anderen kamen – beschlossen, erst einmal drauf zu verzichten. Doch mir brach beim Gedanken an diesen Entschluss unmittelbar der Schweiß aus. Ich öffnete den Deckel des Döschens und erschnupperte den leichten Duft. Es würde weniger als eine Minute dauern bis zum ersten beruhigenden Zug. Dann brächte ich allerdings definitiv gar keinen vernünftigen Satz mehr zu Papier.

Shit, Shit, Shit. Wie eine dunkle Wolke hing dieser drohende Rausschmiss aus meiner Wohnung über mir. Ich war völlig fertig.

Hastig zog ich mehrere Blättchen aus der Verpackung und klebte sie zusammen.

Liza. Sie hasste Drogen. Auch wenn sie auf der Uniwiese die Kekse gegessen hatte. Ob sie gecheckt hatte, dass wir eben nur herumgeblödelt und ich vor dem Treffen gar nicht geraucht hatte? Hätte ich es ihr besser sagen sollen?

Sorgfältig verteilte ich Tabak und eine üppige Portion Gras auf den Blättchen.

Ich wollte diese Wohnung nicht verlassen.

Ich wollte Liza.

Moment – wie jetzt? Ich wollte *Liza?* Hatte ich sie noch alle? Mit leicht zittrigen Händen ruinierte ich mein Tütchen, fluchte leise und startete erneut. Aber als der fertige Joint endlich rauchbereit in meiner Hand lag, kam er mir auf einmal vor wie ein Fremdkörper.

Was war denn jetzt los? Seit weit über einem Jahr rauchte ich mindestens eine Tüte am Tag, verdammt noch mal. Zuverlässig habe ich damit all den fucking Schulfrust Richtung Erträglichkeit gedrosselt, habe so vieles mit dir, liebes Gras, erlebt und nun hatten wir uns entfremdet ... *auseinandergelebt?*

Ja. Es war die Wahrheit: Ich wollte jetzt nichts rauchen.

Obwohl ... Mein Suchtzentrum hatte null Verständnis für die irre Idee, nicht mehr zu kiffen. Oh, Gott, wie fremdgesteuert konnte man sein?

Okay. Mir war klar, dass ich nun ganz fix irgendwas unternehmen musste, wenn ich nicht einknicken wollte – und ich *wollte* nicht einknicken. Einem Impuls folgend, setzte ich einen ausgesprochen beklemmenden Spontanentschluss so schnell in die Tat um, dass ich keine Zeit mehr hatte, über ihn nachzudenken: Ich ertränkte den gerade erst geborenen Joint im Wasserglas und stopfte vorsichtshalber sofort den gesamten Inhalt des Döschens hinterher. Ich konnte den Anblick der Reste im Glas kaum ertragen: Diese perfekte Ernte ... jetzt strudelte sie als flusiger Dreck im Wasserglas herum.

Aber ich spürte zugleich eine ziemliche Erleichterung und ein Gefühl von ... Stolz. *Das Schlafzimmer,* schoss es mir durch den Kopf.

Im nächsten Moment stand ich vor meinen Hanfpflänzchen. Solange sie hier wohnten und die letzte Ernte noch an quer gespannten Wäscheleinen baumelte, konnte mein Plan nicht aufgehen.

Oh, meine geliebten Pflänzchen!

Kurz entschlossen schleppte ich den Bollerwagen aus Kindertagen aus dem Keller, packte meine Pflänzchen hinein und schob sie in unseren Stadtteilpark. Dort fotografierte ich sie, postete das Bild mit dem Betreff *Zu Verschenken* in einer Regiogruppe im Internet und legte noch den Beutel mit der bisherigen Ernte dazu.

Wieder zurück in der Wohnung war ich so rappelig, dass Stillsitzen völlig unmöglich war. Ständig griffen meine Hände nach dem nun leeren Döschen oder glitten über die stets für Dope reservierte, nunmehr ebenfalls leere Hosentasche.

Es wurde immer schräger: Fahrig begann ich, durch das Chaos meiner Wohnung zu staksen. Schmutzige Wäsche, dreckiges Geschirr, volle Mülltüten. Dieses ganze Durcheinander um mich herum nervte auf einmal entsetzlich. Vielleicht würde ich in wenigen Wochen rausfliegen. Und trotzdem konnte ich diesen mir bisher fremden Drang nach Veränderung nicht weiter bremsen und startete die heftigste Aufräum-, Wegwerf- und Putzaktion ever.

Zwei Stunden später saß ich in einer Art Katalogmusterwohnung, in deren Flur sich ein riesiger Berg zusammengesammelter Schrott und Müll stapelte. Das wirkte fremd, reichlich ungemütlich – war aber trotzdem nicht so übel.

Das Handy plingte. Meine Pflänzchen hatten eine Adoptivmutter gefunden. Überschwänglich bedankte sie sich per PN und schickte ein paar Fotos von meinen Kleinen in ihrer neuen Heimat, einer großen Dachterrasse. Wehmütig starrte ich auf mein Handy. Bevor die vage Idee, die Adoptivmutter zu besuchen, greifbar werden konnte, löschte ich den Kontakt und blockierte sie.

Als ich mich Donnerstagmorgen zur Quali schleppte, raschelte der Entzug in meinem Kopf. Wie sollte ich mich heute nur konzentrieren? Ich hatte fast kein Auge zubekommen und war schlapp ohne Ende. *Armer Körper, armer Julian, armes Leben,* seufzte ich im Stillen. Ich geb's zu, ich war etwas wehleidig.

Mir war auch noch nicht so ganz klar, ob ich nun allen direkt von meiner Cleanheit berichten sollte oder nicht. Leichte Trauer über den Beziehungsabriss zu meinen Pflänzchen zog in mir auf – also verzichtete ich lieber darauf. Ich meine, wie käme *das* denn an: Ich erzähle Liza, dass ich keine Drogen mehr nehme – aber mit bebender Stimme und Tränen in den Augen? Außerdem war ich eh noch leicht verunsichert nach Lizas gestrigem Abgang.

Ich hatte gerade das Qualigelände betreten, als ich von Hugo abgefangen wurde.

»Ah … der Julian!«, rief er, offensichtlich hocherfreut, mich wiederzusehen, und lockte mich in sein Büro.

Ich nahm auf dem total abgewetzten Sofa unter einem riesigen Plakat Platz: einem Bild mit einer hübschen, sonnendurchtränkten Waldlandschaft, unter dem für den Erhalt irgendeines wichtigen Forstes geworben wurde. Bisschen zynisch, wenn so etwas im Büro eines Schreiners hängt, oder?

Auf dem Sofatisch kniete – ohne Scheiß! – ein nackter Gartenzwerg. Und aus seinem Hintern kringelte sich eine süßlich duftende Räucherkerzenrauchschwade wie ein sichtbar gewordener, nicht enden wollender Furz empor!

»Gut, ne?«, kicherte Hugo und verschloss mit seinem Zeigefinger den rauchenden Zwergenpo, woraufhin die Rauchsäule nun den Nasenlöchern des Zwerges entwich. »Habe ich mal von einer Abschlussklasse geschenkt bekommen.« Dann schaute er mich ernst an. »Wie war es gestern mit Mittlinger?«

»Ziemlich erfolgreich, eigentlich. Hab direkt eine Sechs gezockt.«

»Klingt, als wärst du stolz drauf.« Hugo nickte mir mit vorgeschobener Unterlippe zu und etwas von meiner Anspannung fiel von mir ab. Kurz hatte ich befürchtet, es stände jetzt ein ernsthaftes Matheproblemgespräch an.

»Nehm ich dir aber nicht ab«, legte Hugo unerwartet nach.

Ich blieb hart und grinste weiter selbstbewusst, doch in mir begann es zu rumoren. »Warum sonst solltest du gestern nach Mathe nicht mehr hier aufgetaucht sein?«

»Wenn es ums Fehlen geht, ich habe eine Ent...«

»Quatsch, deine Entschuldigung interessiert mich nicht die Bohne. Ich fand nur beachtlich, dass Mittlinger mich bereits gestern angerufen hat, um die Telefonnummer deiner Eltern zu erfragen. Du scheinst ihn echt beeindruckt zu haben.«

Nach dieser etwas überraschenden Ansage nippte Hugo entspannt an seinem Pott Kräutertee – und schien mich, so ganz nebenbei, sehr genau beim Durchlaufen der einzelnen Stadien meiner aufziehenden Panikwelle zu beobachten.

Mittlinger wollte *jetzt* schon ein Gespräch mit meinen Eltern? Nur weil ich ein bisschen gekichert und mich geweigert hatte, an die Tafel zu gehen? Vielleicht blieb mir bis zum Rausschmiss aus der Wohnung doch keine Schonfrist mehr? Ich hatte wirklich drauf spekuliert, inklusive ein paar Krankschreibungen noch locker sechs Wochen Zeit rausschinden zu können. Meine Hand klopfte reflexartig über meine einstige Dopetasche, aber da war natürlich nichts mehr, was mich beruhigen konnte.

Schweißausbruch.

Hugo wedelte mit einer Hand vor meinem vermutlich leicht glasigen Tunnelblick herum.

»Tief durchatmen ... Scheint dir ja doch nicht völlig egal zu sein. Kann ich verstehen. Dass du auch ausgerechnet beim Mittlinger landen musst. Dabei gibt es auf diesem Kolleg sehr gute Mathelehrer.« Hugo schaute mich so wissend an, als hätte er eh schon alles aus meinen Gedanken herausgelesen. Warum also länger ein Geheimnis draus machen?

Und so gab ich nach und erzählte ihm vom Stress mit meinem Vater und dem ganzen Mathehorror, der nach der Grundschule für mich begonnen hatte. Als ich fertig war, fühlte ich mich völlig desillusioniert, war allerdings auch ein bisschen erleichtert.

»Wie du siehst, bin ich komplett am Arsch«, endete ich, doch Hugo schüttelte bloß entschieden den Kopf. Ratlos sah ich ihn an. »Ja, aber was soll ich denn tun?«

»Na, eine Strategie überlegen und dann Vollgas?«, schlug Hugo vor.

»Haha. Sehr witzig – ich habe leider keine Zeit mehr für strategische Neuausrichtungen.«

»Mehr, als du denkst.« Er schob mir einen Zettel mit ein paar Zahlen zu und tippte mit dem eingliedrigen Stumpf seines Zeigefingers drauf. »Kennst du diese Telefonnummer?«

Ich schüttelte den Kopf.

»Gehört einem Freund von mir«, erläuterte Hugo. »Der ist gerade für einige Wochen auf Reisen. Ich weiß nicht, wie es mir passieren konnte, aber ... irgendwie muss ich Mittlinger versehentlich diese Nummer mitgeteilt haben statt die von deinen Eltern.«

Hugo wackelte vor Kichern und ich starrte ihn nur mit offenem Mund an. Ich konnte es nicht fassen, dass er das für mich getan hatte. Tja, und vor lauter Dankbarkeit ließ ich mich von Hugo überreden, an einem speziellen Mathetraining bei ihm teilzunehmen.

Kurz darauf stapfte ich mit Hugo, Elvira, Justin und Ayse über den Spielplatz von unserem Projekttreffen und versuchte, mithilfe eines einen Meter langen Stocks und ein paar Stücken Kordel alles Mögliche exakt zu messen. Hugo hockte im Schneidersitz auf einer Tischtennisplatte und schaute uns interessiert zu, während wir wild diskutierten. Über Mathe.

Lasst euch das mal auf der Zunge zergehen: Ich fing an, mit anderen über Mathekram zu *diskutieren!*

Eine Stunde später kehrten wir aufs Qualigelände zurück. Und auf einmal hatte ich tatsächlich so den Hauch einer Ahnung, warum es überhaupt verschiedene Maße gab. Und wieso ein Meter nicht in einen Quadratmeter umgerechnet werden konnte.

Ja, ja, ich weiß schon ... Leute, die mit siebzehn voll abgehen, weil sie verstanden haben, was ein Meter ist – die können sie nicht mehr alle haben. Aber scheiß drauf. Ich war total stolz auf mich.

Suchend sah ich mich um, dann entdeckte ich sie: Liza saß mit ihrem Laptop auf einer Bank und ließ die Tasten qualmen. Weil sie nicht mal aufschaute, als ich mich neben sie setzte, beobachtete ich sie einen Moment. Ihr Gesicht war so angespannt – fast schon verzerrt, von der lachenden Uniwiesen-Liza keine Spur.

Ziemlich komisch, wie rasch und wie stark Liza sich verändern konnte. Jetzt einfach so weiterzutippen, obwohl ich nur ein paar Zentimeter neben ihr saß – das war schon ganz schön krass von ihr. Wie sollte man denn da bitte mit einer Runde unverbindlichem Small Talk starten? Und was hatte ich ihr eigentlich getan?

»Überraschung?« Ich räusperte mich leicht verlegen. »Sie haben einen neuen Sitznachbarn.«

»Ach was.«

»Komm schon«, sagte ich. »Warum bist du gestern so dermaßen genervt mit Tariq abgeschwirrt?«

»Weil ich ...« Liza holte tief Luft. »Weil ich wirklich nicht verstehe, warum ihr euch gegenseitig ständig nur verarscht. Endlich erzählt Tariq, was bei ihm los ist, und ihr nehmt selbst das noch zum Anlass, euren nervigen Kleinkrieg fortzuführen, du und Max.«

»Aber wir ...« Ich zuckte unbeholfen mit den Schultern. »Wir hatten gestern bloß ein bisschen Zoff. Das war doch nichts Dramatisches.«

»Das sieht man vielleicht so, wenn man sich hinterher wieder alles schönraucht oder kein Interesse an irgendwem oder irgendwas und am allerwenigsten an dieser ganzen Quali hat.«

»Aber das ist doch ...«, setzte ich an, nur um gleich wieder zu verstummen. So schlimm fand ich die Quali ja gar nicht mehr. Im Gegenteil, ich hatte verdammt viel Schiss davor, bald rauszufliegen! Und ich rauchte mir eben überhaupt nichts mehr schön – und exakt *sie, Miss Streberin,* war einer der Gründe dafür.

Blöd war nur, dass ich in diesem Moment das alles nicht über die Lippen bekam.

Liza

22   *Ich lerne.*
Ich bereite mich vor.
Ich schaffe meinen Abschluss.
Ich habe mein Leben wieder im Griff.

Ich starrte auf den Zettel mit diesen vier Zeilen, den ich auf meinen Kalender geklebt hatte. Den hatte ich zu Beginn der Quali geschrieben und gerade eben, nachdem Julian und ich uns auf der Bank angeschwiegen hatten, wieder aus meinem Rucksack gezogen. Könnte Tinte vom vielen Lesen verblassen, wäre keiner der Buchstaben mehr sichtbar. Auch jetzt halfen sie mir, die Wut über den Stress beim letzten Treffen wegzudrücken.

Wir hatten bloß ein bisschen Zoff, hatte Julian gesagt und dabei fast etwas betreten gewirkt. Hatte ich überreagiert? War ich wirklich zu verkrampft? Es war so furchtbar gewesen, auf der Bank neben ihm zu sitzen – seine Nähe zu spüren, aber gleichzeitig meine Gefühle für ihn einzuschnüren, damit sie nicht ausbrechen und meine Pläne gefährden konnten.

Denn schon auf dem Nachhauseweg, nach dem desaströsen Treffen bei Julian, hatte ich mich gegen ihn und Max entschieden. Genauer gesagt: Tariq und ich hatten beschlossen, nur noch zu zweit an dem Projekt zu arbeiten. Gleich wollten wir zu Herrn Pfeiffer gehen und ihm unseren Plan mitteilen.

Eine gute Sache war gestern aber doch noch passiert: Nach dem Streit am Mittag hatte mich Ma bei meiner Ankunft direkt auf einen Küchenstuhl bugsiert und meine stockende Entschuldigung unterbunden.

»Dir braucht nichts leidtun. *Mir* tut eher was leid.« Sie schob ein

Glas selbst gemachte, eiskalte Limonade zu mir und redete einfach weiter. »Es war so bescheuert von mir, dass ich es gar nicht fassen kann. Du bist die Strebsame, Fleißige, Konzentrierte, Nüchterne, kurzum: die, die ich nie war, und ich schaue dich immer wieder an und denke *Meine Güte, warum ist sie so verkrampft?* Dabei bist du gar nicht verkrampft, sondern eher ... zielstrebig und ich Idiotin respektiere das nicht.« Sie sah mich ernst an. »Ich glaube, es ist höchste Zeit, dir nun einmal hochoffiziell zu sagen, wie großartig ich es finde, dass du noch einmal einen Anlauf nimmst! Du hast nämlich wirklich das Zeug zur Mediendesignerin.«

Ich lächelte bei der Erinnerung daran, wie sie mich aus voller Überzeugung ermuntert hatte, und sprang schnell auf, weil Tariq gerade an mir vorbei und ins Qualigebäude wetzen wollte.

»Hey, Chica, da bist du ja!« Er bremste ab. »Bleibt's beim Dreamkillerzweierplan, nur du und ich?«

»K-k-klar«, versicherte ich ihm und keine fünf Minuten später stürmten wir Pfeiffers Büro.

»Also, Chef, wegen unserem Projekt«, erläuterte Tariq dem äußerst verhalten lächelnden Herrn Pfeiffer. »Wir haben da ein kleines Problemo.«

Seufzend blickte ich zu Tariq. Es wäre mir echt lieber gewesen, wenn er jetzt mal einen Gang runtergeschaltet hätte. Fehlte nur noch, dass er gleich anfing zu rappen.

Herr Pfeiffer war wohl Schlimmeres gewohnt. Er blickte Tariq lediglich mit erwartungsvoll gerunzelter Stirn an, sagte aber nichts.

»Also, ich meine«, erläuterte Tariq, »Probleme gibt es nicht mit dem Projekt. Eher mit den beiden anderen. Bei denen ist wirklich Hoffen und Malz verloren.«

Herr Pfeiffer schwieg weiterhin, was selbst Tariq so langsam verunsicherte.

»W-w-wissen Sie, die wollen einfach nicht mitmachen«, versuchte nun auch ich, etwas beizusteuern, weil Tariq nur noch mit hängenden Armen dastand und mich ratlos ansah. Und weil ich selbst merkte, wie das klang, was ich da von mir gegeben hatte – wie eine 10-Jährige, die beim Klassenlehrer petzen ging –, erzählte ich auch von unseren Streitereien. Was es aber nicht gerade besser machte.

»Jetzt ist also für euch die Zusammenarbeit mit Julian und Max beendet«, fasste Herr Pfeiffer trocken zusammen. »Wissen die beiden das auch schon?«

Wir nickten entschlossen – und schüttelten dann etwas zögerlicher den Kopf.

»Warum?«, fragte Herr Pfeiffer erstaunt. »Wenn ich das richtig verstehe, habt ihr schon interessante Interviews im Kasten und einiges geschafft. Und jetzt kommt ihr zu Onkel Pfeiffer 'ne Runde weinen. Nur weil ihr euch gestritten habt?« Es klang nicht mal unfreundlich, eher irritiert, und das ließ mich gleich noch zwei Köpfe kleiner werden.

»Nein, so ist das doch gar nicht ...«, regte sich Tariq auf. »Sie müssen einfach mal mit denen ...« Er brach ab, wedelte hilflos mit den Armen herum und sah mich auffordernd an.

Herr Pfeiffer schüttelte verneinend den Kopf. »Nee, sorry, muss ich nicht. Aber ihr solltet. Oder feiert lieber mal alle vier gemeinsam, dass ihr schon was fertig habt. Das ist nämlich wahrlich nicht bei allen Gruppen der Fall, hört ihr?«

»Sie raten uns, *feiern* zu gehen?«, fragte Tariq ungläubig.

»Ganz genau. Kann ich sonst noch was für euch tun?«

Natürlich konnte er das nicht. Etwas bedröppelt zogen wir uns daher zurück. Ich drehte mich noch einmal um, weil ich die Tür hinter mir schließen wollte – und erwischte Herrn Pfeiffer dabei, wie er uns grinsend nachblickte und sein Kinn knetete. Als sich unsere Blicke trafen, zuckte er gespielt erschrocken zusammen, doch dann nickte er mir kurz zu. So, als wollte er mich trotz allem aufmuntern: *Mach dir keinen Stress, du findest eine Lösung.* Seine Zuversicht betankte mich wieder mit ein bisschen Energie.

»Weiß du, was, Chica? Wir machen das Dings trotzdem fertig«, beschloss Tariq. »Einfach zu zweit – und hinterher sagen wir, wir hätten es zu viert geschafft. Deal?«

»Und dann haben Max und Julian nichts gemacht und werden dafür auch noch belohnt?« Okay, das klang jetzt etwas schrill, aber: »Nicht mit mir«, teilte ich Tariq entschieden mit.

»Wieso? Wir haben unser Ziel erreicht und die anderen auch. Geteilte Freude ist doppeltes Leid.«

»Okay«, murmelte ich. Tariq hatte ja recht. Klar, ich hatte wirklich keine Lust, Julian und Max mit durchzuziehen. Aber wenn die beiden mit Tariqs Vorschlag einverstanden waren, musste ich das ja auch gar nicht. Ich konnte nur hoffen, dass Tariq und ich es auch schaffen würden, aus den Dreamkillersequenzen rechtzeitig einen spannenden, runden Clip zu machen. Uns blieben noch knapp drei Wochen – und das Projekt war ja nicht das Einzige, was ich in der Zeit bewältigen musste. »Also gut«, gab ich schließlich widerwillig nach. »Lass es uns versuchen.«

Leider fiel bereits wenige Stunden nach unserem *Deal* auch Tariq und damit mein letzter verbliebener Mitstreiter aus: Sein Vater hatte ihn zum Werkstattdienst verdonnert. Es blieb also wieder einmal alles an mir hängen. Als ich mich nach der Quali zu Hause an meinen Schreibtisch setzte, beschloss ich deshalb, das zu tun, was ich am besten konnte: allein arbeiten. Ich würde den Gruppenquatsch nun endgültig beenden und stattdessen das Projekt selber stemmen. Tariq würde ich gleich eine Nachricht schicken.

Das bedeutete jetzt natürlich viel Arbeit, aber immerhin wusste ich auch, dass sie dann wenigstens erledigt würde, und mein Erfolg war nicht weiter von einem Haufen Chaoten abhängig. Ein

Plan mit den wichtigsten Aufgaben wäre recht schnell geschrieben und nun hieß es einfach, Gas zu geben.

Es war nicht zu fassen. Vor drei Stunden hatte ich beschlossen, das Projekt allein durchzuziehen – den Jungs wollte ich doch erst mal noch nichts erzählen. Ich schaffte es grad einfach nicht, auch das wieder auszudiskutieren. Ich wollte lieber erst einmal heimlich und allein daran arbeiten – und am Ende würden sie mir schon noch auf Knien danken ... Hatte ich jedenfalls gedacht, doch bis jetzt hatte ich immer noch keinen einzigen sinnvollen Satz hinbekommen!

Der erste Zusammenschnitt der Interviews und die paar Untertitel – das war kein Problem für mich gewesen. Clips schneiden, mit Musik unterlegen, Bilder nachbearbeiten oder Ideen für coole Zwischenschnitte zu entwickeln, das alles machte mir einfach superviel Spaß. Aber was nun? Das bisherige Material war nämlich trotz der Fülle an Interviews noch etwas mager – wir konnten ja nicht ausschließlich Interviews mit irgendwelchen Studis zeigen. Und genau da begann mein Problem: Das Spinnen neuer Ideen gehört nicht zu meinen Stärken, da waren Max mit seinen Wutreden und Julian mit seinen teils skurrilen Ideen echt ganz anders drauf. Die beiden hätten bestimmt schon wieder fünf neue Geistesblitze gehabt und Tariq würde durch sein Gewusel und seine Sprüche alles ordentlich aufmischen.

Irgendwann, es war schon fast Mitternacht, kapitulierte ich und beschloss, am nächsten Tag weiterzumachen. Doch so langsam wurde ich ernsthaft nervös: Ich ahnte schon jetzt, dass ich auch am nächsten Tag nichts Sinnvolles mehr zustande bringen würde. Zu allem Überfluss streikte nun auch noch mein Körper. Bauchschmerzen, Kopfschmerzen, mir war abwechselnd heiß und kalt, ich hatte keine Ahnung, was mit mir los war.

Als ich am darauffolgenden Morgen aufwachte, war ich völlig

fertig. Mühsam schleppte ich mich in die Küche, wo Ma mich erschrocken ansah.

»Willst du nicht wenigstens dieses Mal zu Hause bleiben?«, erkundigte sie sich vorsichtig.

»Kommt gar nicht infrage«, murmelte ich wenig überzeugt und schlurfte kurz darauf auf meinen wackligen Beinen nach draußen. *Natürlich* würde ich brav den Weg zur Quali antreten – dachte ich zumindest.

Doch als ich mich schon nach hundert Metern wie eine alte Frau an einem Gartenzaun festhalten musste, weil ich außer Atem war, kehrte ich doch um, kroch wortlos ins Bett und schlief sofort wieder ein.

Erst volle *zehn* Stunden später wachte ich wieder auf – ich hatte den ganzen Tag verschlafen!

Im Aufwachen raste mir sofort durch den Kopf, was ich heute hatte machen wollen. Erschrocken richtete ich mich auf. Die Tür öffnete sich und Ma steckte den Kopf herein.

»Na? Gut geschlafen?« Ich nickte bedächtig, weil mir der Kopf immer noch wehtat. »Darf ich reinkommen?«, fragte Ma, schlüpfte auch schon ins Zimmer, ließ sich auf den Schreibtischstuhl fallen und schaute mich nachdenklich an.

»Was?«, fragte ich. Die Art, wie sie hereingeflutscht war, machte mich ganz kribbelig.

Hoffentlich aktivierte ich nicht gerade das Ma-ist-besorgt-Programm. *Zu spät,* sagte mir ein Blick in ihr zunehmend dackelfaltiges Gesicht.

»Liza, du wirkst seit gestern ...« Sie tastete sich vorsichtig heran wie die erste Mutige auf einem frisch zugefrorenen See. Mir gefiel das ganz und gar nicht, weil ich genau wusste, in welche Richtung das nun gehen würde.

»Gestresst?«, waren die nächsten verhaltenen Schrittchen.

Ich zuckte nur mit den Schultern.

»Weißt du, Liza.« Die besorgten Dackelfalten vertieften sich. »Ich habe das ernst gemeint. Dass ich dir den Abschluss zutraue. Aber seit gestern bist du plötzlich so ...« Sie stockte. »Was ist denn passiert? Ich habe den Eindruck, dass es dir gerade überhaupt nicht gut ...«

»Ma, l-l-lass mich doch einfach in Ruhe!«, fuhr ich sie an. Und dann, als ich ihren Blick sah, setzte ich leiser hinzu: »Bitte.« Ich atmete einmal tief ein und aus und fuhr dann fort. »Ma, wir haben das doch schon hundertmal durchgekaut. Ich w-w-werde diesen Abschluss schaffen! Es ist *mein* Ding!« Blöd nur, dass ich während dieser großartigen Worte wie ein Häufchen Elend in meinem Bett saß.

Ma sah das wohl auch so, denn sie wirkte vollkommen unbeeindruckt. »Nein, es ist eben nicht *dein* Ding!«, rief sie und nun schossen die Wörter laut und schnell aus ihr heraus. »Es ist doch alles wieder genau so wie früher. Damals, als du auch meintest, du könntest durch Dauerlernen sämtlichen Frust ausblenden, und es dich am Ende völlig umgehauen hat. Du *musst* das nicht machen, Liebes!«

»Doch, das muss ich! Weil ich anders bin als die anderen. Ohne Abschluss und dann auch noch mit Luzifer bin ich doch völlig aufgeschmissen.«

»Liza, lass uns bitte nicht streiten. Ich will nicht ...«

»GEH! RAUS!«

Als ich die Tür ins Schloss fallen hörte, sackte ich auf dem Bett zusammen und zog mir die Bettdecke über den Kopf, damit Ma mein Schluchzen nicht hörte.

Mein auf lautlos gestelltes Handy brummte. Das hatte es eben schon ein paarmal gemacht, aber ich hatte einfach nicht den Nerv dafür. Mein Kopf schmerzte, meine Augen brannten, ich hatte heute noch nichts für die Quali getan und Ma hatte schon wieder meine geballte Wut abbekommen.

Dabei lag sie ja richtig! Ich hatte irgendwann, vielleicht seit dieser Fahrt in die Eifel, ernsthaft geglaubt, in dieser Quali womöglich wieder so etwas wie Freunde zu finden. Und es schien auch zu klappen: Elvira, Ayse ... und vor allem die Jungs – besonders Julian, immer wieder Julian. Der Abschluss, die Aussicht auf das Mediasos-Praktikum, das alles war plötzlich kein ferner Traum mehr gewesen. Aber dann, wie aus dem Nichts, diese Enttäuschung über mein doch so hoffnungsloses Grüppchen. Und jetzt hockte ich hier – und hatte wahnsinnige Angst, ein weiteres Mal abzustürzen so wie damals in der Achten. Da blieb ich wie besessen tagelang allein in meinem Zimmer und lernte, lernte, lernte ... und zwar für Tests und Arbeiten, die ich *nie* schrieb. Weil ich mich zu schwach fühlte. Damals lag es allerdings daran, dass ich den Blicken und Sprüchen der Mitschüler nicht gewachsen war ...

Diese Gedanken machten mich noch irre! Ich sollte dringend dieses Zimmer verlassen.

Etwas unsicher hievte ich mich hoch und schlappte hinüber in Mas Reich.

Schweigend ließ ich mich auf den großen roten Sitzsack fallen und schaute meiner Mutter dabei zu, wie sie sorgfältig Muster auf ein Blatt zeichnete, das auf einem kleinen Tischchen vor ihr lag. Wortlos und ohne ihre Arbeit zu unterbrechen, schob sie mir mit ihrer freien Hand ein paar Stifte rüber und ich begann ebenfalls, auf ihrem Blatt Muster zu zeichnen.

Ma machte das, wenn sie gestresst war, und einige solcher Bilder hingen auch an ihren Wänden. Vor allem solche, die entstanden waren, wenn sie besonders aufwühlende, aufregende Momente ihres Lebens festgehalten hatte. Wichtige Aufführungen, Prüfungen und so.

Nun versanken wir beide in stillem Zeichnen und das war in diesen Augenblicken genau das Richtige. Mit jeder Spirale und jedem Kreis, den ich zum Muster beitrug, sortierten sich meine Gedanken ein bisschen mehr.

»Ma, hast du eigentlich nie den Glauben an dich verloren?«, zerschnitt ich irgendwann die Stille. »Also, ich meine, einfach gedacht: *Ich schaffe das nie?*«

Sie ächzte. »Frag lieber, wie oft ich das nicht gedacht habe.«

»Und trotzdem hast du immer weitergemacht?«

»Klar!« Sie hielt kurz inne und schaute mich an, als verstünde sie die Frage nicht. »Ich *wollte* ja auf der Bühne stehen und dort tanzen und herumexperimentieren.«

»Aber hattest du nie das Gefühl, dass dir die Kraft dafür fehlt?«

»Mehr als tausend Mal. Immer wieder war ich kurz davor, etwas anderes zu machen – einfach alles hinzuschmeißen.«

»Hast du aber nicht.«

»Nein, habe ich nicht.« Sie lächelte versonnen. »Denn immer, wenn ich gerade entschieden hatte, alles aufzugeben, gab es ein paar ganz besonders liebe Freunde und irgendwann natürlich vor allem Digga. Die haben mich dann einfach mal gedrückt und mir Mut gemacht. Ohne die hätte ich das nie geschafft. Dann habe ich angefangen, Erinnerungsstücke zu sammeln. Fotos, kleine Gegenstände, Kleidung, Zeitungsberichte ... Und die sind alle hier um mich herum. Und wenn ich so richtig down bin, schaue ich mir die an und nach einer Weile werden diese guten Momente wieder ganz lebendig und ich spüre, wie es mir allmählich wieder besser geht. Das ist so eine Art Glücksmedizin.«

Als unser Blatt vollständig mit geometrischen Figuren bedeckt war, stand ich auf, wünschte Ma eine gute Nacht, ging in mein Zimmer und war ihr unglaublich dankbar, dass sie gar nicht noch einmal auf unser Gespräch von eben zurückgekommen war.

In den folgenden Tagen, die ich größtenteils ausgelaugt in meinem Bett verbrachte, zogen immer wieder Fetzen dieses Gesprächs mit meiner Mutter an mir vorbei. Vor allem ein einzelnes Wort hallte in mir nach: *Freunde.*

Inzwischen hatte ich auch die komplette vierte Woche in der Quali verpasst – aber dann, am Freitag, gab ich mir einen Ruck. Ich schnappte mir mein Handy. Auch jetzt ignorierte ich die neuen Nachrichten, aber ich öffnete das Fotoalbum.

Nachdenklich klickte ich mich durch die Fotos mit den Aktionen von mir und den Jungs. Und dann schob sich wieder die Erinnerung an meinen Abgang letzte Woche darüber, als ich aus Julians Haus gerauscht war, daran, wie ich ihn am nächsten Morgen zunächst so stur anschwieg, als er sich vor dem Qualigebäude zu mir auf die Bank setzte. Hatte ich mich vielleicht tatsächlich ein bisschen ... *dramatisch* aufgeführt?

Bei einem Foto hielt ich inne: Julian streckte mir die Zunge raus. Und trotz seiner roten Augen ... musste ich bei diesem Anblick grinsen.

Ich kuschelte mich in mein Kissen und schloss einen Moment die Augen ...

»Liza? Lizali!«

Ich schreckte hoch.

Lizali. So nannte mich nur Digga. Er rüttelte sanft an meiner Schulter. Draußen war alles dunkel und der Blick auf den Wecker zeigte, dass es halb elf war. »Liza ... da sitzt jemand auf der Gartenmauer und wirft seit längerer Zeit kleine Steine an dein Fenster.« Er grinste mich ziemlich unverschämt an. »Weiß ja nicht, was heute so abgeht, aber wenn ich früher so auf Gartenmauern saß und Steinchen gegen Fensterscheiben geworfen habe ... dann lebte hinter diesen Scheiben immer eine verdammt großartige Braut.«

Julian

23 Eigentlich hatte ich gedacht, wir vier würden uns am Wochenende wieder treffen – Liza, Tariq, Max und ich –, aber das konnten wir wohl knicken. Sofern ich jetzt mal Lizas und mein verkrampftes Schweigetreffen eben in der Pause auf der Bank psychologisch korrekt als Rückschlag deutete. Tja, und Tariq?

Während für Max und mich Feierabend war, wurde der arme Kerl gerade von einem wütenden Türken in einem klapprigen VW-Transporter vor den Toren des Qualigeländes abgefangen.

»Los, einsteigen und arbeiten«, knurrte der Mann und wechselte dann ins Türkische.

»Baba«, redete Tariq leise auf den Mann ein. »Ich kann dir heute nicht ...«

Tariqs Vater beendete den Protest jedoch mit ein paar wüsten Gesten und lauten türkischen Ausrufen, bis Tariq mit hängenden Schultern einstieg.

Zusammen mit Max, der neben mir stand und den beiden mit offenem Mund hinterhersah, versuchte ich, die teils abgeblätterte Schrift auf Tariqs Gefangenentransporter zu entziffern.

»*Aydins Reifen-Üniversüm*«, las ich. Die Punkte über den *Us* hatte irgendein Scherzkeks mit Edding gekritzelt. Dann drehte ich mich zu Max um. »Wieder einer weniger«, stellte ich leicht besorgt fest. »Hättest du gedacht, dass ausgerechnet wir beide mal der letzte funktionierende Rest der Gruppe sein würden? Liza hat sich ja anscheinend auch ausgeklinkt.«

»Tja«, behauptete Max, »das ist nur der natürliche Lauf der Natur. Die Chaoten werden immer siegen. König Pogo und Prinz Tütchen.« Er klopfte sich auf die Brust und mir auf die Schulter.

»Max, du redest mal wieder Müll.« Kopfschüttelnd sah ich ihn an.

»Wie auch immer.« Max überging meinen Einwand geschmeidig. »Jetzt werden einfach mal wir beide ein paar Aufnahmen machen und die werden sich gewaschen haben. Bock auf Randale?«

Randale war eigentlich genau der Punkt, den ich aktuell ein bisschen in meinem Leben drosseln wollte. Trotzdem beschränkte ich mich auf ein unverbindliches Schulterzucken. Mir war klar, dass Max mit *Randale* weitere Videos wie das von Mittlinger im Kopf hatte: Im Prinzip war das auch eine hervorragende Idee. Ich gönnte diesem Arsch wirklich alles Schlechte dieser Welt. Aber ich wusste auch ein Dach überm Kopf durchaus zu schätzen – und so langsam hatte ich echt Angst, jegliche Chancen darauf zu verspielen. Das dämpfte die Rachegelüste.

Dummer Konflikt.

Meine Hand nestelte schon wieder an der Hosentasche. Würde mein Hirn es schaffen zu akzeptieren, dass diese Tasche bis auf Weiteres ohne Funktion wäre? Und zwar noch, bevor der Stoff meiner Jeans an der Stelle durchgescheuert war?

»Was schluffst du so neben mir her? Schlecht geschlafen?«, wollte Max wissen. »Bist du noch sauer wegen meines Spruches gestern Abend ... von wegen Bonzensohn und so?«

Ich hatte gerade keine Lust, darüber zu sprechen, und ging einfach schweigend weiter, doch Max blieb abrupt stehen und hielt mich am Ärmel fest.

»Das war mir so rausgerutscht«, gab er zu. »Tut mir leid. Aber ... Bewohner schicker Häuser, vor denen Luxuswagen parken, gehören schließlich zu meinen natürlichen Feinden.«

»So, wie es aussieht, wird dieser Makel schon bald nicht mehr zwischen uns stehen, *König Pogo*.«

Max sah mich verständnislos an.

»Na«, verdeutlichte ich. »Mein Bonzenvater ritzt an meiner Nabelschnur.«

»Nette Metapher«, lobte Max mich. »Du meinst, er schmeißt dich raus?«

»Genau.« Und so erzählte ich Max vom neuen Kapitel im Leben des Bonzensohns. »Das heißt, wenn ich es in Mathe nicht packe, habe ich ein fettes Problem. Und da ich keine Chance habe, *werde* ich dieses Problem bald haben. Um doch noch eine Minimalchance für mich rauszuholen, muss ich dieses Projekt abliefern, sonst war's das wirklich«, endete ich schließlich achselzuckend.

»Keine Sorge, unser Dreamkillerprojekt schaffen wir locker, notfalls ohne Liza und Tariq.« Max klopfte mir beruhigend auf die Schulter. »Aber was du da von deinem Matheproblem erzählst, hört sich heftig an. Hm ... in meiner Nachbarschaft gibt's einen Haufen freier Wohnungen. Und die sind echt billig.«

Ich schüttelte seine Hand ab. »Mir ist gerade wirklich gar nicht zum Lachen zumute. Ich *will* das packen. Beides.«

»Oh, oh. Wenn ich dich so höre und die Augen ein bisschen zusammenkneife ...«, Max sah mich mit schief gelegtem Kopf und aus schmalen Augen an, »... meine ich doch glatt, *Liza* steht vor mir.«

Ich boxte ihm den Ellbogen in die Seite, konnte mir aber ein kleines Grinsen nicht verkneifen.

»Na dann. Was hältst du davon ...«, setzte Max an. »Wir haben schon die Interviews der Glücklichen an der Uni aufgenommen. Tja, und jetzt machen wir einfach noch welche mit Gescheiterten.« Als ich ihn nur fragend anglotzte, fügte er hinzu: »Na, mit *uns*, Julian.«

Später bei mir zu Hause arbeiteten Max und ich so intensiv an den neuen Interviews, dass wir – ohne Scheiß! – völlig die Zeit vergaßen. Aber so gegen halb sieben wurde mein Magenknurren immer lauter und Max, der mich interviewt hatte, schien mit dem Ergebnis ganz zufrieden zu sein.

»Wir könnten deine Antworten zusammenschneiden«, schlug er vor.

»Gute Idee«, stimmte ich sofort zu. »Und am Ende hat man, voilà, die zehn häufigsten Symptome einer Matheverkackung beisammen, was?«

»Ich hätte es nicht schöner formulieren können.« Er nickte beifällig und ich überließ es Fräulein Elfriede, aus Pizzaresten, Tomaten, Zwiebeln, Thunfisch, Schmelzkäse, alten Bifis und einer Ladung italienischer Kräuter ein leckeres Mal zuzubereiten.

Zufrieden betrachtete ich die Pampe. »Na, bin ich ein Meisterkoch oder bin ich keiner?«

Wir spachtelten die Schlotze mithilfe von Crackern in uns rein und tranken dazu Cola – von der wir dann allerdings so furchtbar rülpsen mussten, dass wir vor Lachen kaum zum Essen kamen.

Irgendwann lagen wir mit schmerzenden Bäuchen auf dem Sofa und japsten nach Luft.

»Max? Ich muss gestehen, dass du das netteste Arschloch bist, das mir je untergekommen ist«, seufzte ich und spürte so ein warmes, heimeliges Gefühl durch meine Adern schießen wie lange nicht mehr. Klar war es auch auf der Uniwiese ziemlich lustig gewesen, aber irgendwie war breit-lustig anders als clean-lustig. Ich realisierte, dass ich in den letzten Stunden nur sehr selten meine Hosentasche abgetastet hatte. Außerdem war ich auch ein bisschen erleichtert: Max hatte keine einzige Andeutung mehr in Richtung *Randale* oder weiterer Mittlinger-Videos gebracht.

Er schnaubte amüsiert. »Und ich hätte nie im Leben gedacht, mal beim verpeiltesten Kiffer der Stadt und Sohn eines stadtbekannten Immobilienhais abzuhängen.«

»Tut er nicht mehr«, korrigierte ich ihn und erläuterte auf seinen verständnislosen Blick hin: »Der Kapitalistensohn kifft nicht mehr.«

»Ich glaub's ja nicht.« Max sah mich völlig perplex an. »Hey, du hast dich ja ganz schön krass geändert.«

Da hatte er allerdings recht. Ich betrachtete Max nachdenklich von der Seite. Auch wenn er mir mittlerweile ziemlich vertraut war, wusste ich fast nichts über ihn.

»Was ist eigentlich mit *dir?*«, erkundigte ich mich vorsichtig.

»Liza hat die Schule geschmissen, weil ihr all der Tourette-Kram vor den anderen zu peinlich war. Tariq wurde vom Vater stillgelegt und ich habe *Mathe*. Aber wieso scheitert ein Überflieger am Ende sogar in der Hauptschule?«

»Tja ...« Max reckte sich gemächlich. Er schien einen Moment lang über etwas nachzugrübeln. Und dann schnipste er plötzlich hoch und setzte sich kerzengerade auf. »Mach die Kamera an!«, befahl er, wischte sich ein paar Krümel von den Lippen, stocherte in seinen Zähnen herum und spülte den Mund mit einem Schluck Cola.

»Wusste gar nicht, dass du so eitel bist.«

»Los, Kamera an«, wiederholte er unwirsch.

Ich hob eine Augenbraue. Wow, der Typ war voll im Flow.

»Ready«, raunte er und starrte mich auffordernd an.

Eilig tarierte ich das Smartphone auf Fräulein Elfriedes immer noch halb voller Rührschüssel aus. Dann startete ich die Videoaufnahme und versuchte zeitgleich krampfhaft, mir ein paar sinnvolle Interviewfragen aus den Fingern zu saugen.

»Stelle pantomimisch deine Schulzeit dar«, begann ich etwas wirr.

Max überlegte kurz, kippte dann Moms Wundersteine, die ich aus einem Impuls heraus bei meiner Aufräumaktion behalten hatte, aus zwei Schalen und hakte die leeren Schüsseln an seinen Ohren ein.

»Hey, das ist cool. Wir blenden später im Video vier Lösungsvorschläge ein, was du darstellen willst, und lösen dann auf. Äh ... was *willst* du eigentlich darstellen?«

»Ach, egal, blöde Idee ...«, murmelte Max. »Vergiss es.«

Ich starrte ihn neugierig an. »Jetzt sag schon!«

»Also gut.« Er seufzte leise. »Ich musste gerade an meine Grundschulzeit denken, okay?«

»Und?«, hakte ich nach.

»Meine Lehrerin schimpfte andauernd mit mir. Ich sei unkonzentriert und würde nur stören, bla, bla. Also habe ich von ihr solche Bauarbeiterkopfhörer übergestülpt bekommen – damit ich nichts mehr ... äh ... mitbekomme.«

»Ist das nicht sogar ganz sinnvoll?« Mir fielen ein paar alte Mitschüler ein, denen das geholfen hatte. Dachte ich damals zumindest.

»Hilft ja vielleicht auch, wenn du ein Problem mit dem Hören oder der Konzentration hast. Hatte ich aber nicht. Mir war einfach nur langweilig, weil ich schon alles konnte. Ich wollte lieber im Buch weiterarbeiten, neue Arbeitsblätter kriegen, rumexperimentieren und so. Durfte ich aber nicht. Also begann ich aus lauter Langeweile, Randale zu machen, und schwups hieß es: bestimmt ADHS.«

»Warum hast du dich nicht beschwert?«

»Habe ich ja. Aber dann gab's erst einmal die Dinger auf die Ohren und wenn das nicht half: Klinken halten.«

»Klinken halten? Du verarschst mich!«

»Nein, echt nicht«, versicherte er mir. »Kennst du das nicht? Wenn ich in der Stunde rausgeflogen bin, musste ich mich immer vor die Klassentür stellen und die Klinke von außen herunterdrücken.«

Ich kapierte es immer noch nicht. »Wo ist da der Sinn, bitte schön?«

»Na, das ist ein ganz ausgefuchster Trick. So kannst du nichts weiter tun als vor der Tür stehen. Abhauen ausgeschlossen.« Max zuckte mit den Schultern. »Okay, mit dieser Grundschullehrerin habe ich wirklich verdammtes Pech gehabt. Oder auch sie mit mir.« Er lachte laut auf. »Denn zum Glück war ich schlauer. Nach dem ersten Rausschmiss hatte ich immer eine Kordel in der Hosentasche. Damit konnte ich die Klinke perfekt unten fixieren und hatte beide Hände frei. Zum Lesen, Schreiben oder Malen.«

»Aber ...«, setzte ich verwundert an.

»Ich hatte mir immer schon ein paar Bücher und Papier an meinem Kleiderhaken bereitgelegt«, erläuterte Max und grinste mich selbstzufrieden an. »Also, Kollege, sag mir: Was soll ich als Nächstes pantomimisch darstellen?«

Auch an den folgenden Nachmittagen arbeiteten Max und ich weiter an dem Film – inzwischen hatten wir schon ziemlich viele Miniclips beisammen. Sogar ein Werbespot war bereits gedreht, den wir zur Auflockerung in unsere Doku einbauen wollten. Ich hatte dafür einen Werbesprecher imitiert: *»Komm zu wunder.pille und wähle aus über hundert Symptomen, was auf dein Kind zutrifft, und wir konfigurieren dir die optimale Pille für dein Kind.«* Die Idee war entstanden, als wir feststellten, dass wir beide eine Zeit lang solche Anti-ADHS-Pillen nehmen sollten.

»Was für ein Schwachsinn«, schimpfte Max. »Wir hatten doch beide keine Konzentrationsprobleme. Mir war langweilig und du hattest dein Zahlenproblem.«

Mich hatte es damals irgendwie vor allem dumpf werden lassen, Max hatte es schlauer angestellt: Er hatte die Pillen nicht genommen, sondern teuer an Oberstufenschüler vertickt, die sie dann als Notendoping einwarfen.

Vier Miniclips, ein Werbespot – Liza war vielleicht grad komisch drauf, aber sie müsste eigentlich ausrasten vor Begeisterung ... wenn sie denn mal davon erfuhr: Sie antwortete nämlich weder auf meine Nachrichten noch kam sie nach dem Wochenende zur Quali zurück.

Und das beunruhigte mich zunehmend. Zumindest glaubte ich das. Weil ich nämlich – *tadaa!* – immer noch meinem Entschluss, drogenfrei zu bleiben, treu blieb. Sprich: Ob ich nun wegen Liza nervös war oder wegen des Entzugs, ließ sich nicht feststellen.

Doch als ich mich heute zufrieden zurücklehnte – inzwischen war mehr als eine Woche seit diesem verflixten Treffen bei mir zu Hause vergangen und Max hatte sich gerade verabschiedet –, breitete sich völlig überraschend ein fieser Drogenschmacht in mir aus. Alles nicht so schlimm eigentlich, denn es gab ja nichts mehr, womit ich den *Schmacht* hätte befriedigen können. Andererseits traute ich mir selbst nicht so ganz – ich konnte ziemlich kreativ werden, wenn die Sucht zu sehr an mir zerrte.

Total rappelig und zugleich völlig übermüdet marschierte ich deshalb schon früh ins Bett und versuchte, mich in den Schlaf zu retten.

Es ging nicht.

Sobald ich die Augen schloss, tauchten im Stroboskopgewitter blöde und nette Gesichter und Momente der letzten Tage und Wochen vor meinem inneren Auge auf, vor allem immer wieder Liza.

Was war mit ihr passiert?

Irgendwann gab ich auf und schnappte mir meine Sneakers. Ich musste dringend mal raus.

Ziellos durch die Dunkelheit zu laufen, tat gut. Doch je länger ich so umherwanderte, desto mehr dachte ich an Liza und je mehr ich an sie dachte, desto deutlicher richtete sich mein innerer Kompass in Richtung ihres Wohnhauses aus, bis ich schließlich von einer mir wohlbekannten Gartenmauer aus Steinchen gegen Lizas Fenster warf.

Dann wartete ich.

Und wartete.

Nichts tat sich.

Eben war ich noch der Ansicht gewesen, das hier wäre eine super Idee, aber jetzt begann es, peinlich zu werden: Denn noch immer rührte sich nichts. Grabesstille, genau genommen.

Ich schwang meine Beine auf die Mauer und trat den Rückweg an. Kurz bevor ich in den Garagenhof hinabspringen wollte, schaute ich ein letztes Mal zurück und sah gerade noch den nun wackelnden Vorhang an Lizas Fenster.

Mist, einen Moment zu früh aufgebrochen!

Aber wenn sie nun schon mal aufgestanden war ... Entschlossen drehte ich mich um, sprang in den Garten und stapfte zu ihrem Fenster. Leise tappte ich dagegen und endlich zog sie den Vorhang zur Seite – allerdings leider nur, um mir mit einem leichten Kopfschütteln zu verstehen zu geben, dass sie anscheinend gerade keine Sprechstunde habe.

Puh, das Mädchen war echt anstrengend. Aber auch so verdammt großartig – das war mir eben auf dem Weg hierhin klar geworden. Und deshalb musste ich exakt jetzt mit ihr sprechen.

Zeit für einen Strategiewechsel. Nur welchen?

Ich mimte eine aufdringliche Katze und kratzte mit den Händen an ihrer Fensterscheibe.

Ihre Reaktion: irritierter Blick, fragendes Stirnrunzeln stimmloses *What?* und ... ein Lächeln.

Sie öffnete das Fenster.

»Hey, Liza.« Ich strahlte sie an und suchte nach passenden Wörtern.

»Hey«, antwortete sie leise, sonst nichts. »Bist du grad quer durch die Stadt hergerannt, um Steinchen zu werfen?«

»Ach, komm schon, du bist beeindruckt. Gib's zu.« Charmant klimperte ich sie an. Doch ich wollte eigentlich mehr als nur rumklimpern. Ich wollte ihr endlich das sagen, was ich letzte Woche auf der Bank vor dem Qualigebäude nicht rausbekommen hatte.

Gerade eben hatte ich schon alles in meinem Schädel vorformuliert. Und da hatte es noch echt solide gewirkt. Jetzt allerdings ummantelte ein Szenario wie aus einer dieser Teeniekomödien meine Breaking News für Liza und ich fürchtete, es könnte ziemlich hohl wirken:

> Ich (lässig): Hey, du ... ich kiffe übrigens nicht mehr.
> Sie (lächelnd): Oh, Julian.
> Ich: Weißt du schon, dass ich die Quali jetzt auch wichtig finde, weil ich sonst nämlich bald auf der Straße sitze?
> Und sie (besorgt): Oh, Julian!
> Und dann ich: Max und ich haben total gute Miniclips fürs Projekt produziert. Lass uns das jetzt gemeinsam durchziehen!
> Wieder sie (endgültig völlig begeistert): Oh! Julian!

Mir war selbst klar, dass ich das so nicht bringen konnte. Also zog ich beharrlich das Schweigen vor.

Lizas Augen ruhten weiter auf mir. Erstaunlich gelassen.

Obwohl ... da war plötzlich etwas in ihrem Blick. Zwischen uns. Und es gab nur eine logische Konsequenz.

Liza

24 Julians Lippen pressten sich vorsichtig auf meine. Was passierte hier gerade? Küsste ich gerade ernsthaft den verpeilten Kiffer? Oder: Stopp. Ich küsste ihn nicht einfach nur, sondern löste mich in und mit ihm auf.

Hör auf damit! Du musst ihn in die Wüste schicken!, flüsterte es in mir, sobald unser Kuss endete. Doch schon beugte ich mich erneut genau den Tick in Julians Richtung, den es brauchte, damit er meine Lippen aufs Neue fand.

Ja, er war ein nutzloser Kiffer und ja, das mit uns hatte wohl keine Zukunft, aber jetzt und hier war mir das einfach egal.

Irgendwann lösten wir uns atemlos und lächelnd voneinander. Julian zog mich aus dem Fenster hinaus in den Garten, zerbrach ein paar herumliegende Äste und hockte sich auf die Wiese.

»Als wir bei dieser Fahrt zusammen am Lagerfeuer saßen ...«, begann er. Ich setzte mich dicht neben ihn und beobachtete, wie er geschickt einen Stapel aus Ästen für ein kleines Feuer errichtete. Er sah mich lange an und dieser Blick allein löste schon wieder so ein Kribbeln im Magen aus.

Verlegen lächelnd lenkte ich meinen Blick wieder auf die Hölzchen.

Julian schnippte sein Feuerzeug an und entzündete die Äste. Eine erste Flamme nagte zaghaft an dem dünnen Reisig und leckte an weiteren Stöckchen, bis wir ein Miniaturfeuer hatten.

Es war wunderschön – doch dann griff Julian in seine Hosentasche. Ich war mir sicher, jetzt würde er sein Gras auspacken und diesen Moment damit wieder ruinieren. Aber nein – ich hatte mich getäuscht. Er zauberte eine Mundharmonika hervor, klopfte ein paar Fusseln heraus und begann, leise zu spielen. Es war die Melodie von »La mamma morta«.

Oh, mein Gott, ich befand mich offensichtlich in einer dieser hyperrealen Traumphasen. Das hätte immerhin einen ganz entschiedenen Vorteil: Ich müsste mir später nicht überlegen, wie das mit Julian und mir weitergehen sollte.

»... diese Nacht am Lagerfeuer ...«, setzte er irgendwann seinen vor tausend Jahren begonnenen Satz fort und legte die Mundharmonika sachte beiseite, »... ist mir nicht mehr aus dem Kopf gegangen.«

Wenn ich noch näher an ihn hätte heranrücken können – ich schwöre, ich hätte es getan. Mit wild klopfendem Herzen sah ich dabei zu, wie allmählich die letzten Stöckchen verglommen.

Julian beugte sich vor und betrachtete aufmerksam mein Gesicht. »Vielleicht sollte ich dich so langsam mal wieder allein lassen.«

Nein, nein, nein!

Ich nickte.

Warum nickte ich?

Andererseits, wenn das so weiterging, würde mein Herz in geschätzten zwei bis drei Sekunden zerspringen. Und ganz speziell in diesem Moment fand ich die Vorstellung doch sehr traurig, auf so eine Weise dem Leben entrissen zu werden. Ein letzter Kuss also – und Julian entschwebte über die Gartenmauer. Mich ließ er in einer gigantischen Schmetterlingswolke zurück.

Der nächste Morgen begann erst mal eher unromantisch.

Meine Zunge fühlte sich nämlich ganz komisch an. So, als habe ich einen ... Zungenmuskelkater? Gab es das? Also googelte ich und lernte: *Zu starkes Bewegen der Zunge kann zu einer Art Muskelkater führen.* Ich startete die Selfiekamera, riss den Mund auf und begutachtete meine Zunge.

Alles sah normal aus. Doch es fühlte sich so anders an. In den letzten Jahren habe ich mir immer wieder ausgemalt, wie es wohl wäre, jemanden zu küssen. Was ich nie gedacht hätte, war, dass mir ganz schwindlig werden würde, bis ich alles um mich herum vergaß, und dass so ein Kuss gar nicht mehr zu enden schien.

Ich sehnte mich danach, Julian jetzt hier bei mir zu haben. Hier bei mir im Bett –

»Liza?! Kommst du zum Frühstück?«, tönte Mas Stimme zu mir.

»Ich bin eben erst aufgewacht!«, rief ich. Natürlich hatte ich keine Sekunde lang vor, in dieser Stimmung Digga und Ma Gesellschaft beim Samstagsfrühstück zu leisten. Ich huschte nur blitzschnell zu den beiden, schnappte mir eine Tasse mit heißem Tee und ein Croissant – und war wieder entschwunden, ehe die beiden auch nur die geringste Chance hatten, mich über irgendwas auszuquetschen. Kaum war ich wieder in meinem Zimmer, setzte ich mich erleichtert an den Schreibtisch und fischte den Kalender mit meinem Motivationscover aus dem Rucksack.

Ich lerne, ich habe mein Leben wieder im Griff.

Julian würde alles nur durcheinanderbringen. Er hatte keine Lust auf die Quali und er war dauernd breit. Zwei schlagende Argumente gegen ihn. Selbst nach diesem verwirrend-schönen Abend.

Aber vielleicht sollte ich mich wenigstens bei Tariq noch einmal melden. Ich überlegte kurz und schrieb dann:

> Heute 12:00 Uhr Treffen?

> **Tariq**
> Sorry, Chica ... muss helfen bei
> meinem Vater. Morgen?

> Okay. Bis morgen.

Tariq war echt lieb unter seinem ganzen dummen Getue. Erst jetzt hatte ich gesehen, dass er mir seit der letzten Woche immer wieder geschrieben hatte, weil er mir wegen der Werkstatt absagen musste und sich deswegen total mies fühlte. Es musste bitter für ihn sein, ständig alles andere zu vernachlässigen, weil sein Vater es von ihm verlangte.

Und ich? Ich versuchte es wieder mal allein – und dann hatte ich sogar plötzlich eine coole Idee: Ich würde die Geschichte meiner verdorbenen Schulkarriere aufschreiben, das wär doch schon mal eine gute Basis, um einen Clip dazu machen zu können!

Doch es klappte nicht. Ich wusste ja nicht einmal, wo genau ich anfangen sollte. Wütend schmiss ich einen Bleistift an die Wand und presste mir die Fäuste an die Schläfen. Wie sollte ich das neben dem ganzen anderen Qualikram nur schaffen? In weniger als zwei Wochen! Wieso meinte ich, auf der Medienschule eine Chance zu haben, wenn ich noch nicht mal den Text für dieses dumme Video hinbekam?

Ich setzte meine Kopfhörer auf und versuchte, mich mit ein paar Vokabeln abzulenken – und erschreckte mich fast zu Tode, als ich plötzlich eine Hand auf meiner Schulter spürte. Geschockt riss ich mir Vivaldis Streicherklänge von den Ohren. Digga stand hinter mir.

»Sorry, Lizali ... Ich störe ja nur ungern, aber auf der Mauer ...« Er grinste mich voller Bewunderung an. »Also heute sitzen dort bereits zwei Herren und werfen Steinchen. Respekt, meine Liebe!«

Auf der Gartenmauer?

Zwei?

Sobald ich wieder allein im Zimmer war, fächerte ich mir mit dem Vokabelheft Luft zu und lauschte dem leisen Klacken an meiner Fensterscheibe. Ich wagte einen vorsichtigen Blick: Tatsächlich, dort draußen saßen überraschend einträchtig Max und Julian und quatschten, während sie fleißig Steine warfen. Ich war sofort überfordert, doch Max hatte mich bereits entdeckt. Er winkte mir zu, stieß sich von der Mauer ab und kam in meine Richtung geschlendert.

Julian gestikulierte hinter Max' Rücken – und wenn ich das richtig deutete, hatte er Max nichts von gestern Abend erzählt. Sehr beruhigend.

»Liza! Haben wir dich etwa aus dem Bett geholt?«, erkundigte sich Max entrüstet. »Julian meinte, wir könnten schon um zehn Uhr zu dir kommen.« Er bedachte nun auch Julian mit einem vorwurfsvollen Blick. »Der hat so gedrängelt, dass ich nachgeben *musste*.«

Julian gab sich unbeteiligt und ich versuchte vergeblich, mir ein Lächeln zu verkneifen. Oh, Mann. Ich musste dringend auf Distanz zu diesem Typen gehen.

Leicht machte er es mir nicht. »Weißt du«, jetzt bedachte er mich wieder mit diesem breiten Julian-Lächeln, »gestern bin ich ja aus irgendeinem Grund nicht dazu gekommen ...« Er legte nachdenklich den Kopf schief, bevor er weiterredete. »Aber wir beide, Max und ich, wollen dir was zeigen. Kommst du raus zu uns oder rapunzelst du uns hinein?«

Ich zuckte mit den Schultern und kletterte nach draußen.

Wir ließen uns bei den Resten des kleinen Lagerfeuers nieder – was mir absurderweise vor Max fast ein bisschen peinlich war.

»Also, pass auf.« Max schnappte sich Julians Handy, wischte drauf herum und hielt es mir hin.

Auf dem Display schnitt Julian bereits Grimassen in die Kamera. »*Test, Test ... Eins, zwei, eins, zwei*«, mimte er einen Soundcheck. »*Ein bisschen schwer zu sagen, was mir meine Träume zerstört hat, aber ...*«

Mir stand der Mund offen. »Ihr habt euch gegenseitig interviewt? Für das Projekt? Ausgerechnet ihr?«

»Er hat mich gezwungen«, behauptete Max, doch er wirkte eigentlich ganz zufrieden – so wie Julian.

Am Ende des Interviews wurde die Szene ein bisschen verwackelt. Es folgte ein Schnitt und nun eine Sequenz, in der Max von seinen seltsamen schulischen Erfahrungen erzählte.

»I-i-ihr seid ...« Ich war total überwältigt – weil ich erst jetzt begriff, wie sehr ich die beiden unterschätzt hatte, aber auch von all dem, was ich gerade über den sonst so verschlossenen Max erfahren hatte. Und da ich partout kein weiteres Wort mehr hervorbrachte, schnappte ich mir Max kurzerhand und drückte ihn, so fest ich konnte. Julian hingegen klopfte ich nur freundschaftlich auf die Schulter, was der mit einem beleidigten Schnaufen quittierte.

»Ich hatte euch ja längst abgeschrieben«, gestand ich den beiden.

»So was in der Art hatten wir uns schon gedacht. Wie kommt ihr beiden denn voran, du und Tariq?«, erkundigte sich Max, nicht ahnend, dass dies äußerst heikles Terrain war – zumindest für mich.

»Tja ... das ist etwas schwierig«, gab ich widerwillig zu. »Tariq muss dauernd in der Werkstatt helfen und ich ... Nun ja, ich kriege das irgendwie nicht hin ohne euch.« Es fiel mir wirklich, *wirklich* schwer, das auszusprechen. Bisher war ich immer so stolz drauf gewesen, *alles* allein geschafft zu haben. Na ja, zumindest alles bis auf den regelmäßigen Schulbesuch und irgendeinen Abschluss.

Komischerweise kam jedoch kein fieser Streberinnenspruch von Max. Ganz im Gegenteil: Er sah mit einem Mal furchtbar entschlossen drein. »Wir müssen ihn da rausholen«, verkündete er schließlich.

»Wie jetzt? Wen?«, fragte Julian.

»Tariq. Wir müssen ihn aus der Werkstatt holen. Der packt sonst seinen Abschluss nicht.«

»Als ob *dir* das wichtig wäre«, wunderte sich Julian und ich konnte seine Skepsis verstehen. Garantiert lieferte Max gleich noch den obligatorischen zynischen Spruch nach.

»Wieso nicht? Ich habe dir doch auch geholfen«, wandte er Richtung Julian ein. Leider ohne weitere Erklärung, denn die hätte mich jetzt sehr interessiert. »*Mir* ist der ganze Abschlussquatsch nicht wichtig. Aber ihr drei seid mir wichtig.« Max strich leicht verlegen über seinen Stoppelschnitt und lächelte dann etwas schief. »Also ... wichtig *geworden*. Deshalb mache ich das nicht für die Quali. Ich mache das für euch.«

Julian

25 *Aydins Reifen-Universum* war eine winzige Werkstatt am Ende einer verschlafenen Sackgasse. Als wir dort ankamen, standen drei leere Taxis mit geöffneten Türen davor. Ich warf Liza einen vorsichtigen Seitenblick zu. Schon gerade eben, in Lizas Garten, war es mir extrem schwergefallen, nicht direkt an dem Punkt weiterzumachen, wo wir gestern Abend aufgehört hatten. Aber Liza hatte mir hinter Max' Rücken überdeutliche Signale gefunkt, auf Abstand zu bleiben. Wahrscheinlich wollte sie es erst mal für sich behalten – und ich versuchte, mir deshalb nicht zu sehr den Kopf zu zerbrechen.

Gerade wurde mein Lizawahn allerdings von einem zunehmend unguten Gefühl überlagert. Ratlos stand ich neben ihr und Max vor der Werkstatt. »Willst du da wirklich einfach so reinmarschieren, Max?«, fragte ich zögernd.

»Was dagegen?« Er grinste, krempelte sich die Ärmel seines schwarz-rot karierten Holzfällerhemdes hoch und forderte uns mit einem Kopfnicken auf, ihm zu folgen. Ein paar mutige Springerstiefelschritte später hatte zumindest er schon mal die Eingangsschwelle überwunden. Liza und ich tippelten ihm mit besorgten Mienen hinterher und landeten in einer kleinen Halle mit drei Hebebühnen und gefühlt Tausenden von gestapelten Reifen.

Ich ließ den Blick weiterschweifen: Links von uns ging eine Tür zu einem abgetrennten Raum ab. Durch zwei ziemlich versiffte Fensterscheiben in der Trennwand konnte man vier Männer erkennen.

Max öffnete kurzerhand die Tür und ließ damit unmittelbar schwere Rauchschwaden, unverständliche türkische Sätze und lautes Lachen in die Werkstatt strömen. Tariq war nirgends zu sehen.

»Wir sind Reifenwerkstatt, wie kann ich helfen?«

Ich hatte den Mann sofort erkannt: Es war dieser mürrische Typ, der Tariq letzte Woche in seinen Üniversüm-Transporter kommandiert hatte. Dies – und die Tatsache, dass er in dieser Herrenrunde der Einzige im Blaumann war – ließ vermuten, dass es sich um Tariqs Vater, also Herrn Aydin, handelte. Zudem konnte ich unter dem dicken schwarzen Schnäuzer und den buschigen Koteletten auch eine gewisse Ähnlichkeit zu Tariq ausmachen.

»Wir wollen deinem Mitarbeiter der Woche einen Orden verleihen«, tönte Max.

Ich seufzte. Ich hatte wirklich gehofft, Max könnte heute mal auf sein zynisches Gehabe verzichten. Definitiv war es das genaue Gegenteil von dem, was ich hier und jetzt *diplomatisch* nennen würde.

Und tatsächlich: Einigermaßen irritiert sah uns Tariqs Vater an. Er schüttelte den Kopf und schnalzte ungeduldig mit der Zunge. »Hier ist kein Verein, also auch keine Orden.«

Die anderen Männer lachten wieder und sahen uns dann fragend an. Klar, sie hatten keinen blassen Schimmer, wozu wir drei hier angerückt waren.

»Einen *Orden*«, wiederholte Max nachdrücklich und gab Tariqs Vater, der mir schon fast ein wenig leidtat, freundlicherweise gleich den nächsten Tipp, »für denjenigen, der die letzten Tage in der Qualimaßnahme vom Arbeitsamt fehlt. Weil er hier bei dir in der Werkstatt arbeitet.«

»Äh ... nein, vergessen S-S-Sie mal den Orden. Was er m-m-meint, ist ...« Shit, Liza war ziemlich aufgeregt, schlug sich auf einmal heftig vors Schlüsselbein – vollkommen klar, was gleich kommen musste: Ihr heftiges Räuspern wurde vom Bellen durchbrochen. »'tschuldigung«, presste sie zwischen den Lauten hervor.

Von überall gab es lautes Gemurmel und staunende Blicke. Ich spürte plötzlich selbst, wie unangenehm es war, so angestarrt zu werden.

Entschlossen wandte nun auch ich mich an die Männerrunde und versuchte, die Gesichtszüge der eben noch so fröhlichen türkischen Çaytrinkerrunde wieder glattzubügeln.

»Hören Sie, was meine Freunde eigentlich sagen wollen, ist –«

»*Hay, Allah* ... Ich fass es nicht! Was macht ihr denn hier?«, hörte ich einen entsetzten Ausruf hinter meinem Rücken.

Hocherfreut drehte ich mich um: Tariq stand mit mehreren Imbisstüten beladen im Werkstatteingang. Mit gerunzelter Stirn sah er von mir zu Max und schließlich zu Liza, offensichtlich kein bisschen glücklich über unser Erscheinen.

Herr Aydin attackierte seinen Sohn sofort in einer mir völlig unverständlichen Sprachorgie voller Ös und Üs. Tariq wirkte total defensiv, fast verzweifelt.

Mich beschlich der Verdacht, einen großen Fehler gemacht zu haben.

Max, wie immer erhaben über jeden Selbstzweifel, ging es da ganz anders.

»*Hey!*«, brüllte er, ließ gleich noch einen spitzen Pfiff folgen und unterbrach so erfolgreich den wütenden Vater, obwohl der sich gerade mitten im Schimpfflow befand. »Tariq kann hier nicht andauernd arbeiten«, erklärte Max nun. »Er muss die Qualifikationsmaßnahme durchziehen und braucht auch am Wochenende Zeit zum Lernen.« Selbst er hatte anscheinend endlich kapiert, dass er hier mit seinen ironischen Sprüchen nicht weiterkam.

»Tariq nichts brauchen Schule!« Herr Aydin spuckte Max die Worte regelrecht vor die Füße.

»Tariq ist nicht dein *Sklave*. Er will was *anderes* machen als Reifen wechseln. Und *dafür* braucht er Schule.«

»Tariq wichtig, sonst Werkstatt kaputt«, zischte Herr Aydin.

»Wenn ohne Tariq Werkstatt kaputt, dann Werkstatt scheiße oder Chef schlecht«, imitierte Max Herrn Aydin.

Fuck, das entwickelte sich jetzt wirklich extremst desasträs!

»Machst du dich nicht lustig!« Der Vater brachte mit einem wütenden Schlag auf den Schreibtisch die Çaygläser bedrohlich zum Tanzen und zwirbelte dann nervös seinen Schnurrbart.

»Bitte, Leute ...«, startete Tariq und wechselte dann ins ratternde Türkisch.

»Warum muss Tariq denn ständig in deiner Werkstatt sein?« Max ließ einfach nicht locker. Und so, wie er nun in Stiefeln, zerrissener Hose und dem löchrigen Hemd dastand und Herrn Aydin angriffslustig anfunkelte, hätte es hier wohl niemanden ernstlich überrascht, wenn er gleich mal noch die Einrichtung zerlegen würde.

»Reifen montieren, aufräumen!«, antwortete Herr Aydin achselzuckend, als sei das total selbstverständlich.

»Indem er Essen vom Imbiss holt?«

»Wir haben auch Hunger.« Herr Aydin wirkte langsam ein bisschen verzweifelt, als müsse er gerade einem besonders begriffsstutzigen Alien die neue für ihn noch völlig fremde Welt erklären. Seine vier Kumpel nickten zustimmend, murmelten etwas und tätschelten sich dabei zur Bestärkung ihre hungrigen Bäuche.

Max sah einen Moment lang ausdruckslos in die erwartungsvollen Gesichter der Herrenrunde, dann drehte er sich abrupt um, schob uns drei vor sich her aus dem Büro und schloss die Tür des kleinen Büros hinter sich, in dem sofort lautstark diskutiert wurde.

Tariq war inzwischen kalkweiß im Gesicht. Er hielt immer noch die Imbisstüten umklammert, lehnte sich nun jedoch erschöpft an einen Stapel Reifen und sah uns vorwurfsvoll an.

»Zeit für Entscheidungen ...«, sagte Max ungerührt und grinste breit.

»Das ... das hättet ihr nicht machen dürfen.«

Max verpasste Tariq einen kleinen aufmunternden Klaps. »Ach, komm schon, jetzt entspann dich mal.«

Der fand das alles gar nicht lustig. »Er ist *mein Vater* und Blut ist dicker als Tinte. Und es ist *mein* Leben.«

»Genau. Und deshalb sind wir hier. Du bringst es echt fertig und verkackst noch mal alles. Du brauchst unsere Hilfe.«

Tariqs Lippen bebten. Der arme Kerl stand offensichtlich kurz vor einem tränenreichen Nervenzusammenbruch. Kein Wunder, es war ja auch ein bisschen viel auf einmal.

»Was musst du denn hier heute noch m-m-machen?«, mischte sich Liza ein.

»Aufräumen, damit alles piccoballa ist.« Tariq deutete mit seinem Kinn in verschiedene, unterschiedlich schmuddelige Ecken der Werkstatt. »Nächstes Wochenende ist hier Werkstattjubiläum.«

»Weißt du, was?«, fragte Liza begeistert. »Wir helfen dir jetzt *aufräumen!* Dann hast du endlich auch mal frei.«

»Ich soll diesem Sklaventreiber auch noch helfen?«, rief Max empört.

»Nein. Du sollst nicht Herrn Aydin helfen, sondern deinem Freund Tariq. Weil er dir *wichtig geworden ist«,* recycelte Liza Max' eigene Freundschaftsansage von vorhin.

Max wog grübelnd den Kopf umher und lotete ganz offensichtlich seine Einstellung zu dieser Idee aus. »Kommt mich ganz schön teuer zu stehen, eure Freundschaft«, grummelte er schließlich.

Spontan legte ich den Arm um Tariq. »Also, ich wär dabei.«

»Alter, das ist echt nett, aber ...« Tariq lächelte mich unsicher an.

»So einfach geht das nicht«, bestimmte Max. »Wir müssen das verhandeln. Und ich mache diese Aufräumaktion wirklich nur für euch, nicht für den da.« Er deutete in Richtung des Büros.

»Gut, dann leg mal los.« Ich nickte ihm kurz zu, damit er endlich Ruhe gab, und ehe noch irgendein Einspruch von jemand anderem kommen konnte, marschierte Max tatsächlich zurück in die Räucherkammer der vier Männer.

»Bevor sich hier gleich der Tisch für euch deckt, müssen wir erst mal was mit dem Chef klären«, überfiel Max die Männerrunde und knallte die Imbisstüten auf den Schreibtisch, nachdem er diese Tariq entwunden hatte.

»*Baba, lüften* ...!« Tariq hatte sich an Max vorbeigequetscht und bettelnd die Hände aneinandergelegt.

Doch nun schob sich Max seinerseits zwischen Tariq und seinen Vater. »Also, Herr Aydin, wir haben einen Vorschlag für dich«, informierte er ihn und nun legte Max erst so richtig los: *Wir würden uns bereit erklären, die Werkstatt innerhalb eines gemeinsam verhandelten Zeitrahmens zu reinigen und aufzuräumen.* Und so weiter und so weiter.

Nicht nur ich – auch die anderen glotzten ihn total beeindruckt an: Er klang so richtig anwaltsmäßig. Dieser komische Punk warf nur so mit Paragrafen um sich und brachte sogar irgendwelche Ämter und Schwarzarbeit mit ins Rennen.

Verblüfft hörte ihm Tariqs Vater eine Weile zu, hielt dann vorsichtig dagegen – keine Chance, Max machte ihn rhetorisch einfach platt.

Wir anderen, einschließlich der Gäste des Vaters, blickten wie bei einem Pingpongspiel abwechselnd zwischen den beiden hin und her.

»Mesut«, erkundigte sich auf einmal einer der Männer bei Tariqs Vater. »Du hast deinen Jungen von der Schule genommen?« Aber der ignorierte diesen Einwand und schnalzte nur genervt.

»Mesut?«, setzte der Mann jedoch noch einmal an und ratterte dann auf Türkisch nur so drauflos. Keine Ahnung, was er sagte, doch Herrn Aydins Gesicht spiegelte wider, dass es ihm gar nicht gefiel, was sein eben noch lachend Çay trinkender Kumpel da vom Stapel ließ. Auch Tariq lauschte andächtig. Die beiden anderen Freunde seines Vaters brummelten, je nachdem, was der andere gerade sagte, zustimmend, abwägend und ablehnend vor sich hin.

Irgendwann hob Tariqs Vater schnaufend die Hände, sah Max ernst an – und streckte ihm die Hand entgegen. Und nicht nur das: Er reichte ihm ein Teeglas und schenkte ihm einen Çay ein.

Drei Stunden später waren wir dreckig, verschwitzt und Tariq war frei. Zumindest für heute.

»Ihr seid echt voll die Irren.« Tariq sah uns kopfschüttelnd und glücklich an. »Danke!«

»Schon gut.« Max winkte ab. »Aber wenn sich seine Freunde nicht auf unsere Seite geschlagen hätten, wäre unser Plan vielleicht nicht aufgegangen.«

»Völlig korrekt.« Tariq nickte und kramte plötzlich in seiner Hosentasche. »Schaut mal, Baba hat mir sogar was für uns gegeben.« Er hielt vierzig Euro hoch. »Als kleines Dankeschön. Damit wir uns was zu futtern holen. Jede Wette, Babas Freunde haben ihn auch dazu gezwungen.« Er grinste und wedelte mit den Scheinen. »Also weg mit der Kohle. Von der Hand in den Magen.«

»Wie lange geht das denn schon so?«, erkundigte sich Liza, während wir zur Imbissbude gingen.

»Was?«, fragte Tariq. »Dass ich in der Werkstatt arbeiten muss?« Liza nickte.

»Schon seit ein paar Jahren. Kurz nach meinem zwölften Geburtstag ging es los.«

»Krass.« Ich sah ihn mitleidig an. »Warum denn schon so früh?«

Überraschenderweise verzog sich Tariqs Gesicht zu einem ziemlich fetten Lächeln. »An meinem zwölften Geburtstag bekam ich einen Haufen Geschenke. Als alles ausgepackt war, überreichte mir meine große Schwester Selma ein paar Päckchen speziell von ihr für mich.« Er zuckte etwas verlegen mit den Schultern. »In den Päckchen waren ein Backbuch für Törtchen, Dekozeug, Backformen. Schon mit zwölf wollte ich unbedingt Konditor werden, wisst ihr? Und Selma wusste das ganz genau. Und dann, als ich das alles total glücklich vor mir aufgebaut hatte, kam Baba zur Tür rein.«

Tariqs Gesicht verdüsterte sich. Als wir am Imbissstand ankamen, ließ er den Blick geistesabwesend über das spärliche Angebot schweifen.

»Er ist voll ausgeflippt«, fuhr er fort. »So in dem Stil *Selma, das sind doch keine Geschenke für einen Jungen* und *Selma, du machst ihn noch schwul.*«

»Jemanden schwul machen ... Oh, Mann, was für ein Idiot«, murmelte Max finster, während wir uns jeder einen Döner bestellten und einen der Stehtische belagerten.

»Und dann hat er meine Schwester auf ihr Zimmer geschickt, alle Backsachen eingesammelt und mir auch niemals wiedergegeben«, erzählte Tariq weiter. »Seitdem tut er alles dafür, damit ich bloß nichts mehr mache, was er zu *schwul* findet. Und die Arbeit in der Werkstatt soll mich quasi bootcampmäßig stählen. Er sagt, das sei echte Männerarbeit und dass ich dadurch endlich auf *richtige* Gedanken käme.« Tariq verzog das Gesicht. »Immer wenn meine Mutter oder Selma was angeblich Unmännliches mit mir unternehmen wollten, kreischte er, sie würden mich noch verschwulen.«

»Glaubt er das wirklich?« Liza sah Tariq ungläubig an. »Dass man von irgendwas schwul *werden* könnte?«

Tariq hob unsicher die Schultern.

»Hat er dich denn ... also äh ... auf die für ihn *richtige Spur* bekommen?«, fragte ich vorsichtig.

»Frag Liza mal«, ein kleines, freches Lächeln glitt über Tariqs

Gesicht und er legte den Arm um Liza, die ihn prompt schockiert abschüttelte. »Nee, jetzt mal im Ernst«, sagte er, »das ist ja eigentlich auch egal. Der hüpfende Punkt ist ...« Seine Miene verfinsterte sich erneut. »Er hat schon was erreicht ... ich habe ständig die Schule verpasst. Musste ja dauernd in der Werkstatt arbeiten. War also irgendwann so schlecht in der Schule, dass ... ich sag mal: aus die Maus, keine Chance mehr, Abgang und tschüss.« Er seufzte. »Und ohne Schulabschluss keine Ausbildung zum Konditor und auch wenig Chancen auf einen Job außerhalb seiner Werkstatt. Ab dann hatte er mich praktisch voll unter seiner Kontrolle.«

»Ich fasse mal zusammen«, schaltete sich Max ein, der schon die ganze Zeit vor sich hin gebrütet hatte. »Seit du zwölf warst, musstest du so oft arbeiten, dass du dauernd in der Schule gefehlt hast, richtig?«

»Jo.«

»Warum zur Hölle hast du das mit dir machen lassen?«

»Habe ich ja erst gar nicht!« Tariq sah Max verärgert an. »Aber irgendwann haben jedes Mal meine Mutter und Selma Babas schlechte Laune abbekommen. Ich wäre nur wegen ihnen so *verweichlicht bla, bla, bla*. Na ja, und ehrlich gesagt, Leute, auch vorher war ich nicht gerade der Strahler in der Schule.«

»Und warum bist du dann jetzt in dieser Quali?«, hakte Max nach.

»Na, wegen meiner letzten Klassenlehrerin, der Frau Monsieur. Die hat alles versucht, um mir zu helfen.« Tariq biss heißhungrig in seinen Döner, bevor er kauend weitersprach. »Diese Frau war echt cool. Und sie hat ziemlich schnell gecheckt, dass ich nicht immer krank war, wenn ich fehlte.«

»A-aber du konntest schlecht zugeben, dass sie recht hatte?«

»Genau.« Tariq nickte Liza zu. »Außerdem war da dieser Arzt, also der Cousin des Freundes eines Bruders vom Schulfreund meines Vaters. Der hatte eine eigene Praxis und ein dickes Krankschreibungsdings. Dagegen war Madame Monsieur machtlos. Aber sie hat mir trotzdem geholfen. Sie kannte nämlich so zwei Tortenbäcker und ist irgendwann mit mir hingestiefelt. Die waren voll nett und ...«, Tariq breitete die Arme aus, »... ab da hatte ich einen Platz im *Tortenüniversüm.*«

Ich lachte. »Hast etwa *du* die Üs auf dem Transporter ...?«

Tariq hüstelte und überging meine Frage kurzerhand.

»Ab dann bin ich immer, wenn Baba mich in die Moschee geschickt hatte, in die Backstube der beiden gerannt.« Er kicherte leise vor sich hin. »Ey, auf dem Rückweg habe ich immer Kette geraucht und irgendwelches krass stinkende Billigparfüm aufgesprüht, von wegen Kuchenduft und so. Jedenfalls haben mich die beiden Konditoren total ermutigt und gesagt, dass ich bei ihnen eine Ausbildung machen soll. Aber das geht natürlich nur mit Abschluss.«

»Und dein V-V-Vater findet das mit der Ausbildung jetzt okay?« Liza blickte Tariq ziemlich skeptisch an.

Der sah mit einem Mal ziemlich zerknirscht aus und schüttelte den Kopf.

Was er damit sagen wollte, war nicht schwer zu erraten: Sein Vater wusste nichts davon.

»Wir müssten irgendwie noch einen draufsetzen. Mal so richtig auf die Kacke hauen.« Max wieder! In seinen Augen blitzte sein altes Aggrogehabe.

»So wirst du bei dem nichts erreichen. Der ist ein alter, stürmischer Esel«, seufzte Tariq.

»Stürmischer Esel ... sehr geil«, amüsierte ich mich.

Tariq schaute mich irritiert an. »Was ist daran jetzt so lustig?«

»Na, ich stelle mir grad den Esel in der Werkstatt vor, wie der alles aufmischt und ...« Da kam mir plötzlich die Idee. »Das ist es!«, rief ich. »Du musst in der Werkstatt wirklich mal alles richtig aufmischen!«

»G-g-genau ...« Liza legte mir kurz die Hand auf den Arm, um mich zu unterbrechen. »Du musst etwas machen, was deinen *Baba* so umhaut, dass er dir die Ausbildung erlauben muss.«

»Jep!« Ich dachte nach. »Seine Freunde, die waren eben voll auf deiner Seite. Die müssen deinen Vater einnorden – *wir* haben keine Chance. Hm ...« Ich versuchte, mit geschlossenen Augen eine Inspiration aufsteigen zu lassen. »Die Torte!«, rief ich und riss die Augen schnell genug auf, um zu sehen, wie alle drei zusammenzuckten. »Du machst dem eine Torte.«

»Das ist deine Idee?«, sagte Tariq enttäuscht. »Du machst dich doch nur lustig über mich.«

»Nein, gar nicht!«

»D-d-du könntest doch wirklich so eine ganz besondere Torte herstellen, zum Beispiel in Form eines Autoreifens«, unterstützte mich nun auch Liza.

»Jep«, ergänzte ich. »Oder eine ... eine Kühlergrilltorte!«

Liza sah Tariq fragend an. »Da würde er sich doch bestimmt drüber freuen, oder?«

»Freuen?« Tariq tippte sich an die Stirn. »Liza, meine Schöne, der würde direkt beim Sorgentelefon für Väter schwuler Söhne anrufen.« Er dachte eine Sekunde nach und präzisierte dann: »Und die Torte würde er im Altölfass versenken.«

»Garantiert nicht«, widersprach Max. »Zumindest nicht, wenn du sie ihm auf der Werkstattfeier vor den Augen aller versammelter Gäste feierlich überreichst.«

»Das kann ich nicht bringen«, raunte Tariq.

Liza schenkte ihm ihr schönstes Lächeln. »Wieso? Wäre doch *nett,* oder?«

»Ach, ich weiß nicht ...« Tariq zierte sich noch ein wenig, doch dann zuckten schon seine Mundwinkel. »Ein alter Ford Transit könnte als Torte vielleicht was sein. In so einem Teil ist er als Kind mit seinen Eltern in den Ferien immer in die Türkei gefahren.«

Liza

26 Mit weichen Knien stand ich vor Julians Haustür und zögerte das Klingeln immer weiter hinaus. Nachdem wir bei Döner und Ayran Pläne für Herrn Aydins Überraschungstorte geschmiedet hatten, hatten wir beschlossen, dass Julian als Texter und ich als Videoschnittexpertin schon *heute Abend* den Videoschnitt fertigstellen und morgen Mittag gemeinsam mit Tariq und Max daran weiterarbeiten würden.

Natürlich war das die einzig logische Vorgehensweise, denn uns blieb ja nur noch etwas mehr als eine Woche Zeit. Aber gleich allein mit Julian in seiner Wohnung zu sein, machte mich doch unheimlich nervös.

Ein röhrender Motor zwang mich zum Handeln. Bestimmt würde jeden Moment der gelbe Porsche um die Ecke geschossen kommen und auf eine Begegnung mit Julians Vater konnte ich nun wirklich verzichten. Deshalb klingelte ich jetzt wie wild.

»Hey«, murmelte ich knapp, als Julian endlich die Tür öffnete, und huschte, wahrscheinlich in letzter Sekunde, durch die geöffnete Tür.

»Ganz schön stürmisch«, bemerkte Julian mit einem beifälligen Nicken und ich fragte mich, ob nicht doch die Gesellschaft von Julians Vater besser gewesen wäre.

Er. Ist. Nicht. Der. Richtige, rief ich mir pausenlos in Erinnerung.

Einen Moment lang standen wir uns in dem verflixt engen Flur schweigend gegenüber.

»Kann ich dir was anbieten?«, fragte Julian schließlich mit ungewohnt rauer Stimme.

»Gern«, murmelte ich und wir gingen, auf einmal beide total verunsichert, in seine Wohnküche. Er drehte sich kurz um – nur, um die Tür hinter mir zu schließen, aber dabei berührten sich unsere Arme. Und mit dieser Berührung hatte sich eine Art Magnetfeld geschlossen, dem ich nichts entgegensetzen konnte oder wollte oder was weiß ich. Er legte die Hände um mein Gesicht, beugte sich zu mir herab und im nächsten Moment stolperten wir eng umschlungen zu seinem Sofa.

Irgendwann ließen wir schwer atmend einen Moment lang voneinander ab. Ich nahm meinen ganzen Mut und alle noch verbliebene Energie zusammen, enthedderte Arme und Beine und kämpfte mich weg vom Sofa.

»Julian«, keuchte ich. »Das hier ... das g-g-geht nicht.«

Er sah mich vollkommen verständnislos – und auch ein wenig gekränkt an.

Ich konnte diesen Blick nicht ertragen und zog es vor, auf den Boden zu schauen.

»Warum nicht?«, wollte er wissen.

Das hier war noch viel, *viel* schwieriger als erwartet.

»Es ist einfach der falsche Zeitpunkt!«, sagte ich. »Ich w-w-will ... ich m-m-*muss* erst einmal den Abschluss schaffen, weißt du?«

Verdammt, warum sagte er immer noch nichts? Wieso saß er nur still und kraftlos auf seinem Sofa und guckte mich so ... resigniert an? Diese Stille machte mich fertig – und so unruhig, dass Luzifer so richtig Vollgas gab.

»Es ist nicht wegen dir, das ist dir k-k-klar, oder?«, presste ich zwischen meinen Tics hervor.

Hilfe, was sagte man denn in so einem Moment? Ich hatte doch noch nie einen Freund. Ich seufzte und hob ratlos die Schultern.

»Und du meinst, *ich* würde dich daran hindern, deinen Abschluss zu machen?« Julian schaute mich mit gerunzelter Stirn an. Mit einem Mal legte sich etwas Dunkles über seine Augen. »Wieso? Weil ich bald aus der Quali gekickt werde? Weil ich selbst für diese Quali noch zu dumm bin? Weil du Angst hast, mein Misserfolg reißt dich mit in den Abgrund der Erfolglosigkeit?«

Ich spürte einen dicken Kloß im Hals. »N-n-nein! – Oder ...« Wenn doch wenigstens Luzifer mal Ruhe geben würde! »... vielleicht ein bisschen?« Oh, Schande, jetzt war jegliche Farbe und Fröhlichkeit aus Julian gewichen und ich war schuld. »Also, nein, bitte, versteh mich nicht falsch ... Nicht direkt *deshalb*. Und du bist ja sowieso kein b-b-bisschen dumm. Es ist ... ich habe Angst, dass du mich zu sehr ablenkst ...« Was ich auch sagte, es war Mist. Nichts weiter als verdammter Mist!

»Wann habe ich dich denn bisher von deinem Abschluss abgehalten?« Julian stand abrupt auf. Plötzlich wirkte er nur noch zornig und enttäuscht.

Ich hingegen wurde immer kleiner vor lauter Unbehagen. Wie gerne wäre ich jetzt in meinem Zimmer gewesen. Da war es sicher.

»Hörst du mir überhaupt noch zu?« Julian stand jetzt direkt vor mir und strich sich aufgebracht die Locken hinter die Ohren.

»Ja. Doch. Natürlich.« Ich lächelte entschuldigend. »Ich bin nur total durch den Wind.«

»Nicht nur du ... Warum willst du plötzlich den Rückwärtsgang einlegen? Als ob *ich* jemanden wie dich ernsthaft am Abschuss hindern könnte ...«, regte er sich auf. »Wenn es irgendeinen anderen Grund gibt, dann sei doch wenigstens so mutig, ihn mir auch zu nennen.«

Ich will hier weg, dröhnte es in mir, aber ich war wie festgewachsen. »N-n-nein. Es gibt nichts anderes«, stotterte ich.

»Das macht doch keinen Sinn.« Julian wandte sich ab und stampfte in der Wohnküche umher. »Liza ...« Er hielt inne und blieb plötzlich dicht, viel zu dicht vor mir stehen. »Du kannst doch jetzt schon alles, was du für den Schulabschluss brauchst. Hol dir irgendeines dieser Bücher, die einen auf den Abschluss vorbereiten sollen, und mach den Probetest daraus. Du wirst garantiert aus dem Stand die volle Punktezahl schaffen.«

»Das ist gar nicht wahr«, protestierte ich zaghaft.

»Doch! Du bist nur in den Checkerkursen und gehörst selbst da gemeinsam mit Max zu den Besten. Ihr macht irgendwelches Zeugs, was viel schwerer ist als das, was für den Hauptschulabschluss nötig ist. Und unser Video ist doch auch schon super. Also, was ist los?«

Ich starrte ihn lange an.

So, wie er das drehte, kamen mir meine eigenen Bedenken auf einmal selbst übertrieben vor. Irgendwie hatte ich wohl wieder den panischen Tunnelblick bekommen. So, als müsste ich ab jetzt bis zum Abschluss durchbrettern und deswegen Distanz *erzwingen*.

Aber die Wahrheit war: Ich *wollte* Julian bei mir haben. Ich wollte gar keine Distanz. Und genau deswegen haute ich dieses Mal eben nicht einfach ab.

»K-k-können wir ...«

»Ja?«

Ich schluckte. Straffte meine Schultern. »Können wir vielleicht ein bisschen spazieren gehen?«

Keine fünf Minuten später trotteten wir schweigend nebeneinanderher, rechts und links umgeben von Kastanien, die im herbstlichen Abendlicht rot schimmerten. Ich zögerte einen Moment, doch dann gab ich mir einen Ruck und angelte nach seiner Hand.

Erleichtert registrierte ich, dass er sie nicht wegzog, denn mit jedem Schritt neben ihm waren meine Zweifel im gleichen Maße geschrumpft, wie Sehnsucht nach Nähe zu ihm gewachsen war.

»Manchmal«, begann ich langsam, »da habe ich das Gefühl,

einfach immer alles f-f-falsch zu machen. Wenn es wenigstens Luzifer nicht gäbe!«

Julian war stehen geblieben und drehte mich sanft zu sich um.

»Was ich ja echt nicht verstehe ... Warum tust du immer so, als gäbe es da so etwas wie einen Teufel in dir?«

»Weil es sich nun mal so anfühlt?«

»Aber wenn dieser *Luzifer* seit Jahren in dir campt und voraussichtlich auch nie mehr abreisen wird ... dann ist er doch zu einem Teil von dir geworden, oder?«

»Nein!«, widersprach ich aufgebracht. »Ich bin nicht so und er gehört auch nicht zu mir!«

»Wieso denkst du so?«, hakte er ehrlich verblüfft nach.

»W-w-was ist denn das für eine Frage?« Wut regte sich in mir, doch dann realisierte ich, dass er es wirklich einfach nur verstehen wollte, und das besänftigte mich etwas. Inzwischen hatten wir einen kleinen Park erreicht und er ließ sich im Schneidersitz auf der Wiese nieder, um mich gleich darauf an sich zu ziehen. »Also ... du willst nicht, dass Luzifer eigentlich Liza ist, richtig?«

»Natürlich nicht. Luzifer macht Dinge, die ich nicht will. Er lässt Menschen mit dem Finger auf mich zeigen und versaut mir mein Leben. Reicht das nicht, um ihn zu hassen?«

Julian schaute mich still an und griff nach meiner Hand.

»Ja, er macht Dinge, die du nicht willst, aber deshalb macht er dich doch nicht gleichzeitig zu etwas ... Abscheulichem. Ich zum Beispiel ...« Er streichelte mit seinen Daumen über meinen Handrücken. »... ich kenne dich ja gar nicht anders. Für mich bist du einfach nur Liza. Nicht Liza mit dem *Luzifer*. Natürlich haben mich deine Tics anfangs auch manchmal irritiert. Und okay ... ich hab auch erst einmal eine Rercherrunde bei Google eingelegt, um zu verstehen, was da in dir vorgeht. Also, was ich sagen will, ich weiß jetzt auch das ein oder andere über dein ... hm ... über das Tourette-Syndrom eben.«

Ich sah ihn finster an. Na toll. Der Typ, in den ich mich entgegen jeglicher Vernunft verliebt hatte, recherchierte in seiner Freizeit *mein Problem*. Genau so habe ich mir immer eine romantische Beziehung vorgestellt.

Julian ignorierte meinen mörderischen Blick und hielt stur weiter meine Hand. »Und dabei ist mir klar geworden, dass das alles keine Rolle spielt. Du bist klug und schräg und, wenn ich das mal so sagen darf, auch noch spektakulär hübsch.«

Ich spürte, wie mein gesamtes Gesicht warm wurde.

Statt einer Antwort lächelte Julian mich an und seine Hände wanderten höher. »Das zu erkennen, hat übrigens keine Recherche benötigt.«

Ich blinzelte ins helle, durchs Fenster hineinströmende Sonnenlicht.

Shit, wo war ich hier?

Es dauerte einen weiteren kurzen Moment, bis ich vollends wach war. Klar, wir waren gestern Abend irgendwann in Julians Schlafzimmer gelandet. Hektisch hob ich die Decke hoch und blickte an mir herab. Shirt und Slip. Gut, es war wohl nur im Traum weitergegangen.

Ich schielte zu dem neben mir liegenden, immer noch schlafenden Julian.

In dem Moment schrillte die Türklingel und erschreckte mich fast zu Tode. Ich riss meinen Blick von Julian los und griff nach dem Wecker. Oh, nein! Es war zwölf Uhr! Das waren mit Sicherheit Max und Tariq!

»Julian ...« Ich rüttelte an seiner Schulter, murmelte »Oh-mein-Gott-oh-mein-Gott« und kippte so langsam ins Kreischige: »Julian, Shit, wach doch mal auf!«

Endlich drehte sich Julian träge in meine Richtung und spitzte lächelnd seine Lippen.

»Nein, kein Kuss!«, fuhr ich ihn an. »Hast du nicht die Klingel gehört? Max und Tariq wollen bestimmt die Clips anschauen! Und zwar jetzt!«

»Ah, hm, verstehe«, murmelte er.

»Genau! Und zwar die *fertigen* Clips. Also die, die wir gestern Abend hätten schneiden sollen!« Leichte Hysterie hatte mich befallen. Wie konnte mir – *mir!* – das nur passiert sein? Statt am Laptop zu sitzen, bin ich ... hab ich ...

Shit, Shit, Shit. Wenigstens hatte ich meiner Mutter noch eine Nachricht geschickt. Auch wenn Ma jetzt dachte, ich wäre bei einer »Bekannten aus der Quali«.

»Julian, reiß dich mal zusammen. Wir haben ein Problem!« Ich hasste meine Stimme, wenn sie vor Aufregung schrillte wie Julians Türklingel. So wie jetzt.

»Entspann dich«, lachte er und stand auf. »Du hast die Nacht mit dem unangefochtenen Meister versemmelter Fristen verbracht.« Er küsste mich kurz und dann schlappte er völlig enthemmt in seinem T-Shirt und Shorts Richtung Tür.

»Na, endlich machst du mal auf«, hörte ich Max auch schon rummaulen.

»Also wir haben alles dabei«, hörte ich nun auch Tariq, der geschäftig drauflosplauderte, während ich hastig versuchte, so eine Art Miniordnung ins Chaos zu bringen. Wo waren meine Klamotten, verflixt noch mal? Neben dem Sofa? Barfuß huschte ich in die Wohnküche zur Couch, pickte Hose, Pulli und Socken auf, sprintete Richtung Bad und ...

»Äh ...?« Max starrte mich an, nachdem ich beinahe in ihn hineingeschlittert war. »Was ist denn hier los?«

»Bin gleich wieder da«, murmelte ich und wedelte vage mit der Hand Richtung Bad. Schade, schade, ich war einfach nicht schnell genug gewesen. Etwas verlegen bedeckte ich so viel wie möglich mit der aufgelesenen Kleidung. So vor Max zu stehen, sah nicht nur verräterisch aus – sondern auch noch nach erheblich mehr als dem, was eigentlich passiert war.

»Uh ... Chica?« Tariq drängelte sich vor. »Seid ihr jetzt etwa zusammen?« Ich nickte unsicher, was Tariq zum Grinsen brachte. »Tja, schöne Liza, da muss ich mich wohl neu orientieren, was?«

Max sah unterdessen achselzuckend zwischen uns hin und her. »Ja, dann mal Glückwunsch und hoch die Tassen. Aber jetzt lasst uns trotzdem die Clips anschauen.« Er sah mich kurz durchdringend an und fügte mürrisch hinzu: »Falls es auch *da* was Neues gibt. Was ich so langsam bezweifle.«

Ich flüchtete ohne ein weiteres Wort ins Bad.

Dort lauschte ich Max' Flüchen und war heilfroh, dass Julian das allein ausbaden musste. Schließlich war der ja der Fristversemmelprofi, nicht ich.

Als ich mich endlich rauswagte, hatte Max sich wieder einigermaßen eingekriegt.

»Also, ihr trinkt jetzt einen Kaffee und dann geht's los mit dem Schnitt und ich schwöre euch, mich seid ihr erst wieder los, wenn ihr fertig seid«, erklärte Max. »Ich fasse es einfach nicht! Ausgerechnet *ich* muss jetzt den Antreiber geben, obwohl ich den ganzen Qualimist total überflüssig finde.« Er schüttelte den Kopf, wandte sich dann jedoch etwas gnädiger an Julian. »Wenigstens rauchst du nichts mehr. In dem Fall hätten wir das hier voll vergessen können.« Zusammen mit Tariq verkrümelte er sich aufs Sofa, um noch ein paar Interviewszenen zu sichten.

In meinem Kopf war derweil schon wieder das große Chaos ausgebrochen. Ich ging einen Schritt auf Julian zu. »Du rauchst nichts mehr?«, fragte ich Julian leise.

»Ja, keine große Sache«, sagte er leichthin, aber ich spürte, wie stolz er auf sich war. Mir wurde ganz komisch. Vor allem wegen seiner ewigen Kifferei hatte ich ja gestern versucht, wieder auf Abstand zu gehen.

Hatte er wirklich aufgehört, sich vollzudröhnen? Erst jetzt wurde mir klar, dass Julian in den letzten Tagen irgendwie anders gewirkt hatte. Deutlich aufmerksamer und nicht nur ständig albern. Wie lange hatte er wohl schon aufgehört?

»Geht's mal langsam los mit dem Film?«, trieb uns Max auseinander, als Julian gerade meine Hand fassen wollte. »Halt, nein. Stopp. *Auseinander!*«

»Wir haben einen *Liebeswächter*«, flüsterte Julian und küsste mich, offensichtlich vollkommen unbeeindruckt von Max' aufgebrachten Rufen.

Logischerweise fiel es mir auch danach wirklich schwer, mich zu konzentrieren. Das führte dazu, dass ich in den Rohschnitt immer wieder kleine, kitschige Liebesbotschaften und Kusssmileys für Julian einbaute, sobald er wegschaute. Da Tariq und Max gerade damit beschäftigt waren, in Julians Küchenmaschine irgendetwas Dubioses zusammenzumixen, sah das beim Abspielen der Szenen erst mal keiner – außer Julian, der mir immer, wenn Smileys auftauchten, einen kleinen Kuss auf die Wange drückte.

Unserem Anstandswauwau entging allerdings nichts – der knurrte jedes Mal unwirsch von der Küche zu uns herüber, während Tariq theatralisch aufseufzte.

»T-T-Tada ...!«, rief ich tausend Filmschnitte später zur Freude aller und startete unseren Clip.

Elf Minuten geschnittenes Material hatten wir jetzt. Beim Anschauen nickten die anderen immer wieder begeistert – es war ja auch wirklich super geworden.

Auf einmal stöhnte Max, als wäre ihm plötzlich übel.

Leider hatte ich vergessen, die Videospur mit meinen kleinen verknallten Smileys auszublenden.

»Eigentlich fehlt bei meiner Geschichte noch was ziemlich Wichtiges«, sagte Max auf einmal. Er lehnte sich vor und sah uns ernst an. »Ich denke, es ist Zeit für meine Gettowurzeln.«

Julian

27 »Gettowurzeln?«, wiederholte ich. »Was meinst du damit?«
»Kennst du Rheindorf?«, erkundigte sich Max anstelle einer Antwort.

»Klar, Alter, wer kennt Assihausen nicht?« Tariq lachte auf, hielt aber sogleich verlegen inne. »Äh, meinst du etwa ...?«

»Siehst du? Genau das ist es. *Jeder,* dem ich meine Adresse nenne, reagiert so.« Max stand auf und spazierte einen Moment unruhig in meiner Wohnküche umher.

»Du willst mir doch nicht erzählen, dass du nur deswegen nicht in der Schule klargekommen bist?«, fragte Liza skeptisch.

»Verstehe«, sagte Max eingeschnappt und ließ sich wieder neben mich aufs Sofa plumpsen. »*Du* hast ein echtes Problem. Ich nicht. *Ich* bin also selber schuld.«

»Max ... jetzt sei doch nicht so eine Mimose!«, versuchte Liza, ihn zu besänftigen.

Mi-mo-se?, formte Tariq fragend mit gespitzten Lippen.

»Pussy. Sie meint damit Pussy«, übersetzte ich und Tariq nickte dankbar. Jede Wette, dass er auch das beim nächsten Einsatz souverän verdrehen würde. Ich sah wieder zu Max. »Ich kapier's immer noch nicht«, fuhr ich fort. »Was du im Interview gesagt hast, klingt, als wärst du einfach klüger gewesen, als es deine Lehrerin wahrhaben wollte ... Ist es da nicht total egal, wo du wohnst?«

Liza nickte. »Ja, genau, was ist denn so schlimm an G-G-Gettowurzeln?«

»Ihr denkt, so was wäre egal?«, wiederholte Max. »Nur mal so als Beispiel: Erster Schultag, du sitzt da mit deiner Schultüte und dann checkt die Lehrerin die Schülerliste.« Er sah uns ruhig an.

»Jeder Schüler wird aufgerufen und die Adresse wird genannt, damit alle wissen, wer bei dir in der Nähe wohnt. Als du drankommst, blickt die Lehrerin auf und bemerkt total vielsagend: ›Oh, aus Rheindorf ...‹«

»Alter«, Tariq lachte ungläubig, »so hat sie das aber jetzt nicht ernsthaft gesagt ...«

»Doch, hat sie ... Und dann blicken dich arme Wurst all die verschissenen Kinder aus den besseren Siedlungen an und tuscheln, kichern und zeigen mit dem Finger auf dich. Dabei hatten die ja einfach nur *Glück*. Eltern mit mehr Kohle. Sorry, Julian«, fügte er mit Blick in meine Richtung schnell hinzu.

Ich winkte ab.

»Na ja«, erzählte er weiter. »Und dann kommst du aus dem Schulgebäude und siehst deine Mutter in ihrem Kleid von KIK. Siehst, wie sie abseits der anderen Eltern steht, dich anstrahlt, und du weißt, dass du ihr nichts von dem erzählen kannst, was in der Klasse gerade passiert ist. Stattdessen lässt du dich von ihr in die Arme nehmen und hoffst, dass der knisternde Stoff von ihrem Kleid deine scheiß Tränen schluckt.«

Wir sahen ihn betroffen an.

»Puh ... ganz schön übel«, murmelte Tariq.

»Quatsch, vergesst, was ich gerade gesagt habe.« Max schien sich auf einmal ziemlich unbehaglich zu fühlen. »Das bringt ja auch keinen weiter.«

»Nix da«, protestierte ich. »Ich finde, das muss ein weiterer Beitrag für unseren Film werden. *Erfolglos durch den falschen Wohnort.*«

»Nee, nee«, wurde ich prompt von Max korrigiert. »Wenn schon, dann: *Erfolglos durch Vorurteile.*«

Ich nickte ihm zu. »Okay.«

»Oder *Traumlos durch Armut?*«, schlug Max vor. »Keine Panik, ich fange jetzt auch nicht wieder mit dem Kapitalismus an.« Er grinste – worüber ich ehrlich gesagt heilfroh war. Gestresst wurde er immer direkt so destruktiv, aber gut gelaunt mochte ich ihn mittlerweile verdammt gerne.

Und plötzlich wusste ich auch, was zu tun war. »Wir fahren jetzt in Max' Viertel und drehen dort das nächste Video!«

Ich glaube, Max fand meine Idee richtig gut und war im Grunde froh, uns sein Viertel endlich einmal zeigen zu können. Die Tour durch Rheindorf allerdings, zu der wir dann sofort aufbrachen, die war erst mal total seltsam. Nackter Beton, Hochhäuser, überfüllte Mülltonnen – ganz schön deprimierend.

Obwohl – Max wirkte ungewohnt entspannt. Er schlenderte neben uns her und mimte für die eifrig filmende Liza den Fremdenführer. Als ihm nach unserer Ankunft in Rheindorf ein Mädchen in unserem Alter zuwinkte, das zwei kleine Jungen im Schlepptau hatte, verabschiedete er sich kurz und ging rasch zu ihr.

»Bin gleich wieder da!«, rief er uns noch zu, als die Kinder sich auch schon losrissen und Max bestürmten, der sich zu ihnen hinhockte und sofort umgeworfen wurde. Wie ein Käfer lag er auf dem Rücken und strampelte mit den Armen und Beinen, während ihn die Jungen kitzelten. So viel Blödelpotenzial hätte ich dem Punk gar nicht zugetraut. Das Mädchen rief die Jungs lachend zurück, Max stand übertrieben schwerfällig auf und nahm sie in den Arm. Die beiden wechselten ein paar Worte, Max schüttelte den Kopf und deutete in unsere Richtung, bevor er das Mädchen blitzschnell auf den Mund küsste und wieder zu uns zurückgeschlendert kam.

»Na ...?« Tariq grinste breit. »Stören wir gerade? Wusste gar nicht, dass du eine Freundin hast und sogar schon zwei Söhne, Respekt!«

Max überging Tariqs Frotzelei und sah den dreien kurz hinterher. »Normalerweise helfe ich immer im Meet. Heute müssen die mal ohne mich auskommen.«

»Meat?«, fragte Liza erstaunt. »In einer Metzgerei?«

»Fast. Meet – wie Treffen. Da gibt es Essen für die Kinder, die zu Hause nix bekommen. Ich helfe dort. Lea und ihre Brüder kommen regelmäßig vorbei.« Max bedeutete uns mit einem kleinen Nicken, ihm zu folgen.

Liza und ich tauschten einen kurzen, verblüfften Blick: Max als kinderlieber Helfer in einem Jugendtreff. Wer hätte das gedacht?

Auf unserem weiteren Weg filmte Liza nahezu pausenlos weiter, doch irgendwann lotste Max uns in Richtung seiner Wohnung.

»Mein Haus, mein Fahrrad, mein Garten.« Max war stehen geblieben und zeigte nacheinander auf ein abgewracktes Hochhaus, einen ziemlich deformierten, an einer Laterne festgeschlossenen Fahrradrahmen ohne Reifen und einen kleinen, verwahrlosten Platz mit wuchernden Sträuchern, zwei Bänken und ein paar defekten Spielgeräten für Kinder.

»Kommt ihr?«, forderte er uns auf und ging auf die Haustür zu. Der einst nackte Beton der Hauswand war in Bodennähe und bei einigen Balkons im Abstand einer Armlänge über und über besprayt, unter anderem mit Sprüchen gegen das System, die mir ziemlich bekannt vorkamen.

Ich deutete auf die Schriften. »Dein Werk?«

»Man muss Spuren hinterlassen.« Max zuckte wie selbstverständlich mit den Schultern und mir wurde bewusst, dass ich überhaupt in den letzten Wochen schon einige verdächtig vertraute Zeichen und Zitate auf Mauern und Wänden entdeckt hatte.

»Äh ... Max, und der Spruch am Gebäude der Quali ...?«

Max grinste nur und kickte gegen die unverschlossene Haustür. Im Treppenhaus abgelegte übervolle Müllsäcke verpesteten die Luft. Wir stiegen in den Aufzug und als sich seine Türen schlossen, verfluchte ich im Stillen unsere Entscheidung, nicht die Treppen zu nehmen. Es ruckelte, die Beleuchtung flackerte und es stank, als ob wir in einer versifften Toilette gen Himmel fahren würden. Max zog einen fetten Edding aus der Tasche und überschrieb einen Teil der bereits vollständig bekritzelten Wand mit *Geplatzte Träume.*

Liza richtete ihr dauerfilmendes Handy auf Max' schreibende Hand. »So ... den Titel hätte ich dann schon mal drauf!«

Ich hielt mir Nase und Mund zu und nickte nur zustimmend, um nicht den letzten Rest Sauerstoff mit Reden zu vergeuden. Ein Fehler, wie sich zeigte, als ich nach dem Aussteigen im dreizehnten Stock tief einatmete – und damit den dort noch viel übleren Mief inhalierte. Aus den Wohnungen, die rechts und links von einem langen, nur spärlich beleuchteten Gang abgingen, hörte ich gedämpfte Stimmen, Musik und Fernsehgeräusche.

Bei seiner Wohnung angekommen, schloss er auf und öffnete dann einladend die Tür. Sekunden später standen wir in einem anderen Universum: einer kleinen, total gemütlichen Wohnung.

»Hier leben wir, also meine Mutter und ich«, erklärte Max und öffnete die Balkontür. »Tut euch keinen Zwang an«, sagte er dann und zeigte auf die beiden Sessel und das Sofa, das Tariq sofort mit einem glücklichen Seufzer in Beschlag nahm.

Mein Blick wanderte zu den vielen gerahmten Fotos an der Wand hinter dem Sofa.

»Ist sie das?«, erkundigte ich mich verblüfft und deutete auf ein Foto, auf dem Max eine noch ziemlich junge Frau auf den Schultern trug.

Er nickte grinsend.

»Das da ist sie übrigens auch«, erläuterte er und tippte auf ein Foto mit zwei vermummten Gestalten, die eine Wand besprayten. »Die da, rechts neben mir.«

»Alter, was ist *das* für eine Mutter?« Tariq verließ sogar das Sofa, um weitere Fotos zu inspizieren, was ich gut verstand: Ich war mindestens genauso beeindruckt.

»Die Beste?« Max ließ sich auf die Couch plumpsen und klopfte aufs Polster, weil wir immer noch herumstanden und die Fotos bewunderten.

»Eure Wohnung ist cool, aber«, Tariq zögerte, dann meinte er vorsichtig: »Warum lebt ihr hier in dieser Siedlung?«

»Warum wohl? Weil wir uns nichts anderes *leisten* können.«

»Sag mal ...« Liza sah ihn fragend an. »Du hast doch von dieser Lehrerin erzählt ...«

»Du meinst die Grundschullehrerin, die mich sofort als *Rheindorfschüler* abgestempelt hat?«

»Genau. Haben deine Lehrer denn alle so extrem darauf reagiert, wo du lebst?«

»Nein, zum Glück nicht, das war nur die«, erwiderte Max. »Später hatte ich eine wirklich gute Lehrerin, die hat sogar mehrmals meine Mutter besucht, weil sie mir helfen wollte. Aber seit der Fünften war ich nur noch so selten in der Schule ... da war es irgendwie schon zu spät. Jedenfalls«, fügte er schnell hinzu, »die beiden haben sich richtig gut verstanden und immer stundenlang gequatscht, philosophiert und literweise Kaffee in sich reingeschüttet. Meine Mutter ist übrigens der einzige Grund, warum ich die Quali überhaupt besuche. Ich habe es einfach nicht übers Herz gebracht, ihr diesen Wunsch abzuschlagen. Sie wollte immer, dass es mir mal besser geht als ihr.« Max schaute nachdenklich aus dem Fenster. »Ackert ohne Pause und muss dennoch Aufstockerkohle beantragen.«

»Äh, was?«, wollte ich wissen.

»Klar, dass *du* das nicht kennst. Das ist die Kohle, die jemand kriegt, wenn er trotz Vollzeitstelle nicht genug zum Leben verdient. Meine Mutter arbeitet locker sechzig Stunden in einer Kneipe – und hat ab und zu noch andere Jobs. Super Leben, oder?«

Vor meinem inneren Auge schoss ein gelber Porsche mit meinem winkenden Vater am Steuer vorbei. Ich schaute betreten zu Boden.

»Aber was reden wir über solch einen Scheiß? Können ja eh

nichts ändern«, beendete Max selber die etwas betretene Stille. »Kommt, lasst uns mal wieder gehen, okay?«

Leicht besorgt sah ich ihn an. »Alles in Ordnung mit dir?« Ich wurde das Gefühl nicht los, dass er uns nicht alles erzählt hatte. Ihn trieb noch etwas anderes um, da war ich mir sicher. Jedenfalls wirkte er, seit wir hier in der Wohnung waren, plötzlich wieder nachdenklicher, sogar gereizter. Trotzdem benahm er sich selbst jetzt anders als noch vor zwei Wochen – er textete uns nicht mehr so zu und wirkte weniger selbstgerecht.

»Ja, alles okay«, er hievte sich vom Sofa hoch. »Lasst uns von hier verschwinden. Ich will euch noch was zeigen.«

Wenig später, ich hatte mich gerade erst von einer neuen Ladung Aufzugmief erholt, stoppte Max uns und deutete auf eine Wand, die vollständig mit Wörtern und Sprüchen vollgeschrieben war – sie alle drückten vor allem eins aus: ein Gefühl der Ohnmacht und Hoffnungslosigkeit.

»Haben wir irgendwann mal als *Wall Of Shame* ins Leben gerufen«, erzählte Max, während wir die daraufgekritzelten Sprüche lasen:

AUSSCHUSS **LOSER** ICH BIN NUTZLOS

VERSAGERIN ICH BIN ZU DUMM

VOM LEBEN GEFICKT CHANCENLOS

KEIN SCHWANZ IST SO HART WIE DAS LEBEN! BORN TO LOSE

WIR SIND VERLOREN

»Jeder, der Bock hat, schreibt einfach was dazu«, erklärte Max nun und sprayte direkt *Assihausener.*

Liza griff nach dem Lack. *Ich hasse mich.* »Häufigster gedachter Gedanke«, erklärte sie mit zusammengepressten Lippen.

»Manche Sprüche könnten glatt von mir selbst sein«, gab ich zu und ergänzte die Wand um ein paar noch fehlende unterirdische Beschimpfungen aus *meinen* schlimmsten Zeiten.

»Ich hab eine Idee!«, rief Liza plötzlich. »Ich filme das jetzt und wir lesen abwechselnd was davon vor, okay? Das wäre ein ziemlich perfekter Zwischenschnitt.« Sie strich sich die Haare aus der Stirn und probierte mit ihrer Kamera ein paar Blickwinkel aus. Wie sie da so megakonzentriert dastand und den kleinen Dreh vorbereitete, schien sie voll in ihrem Element zu sein. Ob ich früher ähnlich enthusiastisch aussah, wenn ich einen Song schrieb?

»Na, Alter, bist voll in Trance, was?« Tariq zog mich mit einem fiesen kleinen Grinsen zur Seite. Ich hatte im Bild gestanden und es nicht mal geschnallt, weil ich Liza angestarrt hatte. Oh, Mann, mich hatte es echt erwischt.

Auf ihr Kommando hin lasen wir nun die Wörter und Sprüche der Wall Of Shame vor.

»Perfekt«, sagte sie schließlich und wir nickten uns zufrieden zu.

Kurz darauf verabschiedete sich Max, weil er sich noch mal mit Lea treffen wollte, und wir anderen machten uns mit unserem neuen Videomaterial auf den Heimweg.

Julian

28 Ich war irgendwie komisch drauf, seit ich gestern mit Liza, Max und Tariq erst am Film gearbeitet und dann gemeinsam mit ihnen in Rheindorf unterwegs gewesen war. Irgendwie ... *optimistischer,* sag ich jetzt mal. Ich konnte mir sogar ein winziges bisschen vorstellen, vielleicht selbst mathetechnisch noch mal was zu reißen. Schon die Matherunde kürzlich im Park – mit Ayse, Gustav, Justin und Hugo – und meine neusten Erkenntnisse zum Thema Metermaß waren ja gar nicht mal so schlecht gelaufen.

Ich war also ganz gut drauf, als ich an diesem Montagmorgen in der Quali aufkreuzte, die heute mit einer exklusiven Einzelsitzung im Räucherkerzennebel von Hugos Separee begann. Dabei kamen mir unwillkürlich Joints ganz unterschiedlicher Länge, Dicke und Form in den Sinn.

Es war Tag dreizehn ohne Drogen.

Als ich am Wochenende mit Liza zusammen gewesen war, war es mir phasenweise sogar schon gelungen, den Schmacht mal ganz auszuschalten. Aber die einsamen Nächte – Scheiße, die waren schon die Hölle. Ich hatte noch nie so wenig – und wenn, dann so schlecht – geschlafen.

Alles nur eine Phase des Entzugs, hieß es in den Internetforen. Das klang so trügerisch beruhigend. Aber wenn man da so drinsteckte, fühlte sich das überhaupt nicht beruhigend an. Gestern Abend war mein Verlangen nach einem Fingerhut voll Gras so schlimm gewesen, dass ich die Followerliste der Gruppe, in der ich meine Pflänzchen gepostet hatte, nach dem Profilbild der Finderin absuchte. Eine Stunde später hatte ich sie tatsächlich gefunden und bereits eine Nachricht an sie geschrieben.

Eine Ewigkeit schwebte mein Zeigefinger über dem *Senden*-Button, bevor ich den Text vor dem Abschicken löschte und flott aus der Gruppe austrat. Nicht, dass ich irgendwann doch noch in Versuchung kam, die neue Mutti meiner Stauden um eine milde Gabe zu bitten.

Hugo hatte an diesem Morgen jede Menge buntes Wasser und Gläser vor sich stehen und ließ mich das Wasser hin- und herschütten, verteilen und sogar trinken. Ziemlich komische Art, Matheprobleme anzugehen, oder? Ich war jedenfalls nicht wirklich überzeugt.

Aber am Ende passierte etwas sehr Erstaunliches: Ich hatte die Aufgabe *43 minus 39* richtig ausgerechnet. Im Kopf!

Hugos Feedback war uneingeschränkt euphorisch.

»Respekt!«, sagte er und sah mich stolz an, während er unser Wunderwasser wieder in den Wasserkrug umfüllte. »Ist übrigens völlig egal, ob das andere schon in der zweiten Klasse verstanden haben. *Du* hattest, als du eben zur Tür reingekommen bist, keinen Schimmer, wie solche Aufgaben richtig gerechnet werden, und jetzt gehst du gleich raus und hast es kapiert. Das ist das Einzige, was zählt.«

Ich nickte. Es hätte echt schlechter laufen können. Tat es dann auch. Nur ein bisschen später.

Mittlinger hielt nämlich in der sechsten Stunde eine weitere Mathestunde des Grauens ab – und diesmal leider größtenteils auf Chinesisch. Zumindest kam es mir so vor.

Um nicht aufzufallen, kritzelte ich irgendetwas in mein Heft, während wir Aufgaben lösen sollten. Plötzlich stutzte ich erfreut: Ich musste nur zwei kleine Buchstaben hinzufügen, um den Namen meines Mathelehrers in Mittelfinger umzuändern. Ich hätte keinen besseren Namen für ihn finden können.

In dem Moment, als ich das grafisch ausgesprochen nett umgesetzt hatte, räusperte sich jemand sehr dicht neben meinem Ohr.

»Dieses Geschmiere hat deine Chancen bei mir nicht gerade erhöht.« Mittlinger war nicht nur ein Arsch, er stank auch noch furchtbar aus dem Mund, stellte ich fest. »Du bleibst nach der Stunde hier!«

Dass mein Kunstwerk, bevor ich es zerknüllen konnte, von Max geschnappt, lauthals gefeiert und weitergereicht wurde, steigerte meine *Chancen* bei Mittlinger definitiv auch nicht.

Wobei: Wenn ich dachte, mein kleiner Witz, Mittlinger als Mittelfinger zu bezeichnen, wäre grad mein großes Problem, lag ich falsch.

Es war alles noch viel schlimmer.

Kaum hatten die letzten Schüler nach der Mathestunde den Klassenraum verlassen, zog Mittlinger mit finsterer Miene einen Zettel aus seinem Lehrerkalender heraus: *Julian Strack* stand darauf und irgendeine Telefonnummer. Mir dämmerte, dass es wohl die Nummer von Hugos Kumpel war.

»Das ist gar nicht die Nummer deiner Eltern, oder?«, giftete Mittelfinger unmittelbar los. »Euer Peter Lustig der Holzwerkstatt hat sich wohl einen Scherz erlaubt. So, und jetzt korrigierst du die gefälligst und dann kann ich deinen Eltern endlich persönlich zu den Glanzleistungen ihres Söhnchens gratulieren.«

Meine Gedanken rasten. So ein verdammter Mist, was sollte ich denn jetzt tun? Hm ... Eigentlich konnte ich auf eine Frage nach einer *Zahlenfolge* nur meinen Mathejoker zücken – nicht wahr?

»Sorry, das tut mir jetzt leid.« Ich kramte in meiner Tasche und zuckte dann entschuldigend mit den Schultern. »Ausgerechnet heute habe ich mein Handy nicht dabei. Und die Nummer nicht im Kopf. Sie wissen ja, ich und Zahlen, das ist einfach schwierig.« Ich zuckte mit den Schultern. Mittlinger dagegen war inzwischen knallrot und zweifellos kurz vorm Explodieren. »Die bringe ich Ihnen dann nächste Woche mit, versprochen«, fügte ich schnell hinzu und war insgesamt sehr zufrieden mit mir – als es in meiner Hosentasche brummte.

Dumm gelaufen.

»Was ist passiert? Siehst ja übel aus«, fragte Tariq, der mit Liza und Max nach der letzten Qualistunde am Tor auf mich wartete. Elvira, Ayse, Gustl und die anderen waren schon nach Hause abgezogen.

Ich atmete tief durch. Zeit für die Wahrheit. »Also, es gibt da seit Neuestem so eine akute Vater-Sohn-Verstimmung bei mir zu Hause«, begann ich und erzählte nun endlich auch Liza und Tariq haarklein von den Drohungen meines Vaters und der seit wenigen Minuten wieder verdammt ungemütlichen Situation.

»*Deshalb* gibst du jetzt so Gas in der Quali?«, fragte Liza und ich nickte. »Warum hast du das denn nicht früher gesagt?«

»Vielleicht, weil ... reden bei dieser ganzen, echt anstrengenden Küsserei nicht möglich war?«

Liza rollte nur mit den Augen und ich hielt die Klappe. Doch nervös, wie ich war, tastete ich mit meiner vor Anspannung schweißnassen Hand automatisch nach der silbernen Dose – und hoffte im selben Moment, dass Liza es nicht merkte.

»Hey, Julian, immer mit der Ruhe.« Max hatte mich die ganze Zeit nachdenklich angesehen und war nun anscheinend zu einer grandiosen Erkenntnis gelangt: »Du musst doch nur die Mathetests rocken, damit alles wieder gut wird, richtig?«

»Richtig erkannt, Dottore«, brummte ich und sah ihn vorwurfsvoll an. Ich hatte hier ein echtes Problem, verdammt noch mal! »Also genießt die letzten Tage mit mir, denn schon bald werde ich unserer kleinen, jungen Gemeinschaft brutal entrissen.«

»Red keinen Scheiß. Ich werde dir helfen. Du schaffst das!« Max sagte das so unwirsch, dass ich mich gleich noch mehr ärgerte. Konnte er das mal ernst nehmen?

»Also ... wenn du damit so was wie deine Lektion letzte Woche meinst ... Das hat ja schon mal nicht geklappt!« Ich verdrehte die Augen beim Gedanken an Max' gut gemeinten, aber leider völlig vergeblichen Versuch, mir mathematisch anschaulich eine Vorstellung von Prozentzahlen zu vermitteln. Mit irgendwelchen Papierschnipseln hatte er versucht, mir zu erklären, dass nur ein winzig kleiner Teil der Menschheit fast das gesamte Geld auf seinen Konten stapelt. Oder war es umgekehrt?

»Nee, diesmal gehen wir das anders an«, tönte Max voller Überzeugung. »Jetzt lass dich vom Mittlinger nicht runterziehen. Für den gibt's noch eine fette Überraschung, versprochen. Gib *mir* nur noch ein bisschen Zeit, dann erzähl ich's dir, okay?«

»Na gut.« Tatsächlich verströmte Max so eine verführerische Zuversicht, dass es mir direkt ein bisschen besser ging. Eigentlich irre, denn dank Mittlinger *war* ich chancenlos.

»Du kriegst das hin«, versicherte mir Max, als hätte er meine Gedanken gelesen, und Liza schenkte mir ein kleines Lächeln. Ich atmete tief ein und aus und wurde allmählich etwas ruhiger, trotzdem standen wir immer noch ein bisschen trostlos da, nur Tariq hibelte nervös herum.

»Leute ... wisst ihr, was jetzt ansteht? Partytime!«, platzte es plötzlich aus ihm heraus und prompt schmiss er nach langer Zeit mal wieder seine Beatbox an. Wir schauten ihn allesamt völlig entgeistert an. »Hey, das hat uns doch der Pfeiffer geraten! Vorletzte Woche. Hast du das schon vergessen, Liza?!«, erkundigte er sich vorwurfsvoll.

Auf meinen und Max' fragenden Blick hin wechselten Lizas Wangen ins Rötliche und Tariq wirkte zwei Sekunden lang ebenfalls schuldbewusst.

Komisch. Hatten die irgendwas mit Pfeiffer geregelt?

Bevor ich genauer nachhaken konnte, hatte sich Tariq schon wieder gefangen und rappte schlechter denn je drauflos: *»Die*

Leute von der Resterampe gehen jetzt ab, hey-hey. Sie machen Party und erst morgens schlapp, ho-ho.« Er schaute in unsere verzerrt lächelnden Gesichter. »Hey, come on ... so schlecht war ich nicht. Also, lasst uns feiern, dass wir ein Eins-a-Filmteam sind. Dass wir den besten Film haben und dass wir die Coolsten sind. Keiner für alle, einer für keinen!«

»Hm ... warum eigentlich nicht?«, überlegte ich laut. Die Aussicht auf einen netten Abend zu viert reizte mich spontan sehr. Ich riskierte einen kurzen Seitenblick zu Liza – und hatte plötzlich auch eine Idee, was wir vier später unternehmen würden.

Liza

29

Total nervös wartete ich viel zu früh am vereinbarten Treffpunkt und zuppelte an dem verdammt kurzen schwarzen Kleidchen herum, das ich mir zusammen mit den spitzen schwarzen Schnallenstiefeln von Ma geborgt hatte. Hier vor dem Kölner Dom, inmitten Hunderter Menschen, bereute ich plötzlich meinen Entschluss und hätte mich viel lieber in meinem Kapuzenpulli vergraben. Obwohl – gerade weil es voll war, schien kaum jemand Notiz von mir zu nehmen, selbst wenn ich mal schnalzte oder zuckte. Mich machte es trotzdem kribbelig. Gerade als ich an dem Spängchen herumfummelte, um meinen heute ausnahmsweise zur Seite gesteckten Pony nun doch wieder schützend nach vorn fallen zu lassen und meinen Horizont so aufs gewohnte Maß zu reduzieren, sprang jemand von der Seite auf mich zu.

»Wow, Liza! Traumfrau!«

»Tariq!«, quietschte ich vorwurfsvoll. »Du hast mich fast zu Tode erschreckt!«

»Mit meinem neuen Style?«, fragte er und deutete lässig auf sich: enge Jeans, glänzende Lackschuhe, dunkles Seidenhemd mit aufgestelltem Kragen, zurückgegelte Haare – und er hatte sich anscheinend noch vom Friseur die Koteletten stutzen lassen. Zudem umhüllte ihn die halbe Parfümabteilung einer Drogerie.

Bevor ich etwas erwidern konnte, tauchte die nächste Überraschung auf: Max. In einer schwarz-grau gestreiften Hose und roten Hosenträgern über einem weißen Hemd kam er auf uns zugelaufen. An seiner knochigen Schulter baumelte ein schwarz-weiß kariertes Sakko, aber der Kracher war die um den Hals gebundene schwarze Fliege in Kombination mit den obligatorischen Springerstiefeln – und selbst die wirkten ein bisschen frischer als sonst.

Zuletzt kam Julian mit leichter Verspätung angehechtelt: edler, aber verknitterter schwarzer Anzug, nur mittelgut gebundene Krawatte und abgewetzte Sneaker – kurz: unwiderstehlich. Bevor ich noch vor Aufregung in alle Einzelteile zerplatzte, umarmte ich Julian und drückte ihm einen langen Kuss auf den Mund.

»Oha ...« Julian schien nichts gegen meine stürmische Begrüßung zu haben, im Gegenteil. »Was ist denn das für eine feine Gesellschaft hier?«, erkundigte er sich nun lächelnd. »Bin ich etwa underdressed? Coole Hosenträger, Max.«

»Tja, *Kleider machen Leute*«, erwiderte der und setzte dann hinzu: »Oder ... wenn ich uns so anschaue: *Aus Scheiße Gold* gemacht, nicht wahr?« Er hakte seine Daumen in den Hosenträgern ein und stolzierte um uns herum.

»Scheiße?«, moserte Tariq beleidigt. »Geht's noch? Also ich war immer schon pures Gold. Stimmt's, schöne Liza?«

Er plinkerte mich an und ich nickte ihm lächelnd zu. »P-p-pures Gold.«

»Ach was, Juwelen!«, gab nun auch noch Julian seinen Senf dazu. »Verkackte Juwelen sind wir, die nun auferstehen, um hell zu strahlen.«

»*Auferstandene, verkackte Juwelen?*«, wiederholte Tariq. »Alter, du bist ja noch schlimmer als der da«, er wedelte mit der Hand Richtung Max. Dann dachte er kurz nach. »Oder bist du bekifft?«, erkundigte er sich, woraufhin Julian zu meiner Erleichterung heftig den Kopf schüttelte.

»Jetzt hör doch mal auf mit diesem ganzen Verkacktquatsch«, raunte ich. »Wir sind auf dem besten Wege, es doch noch zu schaffen, oder?«

»Genau!«, antwortete Tariq. »Und überhaupt: Voll verkackt ist halb gewonnen, Leute!«

Max schüttelte lachend den Kopf. »Wieder einmal ein perfektes Sprichwort, Tariq.«

»Fragt mich jetzt endlich mal jemand, was ich für heute Abend noch geplant habe? Und warum wir vier«, Julian schubste mich leicht an, »heute so hübsch sind?«

»Wie, du hast *echt* was vorbereitet?« Tariq sah Julian überrascht an.

»Aber ja, also ...«, sagte er und fuhr seine Arme einladend aus, »... darf ich bitten?« Tariq und ich hakten uns rechts und links von ihm ein und ließen uns von ihm führen.

»Julian, du weißt schon, dass ich aus Prinzip nichts mache, wofür ich mich verbiegen muss?«, wandte Max misstrauisch ein, eilte uns aber nach und lief, die Hände in den Hosentaschen vergraben, dicht neben mir her. »Also, was hast du vor?«

»Das Outfit musste so sein, wart's ab.« Julian wirkte plötzlich ein bisschen aufgeregt.

»Schaut m-m-mal, wie die anderen alle gucken.« Komischerweise störte es mich gerade gar nicht, zu bellen und zu schnalzen. Fast schon unheimlich, dieses Egalsein, denn so entspannt hatte ich mich in der Öffentlichkeit zuletzt vor Jahren gefühlt. Julians Worte klangen wieder in mir nach. Für ihn war ich *einfach nur Liza*. Wer außer ihm würde mich auch so sehen? Wer weiß, vielleicht konnte ich irgendwann wirklich noch meinen Frieden mit Luzifer schließen und meine Tics akzeptieren. *Meine* Tics? Heute schien ein guter Tag dafür zu sein, damit zu beginnen. Zumindest ein bisschen. »Sorry, nur ein Tic!«, erklärte ich dennoch kurz darauf reflexartig einem Passanten, der sich durch mein Bellen besonders erschreckt hatte.

Seite an Seite marschierten wir durch die Fußgängerzone – und plötzlich überkam mich ein seltsam glückliches Gefühl: Ich schwebte wie auf einem roten Teppich dahin. Es war egal, wer wie guckte und was die anderen zischten und raunten – gemeinsam mit diesen drei Jungs konnte ich das alles bestens ertragen. Ich zog Julian so eng wie möglich zu mir und wir verfielen in einen übertriebenen kollektiven Hüftschwung, um als arschwackelnde Straßensperre den Catwalk des Jahrhunderts hinzulegen. Es tat so gut, mich nicht verstecken zu müssen. Genau so sollte dieser Abend weitergehen!

»Meine Dame, meine Herren.« Julian blieb stehen und deutete auf das Gebäude direkt vor unserer Nase. »Da wären wir.«

Mir wurde schlecht.

»W-w-wir gehen in die *Oper?*«

»Ich habe gehört, du stehst auf so ein schrilles Zeugs«, sagte Julian grinsend. Er tat so, als würde er meinen inneren Aufruhr nicht bemerken, und zog in aller Ruhe ein Kuvert aus der Jacketttasche heraus. »Schau mal«, er öffnete den Umschlag und reichte jedem von uns eine Eintrittskarte. »Vier Tickets für heute Abend. In zwanzig Minuten geht es los.«

Zu Gast bei Richard Wagner, las ich. *Beliebte Opernszenen und berühmte Arien.* Vor lauter Schreck verfiel ich nun auch noch in Schnappatmung.

»Oh, mein Gott. Du bist vollkommen wahnsinnig!« Ich schwankte zu exakt gleichen Teilen zwischen Glück und Panik. »Ich ... ich kann nicht. Das weißt du doch. Die schmeißen mich r-r-raus, wenn ich mich räuspere oder belle.«

»Sie können nicht *dich* rausschmeißen, sondern nur *uns.*« Julian grinste zufrieden.

Ich sah ihn kopfschüttelnd an und fühlte mich immer seltsamer: eben noch roter Teppich – jetzt totale Panik. Das war alles total verrückt.

»Respekt.« Max klopfte Julian auf die Schulter. »Wir verkleiden uns, um ins System einzusteigen, und demaskieren uns im Inneren der Oper. Das hat was von Troja.«

»Wer ist dieser Troja?« Der arme Tariq wirkte grad mindestens so überfordert wie ich und fasste sich an den Kopf.

»Hör einfach nicht hin«, Julian winkte ab und strich mir über die Wange. »Hey, alles gut?«, fragte er leise.

»Julian, ich weiß nicht, ob ich das schaffe«, flüsterte ich und wünschte mir gerade nichts sehnlicher, als irgendwo ganz entspannt mit Julian allein zu sein. »Es ist so eine tolle Idee, wirklich«, versicherte ich ihm, »aber mir ist das alles viel zu aufregend.«

»Was meinst du, wie es mir geht, Chica?«, versuchte Tariq, mir Mut zu machen. »Null Ahnung, wer dieser Wagner ist, oder denkst du etwa, *ich* war schon mal in der Oper? Liza, ich schwöre, ich komm mir voll komisch vor, aber verflucht ... ich mache das jetzt.«

Der hatte gut lachen, schließlich musste er keine Angst haben, bellend die Aufführung zu sprengen!

»Wir schauen einfach mal, oder?« Julian legte seine Hand beruhigend auf meine Schulter.

»Es ist ... ich habe so einen Schiss.« Ich blickte ihn leicht verzweifelt an. »Du hast w-w-wohl nicht zufälligerweise noch so einen Keks dabei?«

»Du meinst, um deine Tics auszubremsen?« Prompt griff Julian in seinen Rucksack und mir stockte der Atem. Das war doch nur ein Witz gewesen! Aber Julian stoppte auch schon mitten in der Bewegung. »Also, vor der Oper erst mal einen Spacecake futtern, so weit kommt's noch«, schulmeisterte er mich und zog seine leere Hand wieder aus dem Rucksack heraus.

Ich öffnete meinen Mund und schloss ihn wieder. Dieser Punkt ging wohl an ihn.

Tariqs neugieriges Gesicht schob sich zwischen Julians und meins. »Kleine Privatsitzung oder was besprecht ihr da?«

»Liza, es ist egal, ob das dadrinnen gleich gut geht oder nicht. Wir schaffen das. Mach dir keinen Stress – du bist ja nicht allein.« Julians Lächeln zerfloss zu einem Kuss, der jäh von Max beendet wurde, indem er uns beide am Kragen packte und vor sich herschob. »Auf geht's!«

Wenig später steuerten wir unsere Sitzplätze an und jeder Schritt dahin war ein Schritt in eine unbekannte Welt voller Gefahren, Unvorhersehbarkeiten – und zugleich hinein in einen Traum. So lange schon wünschte ich mir, nur ein einziges Mal in der Oper sein zu dürfen, hätte jedoch nie gedacht, dass es mal Realität werden könnte. Doch selbst wenn es mich hineinzog, zerrte im selben Moment ein unsichtbares Gummiband an meinem Rücken. Ich hatte tierische Angst vor einer Totalblamage. Und zugleich wollte ich nichts lieber, als dies hier zu genießen.

Schnell schaute ich noch mal aufs Programm: Der Abend begann mit der Arie »Liebestod« aus der Oper »Tristan und Isolde«, in der die Königstochter Isolde neben der Leiche von Tristan, ihrem heimlichen Geliebten, ihre verzweifelte Soloarie singt.

Es wurde dunkel, dann still und dann öffnete sich der schwere Vorhang. Und mich – zerriss es fast vor Glück. Ich drückte Julians Hand und formte mit den Lippen ein *Danke*.

Ich. Saß. In. Der. Oper.

War das geil!

Die ersten Streicherklänge des musikalischen Vorspiels durchbrachen die Stille. Aus den einzelnen Stimmen wurden Klänge, ein einziger Klangteppich, auf dem ich buchstäblich dahinschwebte. Ich spürte, wie sich die Härchen auf meinen

Armen und im Nacken aufrichteten, und dann ... dann setzte die Sopranistin, nur von leisen Streichern untermalt, zu ihrem Sologesang an. Erst mit sanfter Stimme, dann immer lauter, anrührender. Intensiver.

Leider erwachten allmählich auch meine Tics. Zum Glück musste ich bisher nur zucken und die Augen zusammenkneifen, hoffentlich wurde es nicht schlimmer. *Opern beruhigen dich,* startete ich automatisch mein inneres Mantra. Zu Hause half das. Deshalb versuchte ich, mich einfach genau so zu verhalten wie sonst auch: Ich dirigierte, zumindest mit kleinen Bewegungen, und ließ meinen Oberkörper leicht hin- und herschaukeln, doch es schien nicht zu reichen, das merkte ich mehr und mehr.

Oh, bitte nicht ... Ich wollte doch nur dieses eine Mal hier in Frieden sitzen und zuhören.

Ich schloss die Augen, atmete tief durch.

Es half nicht, der Druck stieg kontinuierlich, fast synchron zur Sopranistin. Die Orchesterklänge, der Gesang bauten sich immer weiter auf, schwollen an und ich nutzte den Gipfel der Lautstärke, um etwas Druck abzubauen: Ich zuckte ziemlich heftig, räusperte mich und bellte ein paar Mal. Ein paar Zuschauer blickten sich irritiert um, wirkten so, als seien sie sich nicht sicher, was da eben ihren Musikgenuss getrübt hatte.

Ich spürte die beruhigenden Hände meiner Sitznachbarn Julian und Tariq auf meinen Unterarmen und entspannte mich wieder ein bisschen. Doch dann setzte das Zucken wieder ein und das noch leise Räuspern – welches ich ziemlich erfolglos mit dem Ärmel meiner Strickjacke zu dämpfen versuchte. Allmählich drehten sich immer mehr Leute kopfschüttelnd zu uns um. Ich machte Anstalten aufzustehen, Julian hielt mich jedoch zurück und schüttelte mit geschürzten Lippen tadelnd den Kopf.

Um die Blicke der anderen auszublenden, schloss ich wieder die Augen und lenkte die Konzentration auf die Musik. Ich konnte etwas verschnaufen, und nicht nur das: Ich schmolz regelrecht dahin, wünschte, dies hier würde niemals enden ...

Doch als der letzte Ton von Wagners »Liebestod« verklang und sich solch eine Stille im Raum ausbreitete, dass jeder Atemzug hörbar war, brach in mir der große Stress aus. Ein stiller Raum mit ein paar Hundert Zuhörern ... so eine Bühne hatte Luzifer niemals ungenutzt lassen können. Prompt zerriss ich mit lautem Bellen die Ruhe. Scheiße, es war passiert. Ich wurde buchstäblich gegrillt – von gefühlt Tausenden bösen Blicken.

»Ich muss doch schon sehr bitten!«, hörte ich einen Herrn rufen.

»Also, wirklich. So etwas habe ich ja noch *nie* erlebt!«, stimmte eine entrüstete Frauenstimme zu.

Ich versank hinter den Stuhllehnen, tat so, als sei mir etwas heruntergefallen, und hatte keinen Schimmer, was ich machen sollte.

Völlig überraschend erklangen nun jedoch schon die ersten Töne zur nächsten Arie, als wäre nichts geschehen: »Dich, teure Halle, grüß ich wieder«, eine Sopranarie aus Wagners Oper »Tannhäuser und der Sängerkrieg auf Wartburg«.

Ein scheuer Blick über die Lehnen ließ weiterhin Augenpaare auf mich prasseln, doch nach und nach drehten sich die Leute mit entrüstetem Kopfschütteln wieder in Richtung der Bühne.

Leider spürte ich sehr genau, dass Luzifer beziehungsweise meine Tics beziehungsweise *ich* ... dass *es* noch nicht fertig war, und die Blamage zu verhindern, kostete mich jetzt so viel Kraft, dass ich die Musik und den Gesang nur noch vage und verzerrt wahrnehmen konnte. Ich versuchte erneut zu dirigieren und ballte die Hände immer wieder so fest pumpend zu Fäusten, dass die Fingernägel wie spitze Nadeln in meine Hände drangen, aber der Druck in mir stieg weiter an. Auch den nächsten Moment der Stille zwischen zwei Sätzen zerstörte ich mit Bellen und Räuspern.

Es war so furchtbar. Oh, wie sehr ich dieses verdammte Tourette-Syndrom mit seinem Sensor für unpassende Momente hasste!

Julian und Tariq drückten meine Hände – und inmitten all meiner Verzweiflung spürte ich auch, dass es mit ihnen an meiner Seite jetzt anders war. Irgendwie ... *egaler.*

Diese Erkenntnis ließ schlagartig so viel Stress von mir abfallen, dass nun endlich wieder die Sängerin und das Orchester in mein Bewusstsein dringen konnten. Was auch immer nun passieren würde – dies hier war ein unglaublich schöner Moment, vielleicht einer der besten in meinem Leben. Es lag an Julians liebevollem Blick, an Tariqs geradezu sturer Loyalität, mit der er weiterhin meine Hand drückte, und sogar an Max, der mit seinem ewigen Widerstand gegen das, was andere von ihm erwarteten, nun ganz selbstverständlich an meiner Seite blieb – es lag an meinen *Freunden.* Sie ließen erneut fast etwas Trotziges in mir wachsen. Ich fühlte mich in diesem Moment so voller Glück und Frieden, dass ich zum ersten Mal in meinem Leben Luzifer wirklich freimütig zugestand, ein Teil von mir zu sein. Klingt pathetisch, ich weiß. Aber es war ein unfassbar befreiendes Gefühl.

Um mich herum wurde getuschelt und unverblümt geflucht, die Musiker zogen bewundernswert eisern ihr Programm durch, doch als auch diese Arie endete, brach im Publikum ein Damm.

»Schmeißt endlich die jungen Leute raus, die haben hier nichts verloren!«

»Ich will mein Geld zurück!«

»Keine Manieren. So was hätte es früher nicht gegeben.«

Jeder Ausruf wurde mit zustimmendem Grunzen, Pfeifen und Beifall unterstrichen und was tat ich in diesem Moment? Ich umklammerte die Hände von Julian und Tariq, ich zuckte und räusperte mich und ... ich lächelte.

Julian

30 Die Ausrufe um uns herum waren immer noch nicht ganz verstummt, da tauchte ein ziemlich bedröppelt dreinblickender Mann in dunklem Anzug neben uns auf. Er schien zum Opernpersonal zu gehören – und war aktuell nicht besonders glücklich darüber, wie mir schien. »Es ist gerade eine etwas ... *schwierige* Situation«, sagte er beinahe entschuldigend. »Würdet ihr mir bitte nach draußen folgen?«

Da war er, der Rausschmiss.

Viele Zuschauer nickten dem Mann zu – beifällig, zufrieden, sogar erleichtert.

Gelassen griff ich nach Lizas Hand und wollte aufstehen – da sprang Max wie ein Surfer auf zwei der Rückenlehnen und gebot mit erhobenen Händen Ruhe.

»Scheiße ... Max ist wirklich der krasseste Typ ever«, flüsterte Tariq andächtig und ich spürte, wie sich meine Mundwinkel zu einem bewundernden Lächeln verzogen.

Interessanterweise reagierten die Leute mit verblüfftem Schweigen.

»Unsere Freundin Liza kann nichts dafür, dass sie eben gebellt und sich geräuspert hat, sie hat eine Krankheit«, erklärte Max mit lauter Stimme. »Diese Krankheit ist schuld, dass sie noch nie zur Oper gehen konnte, obwohl sie es für ihr Leben gerne getan hätte.« Allmählich wurden die Ersten schon wieder unruhig. »Wie wäre es«, fuhr Max ungerührt fort, »vielleicht einfach mal dankbar dafür zu sein, dass ihr hier sitzen und normalerweise ohne Unterbrechungen zuhören dürft, anstatt uns zu bepöbeln?«

Und dann geschahen gleich mehrere Dinge auf einmal: Einige

Zuschauer pfiffen und buhten, aber – viele klatschten Beifall. Und nicht nur das: Jetzt bahnte sich auf der Bühne die Sopranistin den Weg nach vorn, blieb am Orchestergraben stehen und rief mit ihrer unfassbar glockenklaren Stimme: »Bravo, Brrrravo!!!!«, und nun klatschte auch sie in die Hände.

Max zog einen nicht vorhandenen Hut und verbeugte sich galant in ihre Richtung.

Nachdem er wieder zurück auf den Boden gesprungen war, folgten wir trotzdem dem dunkel gekleideten Operntypen ins Foyer und schließlich nach draußen. Dort stand er, verlegen von einem Bein aufs andere tretend, vor uns, als überlege sein Körper, ob er nicht besser die Biege machen solle.

»Also ... ich ... es tut mir leid.« Er hüstelte und redete dann schnell weiter. »Ich weiß gar nicht so recht, was ich tun soll«, er sah Liza erneut entschuldigend an, »oder was ich sagen soll. So eine Situation habe ich auch noch nicht erlebt, aber die Leute wurden immer unruhiger. Da mussten wir irgendwie drauf reagieren. Vielleicht war es das Falsche.« Diese peinlich berührte Art, wie er das sagte, überraschte mich sehr. »Also das Eintrittsgeld ... das bekommt ihr natürlich zurück. Sag mal ... stimmt das, was dein Freund gesagt hat? Dass du Opern so liebst?«, wandte er sich direkt an Liza.

»Ja, sehr.« Sie nickte und er sah sie aufgebracht an.

»Kunst muss für alle da sein. Sonst stirbt unsere Kultur.«

Max und ich tauschten einen verblüfften Blick. Der Mann war gar nicht wütend auf uns!

»Kunst muss offen sein für alle, nur dann kann sie verändern.« Sichtlich aufgewühlt griff er in sein Portemonnaie und drückte mir ein paar Geldscheine in die Hand – deutlich mehr als den bezahlten Ticketpreis, entschuldigte sich noch einmal, legte etwas konfus noch eine Visitenkarte dazu und eilte abrupt wieder zurück ins Opernhaus.

Einen Moment lang sagte keiner von uns ein Wort.

»Julian, das war so, so großartig.« Liza brach schließlich unser verdattertes Schweigen. »Danke!« Sie hauchte mir einen Kuss auf die Wange und mir fiel ein zentnerschwerer Stein vom Herzen. Es war, trotz allem, eben doch ein grandioser Einfall von mir gewesen.

Am nächsten Tag folgte für mich auf die ganze Euphorie eine herbe Ernüchterung und die hieß – große Überraschung: Mittlinger. Nichts von seinem ganzen Zahlenmüll ergab für mich Sinn. Dabei versuchte ich wirklich, die Aufgaben auf den Arbeitsblättern irgendwie zu begreifen.

»Würdest du mal weniger aus dem Fenster gaffen, verstündest du auch besser die Mathematik.«

»Verstünde ich die Mathematik, schaute ich nicht zum Fenster hinaus«, rutschte es mir heraus, denn dieser Typ machte mich mit seinem Gelaber unmittelbar aggressiv.

Das Lachen der Mitschüler, die meine Retourkutsche mitbekommen hatten, war jetzt auch eher so suboptimal.

Mittlingers Gesicht jedenfalls verzerrte sich mal wieder Unheil verheißend. Im Geiste notierte er wahrscheinlich gerade einen weiteren Punkt auf seine Themenliste für das Elterngespräch.

»Das Thema der heutigen Stunde«, setzte er an, unterbrach sich dann jedoch selbst. »Ach! Meine Tasche ...« Suchend glitt sein Blick über uns Schüler und blieb schließlich an Tariq hängen, dem heutigen Kandidaten, um den im Lehrerzimmer *vergessenen* schweren Lederkoffer zu holen.

Blöd für mich – denn als kurz darauf auch noch Max auf die Toilette flüchtete, saß ich praktisch schutzlos am Tisch. Ich tat so, als würde ich Aufgaben lösen – verzierte jedoch nur meine Arbeitsblätter. Zum Glück kamen Max und Tariq kurz darauf zurück und Max schusterte mir sogar noch ein paar richtige Ergebnisse zu. Doch das alles würde mich in keinem Test der Welt retten können. Es war nett gemeint, aber wenn das seine Vorstellung von *Ich helfe dir* war, konnte ich einpacken.

»Lass uns noch an den Rhein fahren«, schlug mir Max vor, als der Mittlingerhorror endlich vorbei war.

Ich nickte zustimmend. »Gute Idee!« Liza war zu ihrem Schreibtisch gedüst, Tariq wollte ausnahmsweise ein kleines bisschen in der Werkstatt helfen – zumindest behauptete er das – und mir war nach dieser letzten Mathestunde auch nach ein bisschen Ablenkung zumute.

Etwas später hockten wir daher mit angezogenen Knien auf der Kaimauer und schauten großen Frachtschiffen dabei zu, wie sie sich trotz Vollgas nur im Schneckentempo gegen den Fluss kämpften.

»Dieses Schiff da ...«, ich deutete seitlich auf eines, das ganz besonders mühsam gegen die Strömung ankämpfte und fast auf der Stelle stehen blieb, »... das ist die perfekte Metapher meines Lebens.«

Max sah mich wissend an. »So von wegen, du kämpfst und kämpfst und kommst trotzdem nicht voran?«

Ich zuckte mit den Schultern und schwieg.

»Und die Gegenströmung ist dieser ganze Matheabfuck ...?«

Meine Antwort war ein mattes Nicken. Je mehr ich über Schiffe, Strömungen und Hoffnungslosigkeit nachdachte, desto ungemütlicher wurde mir gerade.

»Jetzt machst du aber gerade schon einen auf Drama.« Max grinste vorsichtig und stupste mir mit dem Ellenbogen in die Seite.

»Es *ist* dramatisch«, verteidigte ich mich. »So wie in diesem Albtraum, wo man sich vorwärtsbewegen will, sich aber nicht rühren kann. Und manchmal ist's noch schlimmer. Dann ist die Gegenkraft so stark, dass sie mich sogar zurückspült.«

»Verstehe«, lenkte Max ein. «Die heftige Strömung gerade hat den Namen Mittlinger, oder?«

»Auch. Dieser verdammte Idiot ...« Ich nickte frustriert. »Dabei hat Hugo mir ja inzwischen ein paarmal Nachhilfe gegeben, so von Grund auf und mit allem Drum und Dran ... und zum ersten Mal dachte ich ernsthaft, ich könnte mein Matheproblem doch noch überwinden. Aber vorhin beim Mittlinger, diese Themen, von denen bin ich ja auch mit Hugos Hilfe noch Jahrhunderte weit entfernt.« Ich schwieg einen Moment und ergänzte dann: »Verrückt, noch vor Kurzem hätte ich mir jetzt einfach einen kleinen Joint gedreht.« Wow, nicht mal bei diesen Worten tastete ich unwillkürlich nach meinem Silberdöschen. »Ich *will* es ja noch ein weiteres Mal versuchen, es scheint nur wieder nicht zu klappen. Diese Rückschläge beim Mittlinger, die machen mich echt fertig. Der – und mein Vater.«

»Ach, der. Was erwartest du auch von einem stromlinienförmigen Kapit...« Ich warf Max einen bösen Blick zu und er hob friedfertig die Hände.

»Manchmal frage ich mich, was passieren würde, wenn ich einfach aufgäbe und mich treiben ließe.«

»Hä? Das weißt du doch schon.« Max sah mich fragend an. »Bevor du diese Quali begonnen hattest, war das doch sozusagen dein Tagwerk. Einen rauchen, treiben lassen, den Moment genießen, alles andere ausblenden?«

»Stimmt«, bestätigte ich. »Und es war *okay* und eigentlich eine super Taktik.«

»War es das?«

»Na ja, ich konnte zumindest sicher sein, nicht enttäuscht zu werden, wieder abzustürzen. Denn jetzt bin ich wieder einmal da gelandet, wo ich eigentlich nie mehr hinwollte.«

Max sah nachdenklich aufs Wasser. »Du meinst, weil du dich auf den ganzen Mathe- und Abschlussprüfungskram noch einmal eingelassen hast?«

»Ja. Genau.«

»Hm ...« Max rieb sich das Kinn. »Weißt du, Julian, ich bin mir gerade auch nicht so ganz sicher, ob ich das Richtige mache.«

Ich warf ihm einen kurzen überraschten Seitenblick zu. »Wie meinst du das?«

»Vielleicht ist es dieser ganze Qualimist. Ihr drei seid plötzlich alle so motiviert –«

»... was natürlich superhilfreich ist, wenn man dann sowieso wieder chancenlos bei Mittlinger abkacken wird«, unterbrach ich ihn. »Aber ... du bist doch auch voll dabei?«

»Schon. Nur eben nicht deswegen, weil mir die Quali was bringt. Ich gebe Gas, um euch zu unterstützen und um meine Mutter nicht in die nächste Krise zu stürzen. Ganz ehrlich?« Er rappelte sich auf und sah mich ernst an. »Eigentlich ist das überhaupt nichts für mich. Nenn mich arrogant, aber ich würde den Abschluss auch locker im Alleingang schaffen, wenn ich nur wüsste, wofür.«

»Arrogant? Wohl wahr, Dottore.« Ich grinste ihn fies an. »Du bist der arroganteste Arsch ever ... aber eben auch jemand, der sogar locker sein Abi schaffen könnte. Warum machst du eigentlich nichts aus deinem riesigen Hirn?«, fragte ich ihn. »Du könntest wie eine fette Motorjacht gegen die Strömung zischen.«

Max' Mundwinkel zuckten. »Dann nenn mir einen Grund, wofür. Na los!«

»Um das zu ändern, was dich an unserer Gesellschaft so nervt?«

»Mache ich doch schon.« Max bückte sich und versuchte absolut erfolglos, Steinchen übers Wasser flitschen zu lassen.

»Na ja ...« Ich beobachtete Max dabei, wie er wieder einen Stein direkt versenkte. »Du machst was aus deinem Superhirn, indem du ... was jetzt? Jeden, der es nicht hören will, mit antikapitalistischem Zeugs zutextest und Anarchosprüche an Wände sprayst?«

»Warum nicht?«

Na toll, meine Provokation ging ihm einfach am Arsch vorbei.

»Weil es nichts bringt?« So langsam machte Max mich echt kribbelig. »Oder glaubst du, einer deiner bösen Millionäre bleibt vor einem besonders provokanten Gesprühe stehen, geht in sich und zack, gründet er eine Stiftung zur Unterstützung sozial benachteiligter Jugendlicher?«

Max zuckte mit den Schultern und spuckte einen Kaugummi ins Wasser. »Natürlich nicht. Aber es tut ganz gut. So ein bisschen Druckabbau, weißt du? Muss ja nicht immer alles einen Sinn und Wirkung haben.«

»Es ist nicht deine Schuld, wenn die Welt ist, wie sie ist, es ist nur deine Schuld, wenn sie so bleibt«, stimmte ich den alten Ärzte-Song etwas schief an, woraufhin Max die Augen verdrehte und laut seufzte.

»Bist du anstrengend geworden«, erwiderte er. »Fang mal bloß wieder schnell an zu kiffen.«

»Du könntest doch *echte* Spuren hinterlassen. Für ein sozialeres Leben kämpfen. Wenn es einer kann, dann du, Dottore. Ich finde es ziemlich cool, dass du im Meet hilfst ... *Aber«*, tönte ich mit erhobenem Zeigefinger, *»noch besser wäre es doch, wenn es das gar nicht geben müsste!«*

Max horchte auf und grinste mich an. »Äffst du mich nun etwa nach? Aber okay ... Ich glaube, da sollte ich mal genauer drüber nachdenken.« Er streckte sich. »Aber bevor ich das mache, habe ich da noch was für dich.« Er wühlte in seiner Tasche und zog einen USB-Stick heraus. »Ein kleines Geschenk. Und glaub mir: Darauf solltest du schön aufpassen.«

Reichlich verwirrt dackelte ich kurz darauf nach Hause. Max hatte sich partout geweigert, mir zu verraten, was auf diesem geheimnisvollen Stick drauf war. Außerdem ärgerte ich mich über mich selbst: Eigentlich hatte ich nämlich vorgehabt, ihn noch einmal auf diese verflixten Mathethemen vom Mittlinger anzusprechen – vielleicht hätte er mir ja doch noch das ein oder andere einrichtern können.

Zu Hause steckte ich natürlich erst einmal den Stick in meinen Computer.

Max hatte es mir denkbar leicht gemacht. Es gab auf dem Stick nur einen einzigen Ordner: *Julians Rettung*. In ihm lungerten zehn Dateien herum, die *Test* oder *Arbeit* hießen und durchnummeriert waren, und dann gab es noch eine mit dem Namen *Abschlussprüfung*. Ich verstand das nicht so recht und klickte *Test eins* an. Es war ein Aufgabenblatt – mit den zugehörigen Lösungen, überschrieben mit unserem Jahrgang.

Ich erstarrte.

Dann verstand ich, was ich da sah.

Max hatte es geschafft, die Tests von Mittlinger zu kapern!

Ganz zittrig vor Aufregung bedankte ich mich mit einer euphorischen Textnachricht bei Max, der gerade nicht an sein Telefon ging.

Schnell druckte ich die Tests aus – nicht, dass ich sie noch versehentlich löschte oder so was – und verteilte sie auf meinem Tisch.

Aktuell verschwamm zwar alles eher vor meinen Augen und ich hatte keinen Plan, worum es da ging – ich war hundemüde wegen dieser verflixten Entzugsschlafstörungen. Aber wenn ich mir den Kram fit und ausgeschlafen genauer ansah und alles auswendig lernte, wer weiß: Vielleicht könnte es dann ja doch noch was werden mit mir, der Quali und meiner Wohnung.

Jedenfalls war heute der erste Abend, an dem ich sofort einschlief.

Liza

31 *Nur noch 974 Unterrichtsstunden!* Mein Qualistunden-
countdownzettel hing immer noch bei mir zu Hause an
der Pinnwand, doch ich hatte ihn seit Tagen nicht mehr aktualisiert. Ich hatte ihn sogar völlig vergessen!

Unsere Projektarbeit war nach dem letzten Wochenende zum
Glück fast abgeschlossen und der Film befand sich bis auf ein
paar winzige Kleinigkeiten fertig geschnitten auf meinem Laptop
bei Julian. Mittlerweile war selbst ich ziemlich sicher, dass unser
Kurzfilm am kommenden Dienstag in der Medienschule gut an-
kommen müsste: Es war am Ende zusammen mit den Interviews
der Studis ein ganz schön intimer Einblick in unsere persönlichen
Erlebnisse geworden. Max, Tariq und Julian schienen ähnlich gut
drauf zu sein, denn als ich an diesem Donnerstagmorgen in der
Quali ankam und mich zu ihnen an einen Tisch setzte, diskutierten sie bereits eifrig mit Gustav und Kadir über den jeweils aktuellen Stand des Projekts. Kadir sprach! Ich konnte es nicht glauben.

»Leute, ich muss leider euer Kaffeekränzchen stören.« Keiner
hatte Pfeiffer kommen gehört und nun stand er ernst dreinblickend
neben uns. »Max, kommst du mal?« Pfeiffer nickte Max kurz zu
und ohne weiter abzuwarten, ging er schon wieder in Richtung Tür.

Max hob mit einem schiefen Grinsen in unsere Richtung die
Schultern und wandte sich dann ebenfalls zum Gehen. Er wirkte
kein bisschen überrascht, eher, als wisse er den Grund und akzeptiere schon jetzt, was auch immer ihn erwartete.

»Wisst *ihr,* was los ist?«, fragte ich Tariq und Julian, die Max
ebenfalls verdutzt hinterhersahen, doch sie zuckten nur ratlos die
Schultern.

Tariq schielte auf sein Handy, das wieder mal brummte, und verzog wütend das Gesicht.

»So, wie du gerade aussiehst, kann es nur Master of the Üniversüm sein.« Julian hatte mit dieser Vermutung wohl voll ins Schwarze getroffen, denn Tariq schlug anstelle einer Antwort mit der Faust auf die Werkbank.

»Ist der alte Sklaventreiber immer noch nicht zur Vernunft gekommen?«, erkundigte sich Julian und Tariq stöhnte nur genervt auf. »Komm, Alter«, schlug Julian vor, »lass uns eine Bad-Dad-Selbsthilfegruppe aufmachen.«

Tariq hob lustlos seine Hand zu einem halbherzigen Check.

»Sollen wir noch mal kommen und dir helfen?«, bot ich an, doch Tariq schüttelte energisch den Kopf.

»Was bringt das schon? Baba wird sich nicht ändern. Der will mich in seiner Werkstatt, alles andere checkt der nicht. Vielleicht sollte ich doch einfach nachgeben.«

»Bist du bescheuert?« Julian packte ihn an den Schultern und schüttelte Tariq, der sich wie eine kraftlose Gummipuppe hin und her schlenkern ließ.

»Gib dich nicht auf«, versuchte nun auch ich, Tariq aufzumuntern. »Was ist eigentlich mit der Torte für seine Werkstattfeier?«

»Alles gut. Wird echt Hammer«, behauptete er äußerst vage und wenig überzeugend. Wie schon gestern, als ich ihn dasselbe fragte, blinzelte er auch jetzt nervös wie ein unfähiger Pokerspieler mit äußerst schlechten Karten.

Max hatte wahrscheinlich gar nicht so unrecht damit, dass Tariq ohne unsere Hilfe auch dieses Mal keinen Abschluss schaffen würde. Was bedeutete, dass wir ihm definitiv helfen mussten.

»*Du* willst mit mir zum *Le Croissant d'amour* gehen, Chica?« Ich konnte nicht recht erkennen, ob Tariq sich über meinen Entschluss, ihn in »seine« Bäckerei zu begleiten, überhaupt freute oder ob es Entsetzen war, was seine Gesichtszüge gerade entgleisen ließ.

Mir war das egal, denn ich konnte seine zunehmende Hoffnungslosigkeit einfach nicht mehr ertragen. Als er daher auch an diesem Donnerstag – *zwei* Tage vor der Werkstattfeier! – immer noch so herumeierte, hielt ich es irgendwann nicht mehr aus: Ich hakte mich einfach nach der Quali bei ihm unter und *befahl* ihm, mich gefälligst sofort zur Konditorei zu führen. Nach anfänglichem Zögern ließ er sich tatsächlich breitschlagen und von mir zu seiner Spezialkonditorei ... nun ja ... zerren: Aus dem lustigen, tapsigen Hundewelpen Tariq war ein sich zunehmend sträubender, widerborstiger Köter auf dem Weg zum Tierarzt geworden.

Vor dem *Le Croissant d'amour* hielt er ein letztes Mal kurz inne, bevor er endlich die Ladentür öffnete.

Sofort umgab uns eine paradiesische Duftwolke. Es war ein Laden wie aus einem alten französischen Film und ich war vollkommen hin und weg, als ich die polierten, golden eingefassten Vitrinen voller köstlich aussehender Törtchen, Tartes und hübscher Gebäckstücke entdeckte, die plüschigen Sessel und die leicht trashige Deko.

»Allöschen, was kann isch für eusch ... Tariq!« Ein großer, hagerer Mann in weißer Konditorenkluft und mit französischem Bilderbuchakzent war hinter dem Tresen aufgetaucht und eilte nun um die Theke herum, um Tariq hocherfreut die Hand zu schütteln. »Wie schön, dass du da bist ...«, immer noch bearbeitete er begeistert Tariqs Hand, »... und was für ein Engelschään ast du mir denn da mitgebrocht?«

Ich stellte mich vor, räusperte mich und bellte zur Begrüßung, war ja irgendwie klar.

»Isch bin Francois«, antwortete er, hielt einen Moment nachdenklich inne und bellte dann ebenfalls. »Oppala mes tartes sont au four!«, rief er aus und hastete wieder zu der Tür hinter der

Theke, aus der er zuvor herausgetreten war. »Allez, meine Täub-schän!«, fügte er noch hinzu, bevor er verschwand.

Was für ein verrückter Vogel war denn das?

»Na dann ...« Tariq forderte mich grinsend auf, ihm zu folgen. »Eigentlich heißt er übrigens Franz, war früher Klempner und kommt mitten aus Köln.«

Hinter der Tür befand sich die Backstube, in der es noch in-tensiver duftete als im Verkaufsraum, was auch daran lag, dass Francois gerade eine Riesenladung von Schokoladentorten aus dem Ofen zog.

»Ach ... isch libe eusch kleinä schwarzä Läckärschen«, seufzte er und strich zärtlich über die brüchige Kruste der heißen Torten. Eine von ihnen brach er auf und reichte Tariq und mir die noch dampfenden Kuchenstücke.

»Liza!« Er bellte schon wieder und – keine Ahnung, ob er mich verarschte, einen Gag machte oder in den letzten Jahren zu viel Mehl eingeatmet hatte, jedenfalls musste ich jetzt selbst total la-chen. »Das ier ist nischt irgänd ein Schokoladänkuchän ... Das, meine Liebä, ist bessör als jedör Sex. Prooooobier«, stöhnte er.

Ich kostete vorsichtig von dem warmen Kuchenstück und ... woah! ... so was Leckeres hatte ich wirklich noch nie gegessen.

Mit vielen *Ahs, Ohs* und *Hms* verschwand die Tarte in unse-ren Mündern, während Francois davon schwärmte, wo er welche Zutaten besorgt hatte und wie wichtig *l'amour* beim Bockän sei.

»Was kann isch denn eigentlisch für euch Täubschän tun?«, endete er und zauberte drei Café au Lait aus seiner glänzenden Espressomaschine.

»Ach, wir waren gerade so in der Gegend ...« Tariq war auf ein-mal wieder sehr nervös. »Und na ja, wir wollten nur mal Hallo ...«

»Was redest du denn da?«, unterbrach ich ihn und wandte mich an Francois. »Übermorgen ist doch das Werkstattfest bei seinem Vater und nun geht es um die Torte.«

Francois hob fragend eine Augenbraue, woraufhin Tariq kleinlaut irgendeinen Unsinn faselte: »*Alles nicht so wichtig*« und »*Liza übertreibt*« – er wollte eindeutig kneifen! Wie gut, dass ich nun hier war und Francois von unserem Plan, eine Spezialtorte für den Vater zu backen, erzählen konnte.

»Also, was d-d-denken Sie – ist das zu schaffen?«, erkundigte ich mich schließlich hoffnungsvoll.

»*Mais oui, mais oui. C'est magnifique!*«, rief der Konditor und klatschte in die Hände.

Tariqs Augen leuchten nun doch erleichtert auf – und eine Stunde später hatten wir einen Plan und Tariq einen Haufen Arbeit.

Zum Glück brauchten wir ihn nicht mehr für das Videoprojekt: Ein leicht widerstrebend in die Kamera genuscheltes Interview mit ihm hatten wir seit Sonntag im Kasten und so konnte er hier sofort loslegen.

Von Francois hatte er gleich, nachdem dieser von unserem Plan erfahren hatte, eine Konditorenmontur bekommen und war dabei von einem Moment zum anderen zu einem glücklicheren, strahlenden Tariq mutiert: Geschickt und voller Hingabe rührte, knetete, backte er – alle Wehmut war verschwunden, die miesen Gags und falschen Sprichwörter sprudelten ihm nur so von den Lippen, frischer und schlechter denn je. In Kombination mit Francois war das irgendwie besonders schräg – und die beiden verbreiteten so unglaublich gute Laune, dass ich mich nur sehr widerwillig von ihnen losriss. Aber ich hatte heute noch etwas anderes vor: Ich brauchte dringend meinen Laptop, um unseren Film endgültig fertigzustellen. Und der lag ja noch bei Julian.

»Also, viel Spaß!«, wünschte ich den beiden und stieß die Backstubentür auf.

»*Au revoir, Chicca!*«, tönten Tariq und Francois zum Abschied im Chor.

Einigermaßen ratlos stand ich eine Dreiviertelstunde später bei Julian vor der Haustür. Warum war er noch nicht da, obwohl wir verabredet waren? Ich zückte mein Handy, rief ihn an und lauschte – durch das gekippte Fenster hörte ich sogar, wie sein Handy klingelte, trotzdem öffnete er nicht.

»Da kannst du klingeln, bis die Finger wund sind«, hörte ich auf einmal eine unangenehme Stimme hinter mir.

Erschrocken drehte ich mich um – es war Julians Vater.

»Am besten suchst du ihn bei all den anderen Junkies unter den Kölner Brücken«, sagte er kalt.

»W-w-was?« Ich schlug mir hektisch gegen die Schulter und räusperte mich so heftig, dass ich kein Wort am Stück herausbekam.

Julians Vater wich mit angewidert verzogenem Gesicht ein Stück zurück. »Ich werfe ihn diesmal endgültig raus«, sagte er knapp. »Einfach weiter Drogen nehmen, sich auf die faule Haut legen und dann auch noch versuchen, mit Betrug die Kurve zu bekommen. Ich hab's ihm tausendmal gesagt«, fügte er hinzu, »wer sich nicht an meine Regeln hält, der fliegt.«

Geschockt sah ich ihn an. Wie war der denn drauf? »Julian n-n-nimmt keine Drogen mehr.« Und selbst wenn – welcher Vater machte denn bitte schön Scherze darüber, dass der eigene Sohn vielleicht bald unter der Brücke lebte?

»Hat er dir das auch erzählt? Na, anscheinend lässt du dich noch schneller für dumm verkaufen als ich.« Er zuckte nun, ohne es zu merken, selber leicht, was manchen Leuten passierte, wenn sie mich zucken sahen.

»D-d-das kann nicht s-s-sein«, protestierte ich, doch in meinem Kopf war die Hölle ausgebrochen. Konnte es sein, dass Julian wirklich die ganze Zeit nur mit mir gespielt hatte? Dieser überdrehte Abend bei der Oper und sein Griff in den Rucksack, um Kekse herauszuholen. Immer mehr Momente kamen mir in den Sinn, die mich stutzig gemacht hatten und die nun ein ganz anderes Gewicht bekamen. Auf einmal wurde mir so schwindelig, dass ich mich am Türknauf festhalten musste.

»Erkenntnis tut weh, nicht wahr? Ich hätte mir auch ein schöneres Miteinander in der Familie gewünscht, aber der Bursche meinte ja, es nicht nötig zu haben. Nun muss er gucken, wo er bleibt.«

»A-a-aber ... er ist Ihr *Sohn!*«

Er unterbrach meinen Protest. »Du magst ihn?« Er schaute schon wieder so abwertend in meine Richtung und ich wünschte, ich könnte meine Tics wenigstens jetzt einmal kurz einfrieren. »Kleiner, kostenloser Rat von mir gefällig? Vergiss ihn einfach.« Er bedachte mich mit einem gönnerhaften, extrem herablassenden Blick, drehte sich um und ging grußlos in Richtung seiner Haustür.

»Stopp!« Ich lief ein paar Schritte hinter ihm her. »Mein L-L-Laptop ist noch in Julians Zimmer!«

»Ich soll dich in seine Wohnung lassen, um dir einen Laptop zu geben? Na, da könnte ja jeder kommen.« Ungläubig lachend schüttelte Herr Strack den Kopf und schlug die Haustür hinter sich zu, bevor ich reagieren konnte.

Ich schloss kurz die Augen, um mich zu sammeln, und wählte dann erneut Julians Nummer, auch wenn er die Nachricht im Moment eh nicht abhören konnte.

»Weißt du eigentlich, was für ein verdammter Idiot du bist?«, sprach ich ihm auf die Mailbox. Ein tiefer Atemzug ließ mich wieder etwas ruhiger und meine Stimme sanfter werden. »Melde dich, sobald du das abhörst. Ich mach mir Sorgen!«

Danach rief ich Tariq und Max an.

Julian

32 Es gab Zeiten, da hatte ich regelmäßig arge Schwierigkeiten, mit meinem Schlüssel zuverlässig das Schlüsselloch meiner Wohnung zu treffen, wenn ich mehr oder weniger zugedröhnt nach Hause kam. Da war es aber immer schon dunkel und nie helllichter Tag wie jetzt gerade. Hastig checkte ich noch einmal den Schlüssel – ich hatte mich nach der Quali mit Max verquatscht und jetzt hoffentlich Liza nicht verpasst. Sie wollte noch vorbeikommen, damit wir dem Film vor der Präsentation, die am nächsten Dienstag anstand, den letzten Schliff geben konnten. Ich probierte es ein weiteres Mal, ohne Erfolg. Vielleicht steckte etwas im Schloss?

»Spar dir die Mühe.« Mein Vater. Ich richtete mich ruckartig auf und drehte mich zu ihm um. Diese Mischung aus Überheblichkeit und Verachtung, mit der er mich mit spöttisch hochgezogener Oberlippe anschaute, kurbelte unverzüglich mein Wutzentrum an.

»Der Schlüsseldienst war da und ich werde wohl kaum erklären müssen, warum.«

»Wenn ein neues Schloss eingebaut wurde, gib mir einfach den neuen Schlüssel und dann schönen Tag noch.« So ein Idiot. Ich hasste diese Spielchen. »Also ...?«

»Nun, so war das natürlich nicht gedacht«, sagte er ruhig, »denn die Schlösser sind ja ausgetauscht worden, damit du *nicht* mehr in die Wohnung gelangst.«

»Netter Scherz.« Ich knirschte wütend mit den Zähnen und hielt ihm auffordernd meine Hand hin, doch er hob nur die Schultern.

»Keine Leistung, keine Wohnung. So war der Deal«, erklärte er kühl.

»Habe ich da was verpasst? Was für ein *Deal?* Jetzt lass doch mal die Späßchen und schieb den Schlüssel rüber.«

Doch er machte eben *keine* Späßchen. Diesmal war er – auf seine ganz spezielle Art – endgültig ausgerastet und ließ mich allen Ernstes nicht mehr in meine Wohnung.

Der Grund hierfür war, wie ich nun erfuhr: ein Spontangespräch zwischen ihm und Mittlinger vor ein paar Stunden. Was der meinem Vater über meine bisherige *Antileistungsbereitschaft* erzählt hatte, war schon allein ziemlich vernichtend. Doch das Ganze wurde noch getoppt: und zwar durch einen verdammten Zeitstempel, der verriet, dass sich jemand am Lehrerzimmercomputer Zugang zu den von Mittelfinger vorbereiteten Tests verschafft hatte.

Unser Mathefolterer hatte ausgerechnet *mich* im Verdacht und auch mein Vater schüttelte jetzt angesichts meiner Unschuldsbeteuerungen nur den Kopf. Im Mittlingergespräch hatte mein Vater allerdings bei diesem Punkt wohl auf den Tisch gehauen und Beweise für diese *infame Unterstellung* gefordert. Als der Lehrer diese nicht liefern konnte, drehte mein Vater den Spieß in seiner charmanten Art mal eben souverän um und machte seinerseits Mittlinger die Hölle heiß. Natürlich hatte er das nicht getan, weil er mich so sehr mochte, sondern einzig und allein aus seinem Karrieristenprinzip heraus. Nach dem Gespräch spazierte mein Vater dann allerdings doch erst einmal schnurstracks in meine Wohnung – wo die Ausdrucke aller Tests auf dem Küchentisch lagen.

»Und die Dose voller Drogen auf der Küchenarbeitsplatte ist mir auch nicht verborgen geblieben«, sagte er schließlich, um gleich darauf seine zornige Rede fortzusetzen: »Ich meine, ich bin beeindruckt, dass du es geschafft hast, die Tests zu bekommen«, stieß sarkastisch hervor. »Doch wie kann man so dumm sein, sich dabei erwischen zu lassen?« Seine Augen waren schmal vor Wut. »Und mich schon wieder anzulügen, macht es nicht wirklich besser. Aber dass du auch noch mit den Drogen weitergemacht hast und sie noch nicht mal vor mir versteckst, ist wirklich der Gipfel der Dämlichkeit! Du hast wohl gedacht, du kannst mich genauso verarschen, wie du es mit deiner Mutter tust? Da musst du früher aufstehen, Junge. Nun sieh zu, dass du das alles auf die Reihe bekommst, und dann können wir hierüber reden.« Er ließ den blitzblanken, nagelneuen Schlüssel vor meiner Nase baumeln.

Wie gerne hätte ich in diesem Moment irgendetwas getan, was ihn ebenso hilflos und wütend dastehen ließ wie mich jetzt. Aber was? Obwohl ... eigentlich tat ich ja genau das, indem ich in der Schule souverän alles versemmelte.

»Drogen in der Küche, was für ein Schwachsinn!« Ich atmete tief durch. »Das ist getrockneter Salbei!«

Natürlich glaubte mir mein Vater kein Wort. »Und die nächste Lüge.« Er drehte sich um, stapfte wütend vors Haus und raste im nächsten Moment auch schon mit seinem eitergelben Blechpimmel davon. In zwei Stunden würde er den röhrenden Motor vor dem Haus von Oma und Opa wieder ausschalten. Mom war schon seit gestern da, weil sie dort irgendein Dorffest mit vorbereitete.

Langsam ließ ich mich vor der Eingangstür auf den Boden sinken.

Es war passiert. Ich hatte kein Zuhause mehr.

Und was hatte mir das Genick gebrochen? Ein Diebstahl, den ich nicht begangen hatte und ... getrockneter *Salbei*.

Plötzlich hörte ich durch das gekippte Fenster mein Handy klingeln. Na super – ich hatte es heute Morgen vergessen und jetzt fühlte es sich an, als wären wirklich sämtliche Fäden zu meinem bisherigen Leben gekappt. Aber es gab noch ein ernsteres Problem: Nur wenige Meter entfernt von mir und dennoch unerreichbar lag Lizas Laptop.

Liza.

Jetzt war echt alles im Eimer.

War ihre Angst, dass ich ihren Abschluss gefährdete, am Ende doch begründet gewesen? Hatte ich es verbockt? Oder konnte ich zu ihr gehen, ihr den ganzen Mist erklären, gemeinsam mit ihr nach einer Lösung suchen?

Beim Gedanken daran wurde mir leicht flau.

Dabei war sie die Einzige, zu der ich jetzt gehen *wollte.*

Vor Kurzem kannte ich sie noch gar nicht und jetzt wusste ich nicht, was ich ohne sie machen sollte? Ziemlich seltsam. Vorher kam ich doch auch bestens mit mir allein zurecht. Oft einsam, aber auch mit meinen lustigen Rauchwaren. Oh, Mann ... Mir war jetzt extrem heftig nach der Tüte des Jahrhunderts zumute.

Ich kramte in meiner Hosentasche und fand tatsächlich noch ein paar Geldscheine, insgesamt fünfzig Euro. Das sollte auf jeden Fall für ein paar Gramm Dope beim Dealer hinterm Bahnhof langen. Klar, ich hatte mir geschworen, nie den gefährlichen Dreck auf der Straße zu kaufen, aber besondere Momente brauchten besondere Maßnahmen und schlimmer konnte es nicht mehr werden, oder?

Keine sechzig Minuten später kam ich am Bahnhof an und musste auch gar nicht lange suchen, bis ich eine Handvoll bereits auf Distanz ausmachbare Dealer entdeckt hatte. Nur ein paar Schritte, dann ein bisschen Geld gegen einen Knubbel Tabakveredler tauschen und ...

Etwas ließ mich noch zögern. Doch mit jeder Sekunde wurde dieser Widerstand geringer.

Also?

Ich gab mir einen Ruck.

Nachdem ich den Bahnhof wieder verlassen hatte, wanderte ich noch eine ganze Weile ziellos durch die Stadt. Irgendwann landete ich dort, wo ich zusammen mit Max die Rheinschiffe beobachtet hatte.

Ich hockte mich auf die Mauer und schaute einem Schiff bei seinem Kampf gegen das Wasser zu.

»Hey, Kollege!«, grüßte ich es und winkte ihm freundschaftlich zu. Mehrere Passanten glotzten irritiert in meine Richtung. Ich grinste sie mit einem kleinen Schulterzucken an.

Also – aufgeben und zurücktreiben lassen? Was würde ich schon verlieren?

Zum ersten Mal seit langer Zeit verdammt viel.

Nur wer nichts wagt, gewinnt, würde Tariq mir jetzt versichern. Ihn würde ich vermissen.

Willst du nun das verkackte System gewinnen lassen?, fügte Max in meinen Gedanken hinzu.

Ich schloss die Augen und sah Liza. Sie strahlte mich an und beugte sich in meine Richtung. Ja, das war einmal.

Es dämmerte schon, als ich den Garagenhof hinter Lizas Haus anpeilte. Ich hatte lange nicht mehr so einen Schiss gehabt. Meine schlimmste Vorstellung war, Liza könnte mich hochkant aus ihrem Leben schmeißen.

Ich atmete einmal tief durch, dann zog ich mich auf die Mauer hoch und balancierte mit wackligen Knien in Richtung von Lizas Garten. Jeder Schritt war zäher als der vorangegangene, als würde ich durch Kleister laufen. Komische Sache – früher hätte ich spätestens jetzt die Biege gemacht.

Dann, endlich, konnte ich in den Garten schauen und dort saßen sie alle drei auf dem Rasen: Max, Tariq und Liza.

Sie blickten verdammt düster drein und diskutierten bestimmt gerade darüber, auf welchem Wege sie mich aus dem Leben scheiden lassen würden. Mir klapperten die Zähne vor Aufregung und ich zog mich ein Stück zurück. Nun war ich wenigstens wieder unsichtbar und konnte noch eine Runde überlegen. Und die anderen ein bisschen belauschen.

»Liza, Chica, jetzt komm mal runter.« Tariq versuchte anscheinend, Liza zu beruhigen. »Dem wird schon nichts passiert sein. Dummheit vergeht nicht.«

Hallo? Hatte der sie noch alle? Empört schlich ich nun doch etwas näher.

»Dich hat es aber echt krass erwischt, was?«, redete Tariq auch schon weiter.

Moment mal – Tariq beruhigte Liza, weil sie sich um mich sorgte? Nicht wegen ihres Abschlusses oder des Projektes, sondern nur wegen *mir?*

»Du wirst sehen«, versicherte Tariq ihr nun, »gleich schwebt er zu uns vom Himmel herab und alles ist gut.«

Das war meine Steilvorlage. Gedopt von dieser Wendung schob ich mich aus dem Versteck hervor und stürzte mich von der Mauer herunter mitten in ihre Sitzrunde – mit grandiosem Erfolg: Alle drei kreischten zu Tode erschrocken auf – Max am lautesten.

»Julian! Oh, mein Gott!« Liza war aufgesprungen und riss mich an sich, sodass wir beide mitten im Gras landeten, während Max lauter seufzte, als ich es für menschenmöglich gehalten hätte.

Als wir uns gefühlt Jahre später zu den beiden anderen setzten, berichtete ich von meinem Nachmittag in der Hölle – die Schummelei mit den Tests ließ ich einfach mal aus. Die Nummer würde Liza wohl nicht allzu super finden. Und so, wie ich meinen Vater kannte, würde Mittlinger von den Beweismitteln in meiner Wohnung sowieso nie etwas erfahren – eher würde mein Vater den Mittlinger wegen Verleumdung verklagen. »Ihr seht, in eurem Kreise befindet sich nun ein Obdachloser«, schloss ich unsicher. »Meine letzten ...«, ich zog mein übrig gebliebenes Geld aus der Hosentasche und breitete es vor mir aus, »... fünfzig Euro sollen dem gehören, der mir an diesem Wochenende ein

Dach über dem Kopf, ein Stück trockenes Brot und eine Schüssel Wasser bietet.«

Max schaute ziemlich zerknirscht in meine Richtung und schien etwas sagen zu wollen, wurde aber von einem mittelalten, langhaarigen, tätowierten Typ unterbrochen, der mit einer Getränkekiste aus Lizas Wohnung schlappte.

»Ziemlich trockene Luft hier, Leutchen!«, stellte der Tätowierte fest, als er unsere bedröppelten Gesichter sah, und stellte mit einem aufmunternden Blick seine Ladung neben uns ab.

»Digga, du bist ja verrückt.« Liza war aufgestanden und verpasste »Digga« einen dicken Schmatzer auf die Wange.

»Ist mir ein Vergnügen, Lizali«, murmelte der Typ, schaute lächelnd in die Runde und verschwand wieder im Haus.

Ich schnappte mir eine eisgekühlte Cola und lehnte mich gegen Liza.

»Max, was wolltest du denn vorhin erzählen? Warum hat dich der Pfeiffer denn heute Vormittag aus der Klasse geholt?«, drängelte Liza nun, nachdem wir auf ihren Wunsch hin alle auf meine hoffentlich bald endende Obdachlosigkeit angestoßen hatten – Liza hatte da eventuell eine Idee, jedenfalls hatte sie eben so etwas angedeutet.

»Na gut.« Max sah mich prüfend an. »Ich hatte heute nicht nur einen Termin mit Pfeiffer, sondern auch noch einen mit dem Direx vom Kolleg. Um es kurz zu machen – die haben mich irreversibel und prompt aus der Quali gekickt.«

Er lachte. Sonst keiner.

»Du ... sie haben dich ra-rausgeschmissen?« Liza schaute ihn fassungslos an, aber mir schwante allmählich, was da passiert sein musste. »Jetzt erzähl's halt mal richtig!«

Also berichtete Max von seinem genialen Einfall, die Tests vom Rechner zu ziehen, als Tariq am Dienstag den Taschenholdienst aufgedrückt bekommen hatte. Nur war er dabei wohl leider von draußen beobachtet worden. Liza bedachte uns überraschenderweise nur mit einem mittelbösen Streberblick – was gar nicht nötig gewesen wäre. Ich fühlte mich jetzt sowieso wie der letzte Arsch.

»Du bist rausgeflogen, weil du mir die Tests besorgt hast?« Ich stellte erschrocken die Cola beiseite. »Scheiße, das tut mir so leid.«

»Mach dir mal keinen Kopf deswegen«, sagte Max gelassen.

Ich sah ihn mit zusammengekniffenen Augen an. Der Kerl wirkte geradezu unangemessen fröhlich!

»Ich hatte schon vorher beschlossen, die Quali zu knicken, nur noch nicht gewusst, wann und wie«, erklärte er. »Und dann ergab sich diese Gelegenheit, dir mit so einer Aktion zu helfen, und das war es mir wert. Schade, dass es aufgeflogen ist. Wegen deiner Prüfungen.« Er hob bedauernd die Schultern.

»Aber warum *wolltest* du denn rausfliegen?«, fragte Liza völlig entgeistert.

»Ihr wisst doch, dass ich mit dem Qualikram nie was anfangen konnte und überhaupt nur wegen meiner Mutter damit begonnen hatte. Dieser ganze Zirkus unserer drei Oberindianer hat mich ja eigentlich immer nur aggressiv gemacht, auch wenn sie ihr Bestes geben.« Er trank einen Schluck und atmete tief durch. »Frag mal die Knöpfle, wer meinen Abfuck besonders gut abbekommen hat. Auf jeden Fall habe ich jetzt endlich die Reißleine gezogen, aber meiner Mutter hoch und heilig versprochen, den Hauptschulabschluss trotzdem zu machen. Ich habe noch sieben Monate Zeit und dann mache ich so eine externe Prüfung.« Er stieß mit seiner Colaflasche gegen meine. »Bei der Gelegenheit: Danke für den Arschtritt, du Nervensäge.«

»Hätte nie gedacht, dass du dich davon beeindrucken lassen würdest.«

Tariq und Liza schauten uns fragend an, doch wir gingen nicht weiter drauf ein. Nachdenklich sah ich ihn und dann die anderen beiden an. Ich überlegte, wie das in der Quali wohl werden würde: ganz ohne Max. Hätte nicht gedacht, dass mir die Aussicht, ihn mal nicht mehr dabeizuhaben, missfallen könnte. Aber vielleicht war es so ja wirklich der beste Weg für ihn und bestimmt auch für die arme Knöpfle. Na ja – Tariq und Liza hatten ja zum Glück nicht vor, die Quali zu verlassen. Obwohl ...

»Tariq! Sag mal, ist übermorgen nicht die Werkstattfeier?«

Er nickte und sah nun Liza vielsagend an. Misstrauisch ließ ich den Blick zwischen den beiden hin- und herschweifen. Hatte ich da irgendwas verpasst?

Liza

33 »Und?«, hakte nun auch ich nach und schubste Tariq ungeduldig an. »Was ist mit der Torte?«

»Alles senkrecht«, sagte er knapp.

Mir pochte das Herz, weil er irgendwie angespannt wirkte. »Sicher?«

»Also, Leute ... es ist so ...«, stammelte Tariq und brach etwas verlegen ab.

Oh, nein. Das klang jetzt wie der Auftakt zum nächsten Problem des Abends. Ich schnaufte leicht gestresst und wusste echt nicht, ob ich das heute noch verkraften konnte.

»Chica, jetzt atme mal locker durch die Hose.« Tariq tätschelte meine Hand. »Die Torte ... die steht fix und fertig in der Kühlkammer. Guckst du hier ...« Weil ich ihn immer noch skeptisch beäugte, hatte er sein Handy gezückt und präsentierte uns jetzt das Foto einer umwerfenden Autotorte.

»Die ist der Hammer!«, sagte Max beeindruckt. »Wo ist das Problem?«

»Also ... es ist so, dass ...« Tariq schaute uns abwechselnd ganz zerknirscht an, dann gab er sich einen Ruck. »Ich habe solchen Bimmel, sie zu überreichen. Bestimmt bekomme ich dabei einen Herzinfarkt.«

»Bullshit. Hast du Bimmel, hast du uns!«, versicherte ihm Julian lachend und legte den Arm um mich.

So gelöst hatte ich ihn noch nie erlebt – eigentlich auch kein Wunder. Ich hatte nämlich vorhin kurz und hektisch auf Digga und Ma eingeredet und sie tatsächlich dazu überreden können, Julian übergangsweise hier schlafen zu lassen.

Die nächsten beiden Tage waren irgendwie total seltsam und schräg und schön: so als WG mit Julian und Ma und Digga unter einem Dach ... Am Samstag verabredeten wir uns nachmittags mit Max und fuhren gemeinsam zur Autowerkstatt.

Als wir uns *Aydins Reifenuniversum* näherten, hörten wir schon aus der Ferne ziemlich laute und fröhliche Musik und es duftete nach gegrilltem Fleisch. Vor der Werkstatt umringten zahlreiche Gäste zwei Musiker. Einer von ihnen schlug recht wild auf die vor seinen Bauch geschnallte Trommel ein und der andere spielte irgend so ein sehr quietschiges, aber trotzdem gut klingendes Blasinstrument. Die Zuschauer hielten sich an den Händen und tanzten: Es war eine Riesenparty. Die Leute standen in und vor *Aydins Reifenuniversum* und Tariqs Vater stolzierte heute statt im Blaumann im schicken Anzug zwischen den Gästen umher.

Dass wir hier auftauchten, schien ihn nicht besonders glücklich zu machen.

»Wo habt ihr Tariq?«, zischte er uns durch zusammengepresste Zähne zu.

Wir hoben ratlos die Schultern und plötzlich deutete Herr Aydin völlig verstört und mit zitternden Händen gen Werkstatteingang: Dort fuhr in dem Moment ein pinkfarbener Lieferwagen mit Zuckergussschrift vor.

Auf der Beifahrerseite saß Tariq – in einer erstklassigen Konditorentracht, vor Aufregung allerdings kalkweiß. Mit äußerst unsicherem Gesichtsausdruck quälte er sich heraus. Ich versuchte, ihm mit gereckten Daumen Mut zu machen – der arme Kerl sah aus, als würde er gleich vor lauter Stress umkippen.

»Tariq, isch brauchä deine Hilfää!«, tönte es da. Francois und ein anderer, etwas kleinerer, dicker Mann – beide ebenfalls in Konditorentracht – standen schon hinten am Lieferwagen.

»Komme schon, komme schon«, murmelte Tariq und half den beiden, die formvollendete Ford-Transit-Torte auf ein Tablett zu hieven und sie, begleitet von klatschenden und jubelnden Gästen, zu seinem Vater zu tragen.

Der zwirbelte aufgeregt den buschigen Schnäuzer und wirkte extrem überfordert. Doch dann schien so langsam in sein Bewusstsein zu sickern, was ihm da präsentiert wurde: »Ein Ford? Transit? *Unser alter Ford Transit!«,* murmelte er verblüfft und inspizierte mit wachsender Begeisterung jedes Detail. »Baba ...?«, rief er nun, woraufhin sich ein alter Herr – Tariqs Opa? – humpelnd aus der Menge löste und neben Herrn Aydin stehen blieb. Er strahlte das Tortenmeisterwerk an und unterhielt sich auf seinen Krückstock gestützt begeistert mit Tariqs Vater.

Irgendwann riss Herr Aydin seinen Blick von der Torte los. Kurz hielt er inne, grübelte noch einen Moment, doch dann schritt er entschlossen auf die beiden Konditoren zu.

»Vielen Dank!«, sagte er ernst und reichte ihnen die Hand.

»Nischt uns müssän Sie donkähn«, wehrte Francois bescheiden ab und er und sein Kollege deuteten auf Tariq.

»Tariq? *Mein* Tariq hat diese ...«, stammelte Herr Aydin. Leicht panisch huschte sein Blick zwischen Tariq, den Konditoren und der Torte umher und verweilte auf einmal argwöhnisch bei einer unglaublich hübschen, jungen Türkin, die ich bisher noch nicht bemerkt hatte. »Selma ...?«

Das Mädchen hob die Schultern, blitzte Herrn Aydin dabei jedoch triumphierend an. Tariqs Vater war nun ähnlich blass wie sein Sohn. Die Idee, womöglich gleich seinen Sohn vor allen anderen als den Schöpfer einer *Torte* präsentieren zu müssen, schien ihm gar nicht zu gefallen.

Mittlerweile standen wir drei um den hibbeligen Tariq herum – nur zur Sicherheit, falls er doch noch einen Schwächeanfall bekam und einfach umkippte. Immer mehr der Gäste kamen zu uns, klopften Tariq anerkennend auf die Schulter und gratulierten seinem Vater zu diesem großartigen Sohn. Herrn Aydin gelang es unter diesen harten Bedingungen nur unter allergrößter Anstrengung, seine Gesichtszüge halbwegs unter Kontrolle zu halten.

»Tariq, Bruderherz, das hast du so perfekt gemacht. Warum hast du mir nicht vorher etwas verraten?«, rief Selma und kam in unsere Richtung gelaufen.

Herr Aydin schaute sich hektisch um, offensichtlich auf der Suche nach einer geeigneten Möglichkeit zu fliehen – denn nun tauchte neben ihm außer Tariqs Schwester auch eine Frau in seinem Alter, wahrscheinlich Tariqs Mutter, auf.

»Unser Tariq, unser Tariq«, sagte Frau Aydin immer wieder und fügte mit strengem Blick auf ihren Mann hinzu: »Du solltest stolz sein auf unseren Sohn.« Sie und die Schwester versperrten Tariqs Vater geschickt jegliche Fluchtmöglichkeit und redeten so lange wild auf ihn ein, bis irgendwann ein Ruck durch ihn ging, er sein Kreuz straffte und, begleitet vom Applaus der anderen, einen Schritt auf Tariq zumachte.

Direkt vor Tariq blieb er stehen und verharrte so einen weiteren Moment, als hege er noch letzte Zweifel. Doch dann küsste er Tariq auf die Stirn und löste mit einer stolzen Geste in seine Richtung lauten Jubel bei seinen Gästen aus.

»Nach dem Problem ist vor dem Problem«, meinte Max am späten Abend, als die letzten Gäste von Tariqs Vater gegangen waren und wir vier – auch Tariq hatte sich dazugesellt – noch ein bisschen vor der Autowerkstatt herumgammelten, wie Julian vorgeschlagen hatte.

Wir schauten ihn verständnislos an.

»Was faselst du von Problemen?«, sprach Julian aus, was wir anderen dachten. »Es lief doch alles super! Und dein Vater«, fügte er, an Tariq gewandt, hinzu, »also, ich finde, der war nach dem Tortenschock den ganzen Abend über ziemlich nett.«

»Stimmt«, sagte ich und musste lächeln, als ich an all die

Freunde und Verwandten der Familie dachte, die Herrn Aydin zu seinem Sohn gratuliert hatten und dann Tariq rieten, *»dringend beruflich etwas mit Torten«* zu machen, statt immer in der Werkstatt herumzuhängen. Das war natürlich ziemlich witzig, besonders, wenn zufälligerweise sein Vater gerade danebenstand.

Unsere Aktion war wirklich perfekt gewesen.

»Schön und gut, aber wir brauchen so langsam mal den Laptop mit dem Film für das Dreamkillerprojekt, oder?«, riss mich Max aus meinen Gedanken. »Julian? Ich finde, wir sollten morgen auch mal *deinen* Eltern einen Besuch abstatten.« Max rieb sich die Hände, als freue er sich sogar drauf.

Mir wurde ganz mulmig, als ich an die aktuell nicht erreichbare Projektarbeit dachte und daran, dass wir Julians unsympathischen Vater nun auch noch um etwas *bitten* mussten, doch Julian stimmte Max sofort zu.

»Gute Idee«, meinte er. »Ihr könnt ihm liebend gern die volle Breitseite geben. Eine Übergangscouch hab ich ja erst mal und vielleicht finde ich demnächst ja doch noch eine Alternative. Also eine, bei der ich nicht mehr Gefahr laufe, von einem Rocker vom Sofa gestoßen zu werden!« Er warf mir einen vorwurfsvollen Blick zu und ich musste beim Gedanken an Digga grinsen. Seit Julian behelfsmäßig bei uns untergekommen war, hatte Digga für uns alle sehr überraschende Beschützerinstinkte aufgefahren und unter anderem durchgesetzt, dass Julian auf keinen Fall in meinem Zimmer, sondern nur auf dem Sofa übernachten durfte. Noch nicht mal eine gemeinsame Gitarrensession mit Julian hatte ihn davon abbringen können.

Bewaffnet mit Getränken machten wir es uns Sonntagnachmittag zu viert im Vorgarten von Julians Eltern gemütlich. Tariq war völlig überdreht und allerbester Laune – Julian und ich hingegen horchten angespannt auf das Motorengeräusch von Herrn Stracks Wagen.

»Vielleicht sollten wir doch irgendwie versuchen, durchs Fenster hineinzukommen«, schlug Tariq gerade vor, als wir endlich das Brummen des Luxusschlittens hörten.

Kurz darauf parkte Herr Strack seinen Wagen im Carport und kam unverzüglich angestapft. Er schenkte uns einen vernichtenden Blick. »Was macht ihr hier? Verschwindet!«

»Herr Strack? Ach, wie schön, dass ich dich endlich auch mal persönlich kennenlernen darf.« Max wählte strahlend und mit freudig ausgestreckter Hand den kürzesten Weg zu Julians Vater: den mitten durch das akkurate Blumenbeet.

Herr Strack fand das nicht so witzig, wich Max aus, schnappte nach Luft und lief dunkelrot an. Er ließ Max kurzerhand stehen, ignorierte Tariq und mich und baute sich vor Julian auf – er schien nach den richtigen Worten zu suchen.

»Setz dich doch und nimm dir was zu trinken«, forderte Julian seinen Vater mit einer lässigen Geste auf. »Ich wollte da eh noch was mit dir besprechen wegen diesem *Deal*.«

Ein bisschen gönnte ich Herrn Strack ja diesen Stress hier, aber Erfolg versprechend schien mir das alles nicht. Warum gingen die Jungs zur Abwechslung nicht einfach mal diplomatisch an Probleme heran?

»Erfülle deine Pflichten, dann können wir miteinander sprechen. Und jetzt sieh zu, dass du und deine ... Freunde, dass ihr Land gewinnt.« Einen nach dem anderen schaute er uns an, als wären wir Aussätzige. Na gut – hier hätte wohl auch mein diplomatisches Geschick nichts gebracht.

»Ich hätte da noch eine klitzekleine Frage«, meldete sich Max, der gemütlich mitten durchs Beet zu uns zurückschlenderte.

»Was *du* wissen willst, interessiert keinen!«, blaffte Julians Vater.

»Ah, sorry, ruf gern die Bullen, wenn wir dich stören«, schlug Max höflich vor. »Aber bis die hier sind, kannst du uns ja mal erklären, wie man drauf sein muss, um seinen eigenen Sohn auf die Straße zu setzen.«

»Du hast was?«, mischte sich plötzlich eine hohe Frauenstimme ein. Keiner von uns hatte die mittelalte Frau bemerkt, die eben auf der Straße direkt am Garten geparkt hatte und nun aus ihrem roten Minicabrio gestiegen war.

»Ist das deine Mutter?«, flüsterte ich und Julian nickte, während sich sein Gesicht zu einem Lächeln verzog. Tariq war das wohl gerade alles zu viel – er beschränkte sich darauf, seine Ohrstecker drehend, das Drama mit offenem Mund zu beobachten.

»Christa, du hältst dich jetzt da raus!«, zischte Julians Vater. »Du und deine ganzen verdammten Binsenweisheiten aus den weichgespülten Hausfrauenblättchen sind schuld, dass Julian in der Schule derart versagt hat.«

»Das ist ja echt voll beleidigend!« Tariq war aus seiner Starre erwacht. »Und ich sag mal so: Wer mit seinem Finger auf andere zeigt, der ...« Er ließ sein Sprichwort unvollendet und bedeutungsschwanger in der Luft hängen und zeigte zur Verdeutlichung auf seine nun ausgestreckte Hand.

»Nur Bekloppte! Erfolglose, Versager und Nullkönner! Alle!« Julians Vater drehte sich ruckartig um, schlüpfte wieder in sein Auto und fuhr weg, nachdem er ausgiebig sein Lenkrad verprügelt hatte.

»Julian.« Seine Mutter kämpfte mit den Tränen. »Warum hast du mir denn nicht erzählt, dass Papi dich rausgeworfen hat?«

»Ich bin woanders untergekommen «, tröstete Julian sie. »Aber es gibt da noch ein ganz anderes Problem«, fügte er hinzu und erzählte ihr von unserem Laptopdrama.

»Es tut mir so leid, dass der Papi ...«, setzte Christa einigermaßen fassungslos an, als Julian geendet hatte, doch er unterbrach sie.

»*Bitte* nenn ihn nicht immer Papi«, flehte er.

»Also gut, gut. Es tut mir so leid, dass *Du-weißt-schon-wer* dich so eiskalt ausgesperrt hat. Ich rufe jetzt den Schlüsseldienst und dann kannst du wieder in deine Wohnung.«

»Ja und was hab ich davon? Soll ich darauf warten, bis er mich das nächste Mal beschimpft und rausschmeißt?«

»Du hast ja recht«, murmelte seine Mutter, griff jedoch trotzdem entschlossen zum Telefon.

Schon eine Stunde später hatte ich endlich meinen Laptop wieder – und meinen Julian auch. Der riskierte nämlich eine weitere Nacht auf unserem Sofa unter Diggas misstrauischem Blick.

Geschafft! Nachdem ich meinen Laptop zurückbekommen hatte, produzierten wir vier den restlichen Sonntag über noch in einer Extraschicht den Vor- und Abspann, feilten hier und da an Untertiteln und bastelten an ein paar witzigen Outtakes herum. Und nicht nur das: Am Montagvormittag konnten wir uns noch einmal dransetzen und den Zusammenschnitt entspannt überprüfen – zu Julians großer Freude war nämlich Herr Mittlinger ausgefallen, sodass wir nun unsere Präsentation für Dienstag perfekt vorbereitet hatten.

Wir standen zu viert in der kleinen Aula von Mediosos beisammen – Max durfte ausnahmsweise noch einmal dabei sein – und warteten mit den anderen darauf, gleich unseren Kurzfilm präsentieren zu können. Eben hatten sich auch Ayse, heute bunter denn je, und eine äußerst zappelige Elvira kurz zu uns gesellt. Beide waren jedoch nach wenigen Minuten zu Gustav und Kadir geeilt, die längst seelenruhig im Publikum saßen, um mit ihnen noch irgendetwas extrem Wichtiges zu beratschlagen.

»Liza?« Max tippte mir sacht auf den Arm. »Wir haben übrigens einstimmig entschieden, dass *du* gleich auf der Bühne was zu unserem Projekt sagst.«

»Ich als unsere Sprecherin auf der Bühne? Ist klar, Jungs!«, amüsierte ich mich, doch Max und die beiden anderen gaben mir zu verstehen, dass sie das absolut ernst meinten. »Aber ... warum sollte ich das tun?« Ich war total verwirrt. »Schon beim G-G-Gedanken daran fange ich an zu zucken und m-m-mich zu räuspern.« Wie zur Bestätigung flackerte auch noch mein Blick und ich schlug mir gegen die Brust. Dennoch wirkte keiner der drei, als wollte er mit mir darüber diskutieren.

»Liza, *du* willst an diese Medienschule und *du* willst, dass sie dich kennenlernen und in Erinnerung behalten ... Das ist deine Chance!« Julian strahlte mich so voller Zuversicht an, dass ich kurz davor war, ihm tatsächlich zu glauben.

»Genau, Chica. Zeig es ihnen. Dein krasser Film und deine ... Spezialeffekte werden die hundert Pro im Kopf behalten und dann hast du deinen Ausbildungsplatz dort im Korb.«

Ich schüttelte den Kopf und seufzte. Doch dann sah ich in die lächelnden Gesichter der drei und die ließen in mir eine erst nur leise flüsternde Stimme rasch immer lauter werden: *Mach! Es!*

»Was soll schon passieren?«, fragte Julian und legte seinen Arm um mich.

»Genau, du kannst dabei nur gewinnen«, mischte sich Tariq ein.

»Tu's einfach«, gab nun auch noch Max seinen Senf dazu und so gab ich schließlich nach und nickte.

Es dauerte noch ein paar Minuten, bis sich endlich Frau Knöpfle erhob und mit ein paar einleitenden Worten an die Gäste wandte. Zum Glück waren wir die Ersten, die ihr Projekt vorstellen sollten. Wer weiß, ob ich sonst nicht doch noch einen Rückzieher gemacht hätte?!

Als Frau Knöpfle uns jedoch nach vorn bat und ich mit wackligen Beinen die Bühne betrat, zog sich wieder alles in mir zusammen. Flehend schaute ich zu den Jungs: Die waren zwar gemeinsam mit mir auf die Bühne gekommen, dachten jedoch gar nicht dran, meinen Part zu übernehmen. Wieso nur hatte ich eben zugestimmt?

Im Publikum entdeckte ich Elvira, Ayse und Gustav, die mich mit gedrückten Daumen aufmunternd und aufgeregt anlächelten, und selbst der stille Kadir nickte mir zu. Außer meinen Mitschülern saßen noch die Teilnehmer der anderen Kurse und natürlich die Dozenten und Schüler der Medienakademie im Publikum. Und dann entdeckte ich auch noch Ma und Digga. Und meine Therapeutin Dr. Moiré! Tausendmal hatte ich sie verflucht, weil sie mich einfach nicht in Ruhe lassen konnte, und nun stand ich hier auf der Bühne. Auch wegen ihr. Wir nickten uns wie Verbündete zu.

»A-a-also wir d-d-drei ...«, startete ich und mein Blickfeld verschwamm zunehmend vor lauter Zuckerei. Ich spürte Julians Hand auf meiner Schulter und seinen warmen Atem dicht neben meinem Ohr.

»Du schaffst das!«, flüsterte er, drückte meine Schulter und pumpte so fünf Zentner Mut in mich. Ich schaute mich um, blickte in lauter freundliche Gesichter und atmete tief durch. Und ähnlich wie schon in der Oper spürte ich, wie sich meine Aufregung legte. Kein Groll mehr auf diesen Luzifer, sondern eher ein ganz unbeschreibliches, rückgratstraffendes Gefühl. Das war zwar alles noch frisch und brüchig, aber ich meinte zu erkennen, dass es gerade gut war, wie es war. Dass *ich* gut war. Die Tics hatten, seit ich auf der Bühne stand, nicht aufgehört, obwohl ich die ganze Zeit versuchte, sie zu unterdrücken. Im Gegenteil: Sie waren immer schlimmer geworden und drängten auch jetzt noch stärker nach draußen. Aber vielleicht war genau dieses Unterdrücken mein Fehler? Eine verrückte Idee nahm Gestalt an und bevor ich noch weiter über die Folgen nachdenken konnte, ließ ich im Geiste genau jetzt, ausgerechnet vor den Augen Dutzender Zuschauer die Zügel los und meinen gesammelten Tics, erst einmal hier mitten auf der Bühne, freien Lauf. Zucken, Bellen, Räuspern, Bellen, Zucken und dann wurde ich ruhiger.

»Was ihr gerade g-g-gesehen und gehört habt, war *mein* Grund dafür, dass ich nicht mehr zur Schule gegangen bin.« Ich räusperte mich. »Meine drei Freunde hatten andere G-G-Gründe. Wir haben einen Film drüber gemacht. Er heißt ›T-T-Träume und wie sie starben‹.« Mit einem lauten Bellen beendete ich meinen kurzen Vortrag und ich muss sagen ... Es war der erste Moment in meinem ganzen Leben, in dem mir dieser ganze Tickram wirklich egal war. Ich blickte in Julians lächelnde Augen, legte die Hände an seine Wangen und küsste ihn. Mitten auf der Bühne! Erst das Klatschen und Johlen aller Anwesenden holte mich wieder in die Realität.

Meine Aktion eben hatte zwar für heftig brennende Wangen gesorgt. Aber es war egal.

Was auch immer da in mich gefahren war, es war genial.

Als das Video im Hintergrund zu spielen begann, schnappte ich mir Julians Hand und steuerte mit Max und Tariq im Publikum die freien Plätze neben Ayse und Elvira an.

Julian

Epilog Leute, ich habe ihn echt noch gepackt, meinen Hauptschulabschluss. Sogar mit einer Vier in Mathe. Das lag allerdings nicht unwesentlich an Schmitzi: unserem neuen Mathelehrer, dem Nachfolger von Mittlinger.

Der Lehrerwechsel war sozusagen Max' letztes Geschenk an uns: Bei seinem Rausschmissgespräch spielte er Pfeiffer und dem Schulchef nämlich die kurze Videosequenz vor, die Mittlinger in Aktion zeigte. Die waren logischerweise entsetzt: weil Max einen verbotenen Videomitschnitt gemacht hatte, natürlich. Aber anscheinend auch über das, was sie da in dem Clip zu sehen bekamen.

Jedenfalls müssen die beiden danach irgendwas in die Wege geleitet haben, denn kurz darauf wurde unser Mathekurs von eben jenem Schmitzi übernommen. Und der gehörte zum Feinsten, was mir das Leben bisher an Mathelehrern beschert hatte.

Außer ihm hatte auch Hugo ziemlich viel zu meiner solide aufkeimenden Mathekarriere beigetragen. Mit dem treffe ich mich selbst heute, ein Jahr nach Ende der Quali, noch regelmäßig zum *Mathewerkstättchen*. Und es tut sich was: Ich kriege keine Schweißausbrüche mehr, wenn ich eine kleine, unschuldige Zahl sehe. Aber keine Sorge, die ganz große rosa Beziehungskiste ist das mit mir und den Zahlen nun auch noch nicht. Ich sag mal so: Es ist eher so ein etwas besserer Flirt.

Für die innigere Beziehung ziehe ich dann doch Liza vor, die übrigens gerade mit ihrem Laptop auf meinem Sofa herumlungert und Fotos für irgendein Projekt verfremdet. Ja ... sie hat es echt geschafft, sich einen dieser begehrten Plätze auf ihrer Lieblingsmedienschule zu schnappen. Ich dagegen habe mein neues Mathewissen eingesetzt, um nach einem bezahlbaren WG-Zimmer zu suchen, und auch den passenden Job gefunden.

Ich lebe jetzt für meinen Vater unerreichbar in einer Musiker-WG und verdiene auch genug: indem ich für die Konditorei, in der Tariq seine Ausbildung macht, Torten herumkutschiere. Tariq ist übrigens echt ein Kuchengott und sein Vater muss immer öfter ohne seine Hilfe auskommen.

Und Max hat sein Versprechen eingelöst. Der hat nach dem Hauptschulabschluss schließlich auch sein Abi locker geschossen und will bald allen Ernstes Jura studieren, um dann als Anwalt der Abgehängten den großen Aufstand anzuzetteln – Tariqs Schwester Selma berät ihn schon fleißig, denn sie ist auch auf dem Wege, Juristin zu werden. Doch im Moment ist er fast rund um die Uhr damit beschäftigt, irgendein Brennpunktprojekt zu unterstützen. Eben hat er mir noch ein Video geschickt: Es zeigt ihn und die Kids von Meet, wie sie gerade die Wall Of Shame übermalen und als Liebesmauer gestalten.

Ach, du Scheiße – Leute, ich muss los! Liza ruft schon dauernd und fragt, ob ich denn jetzt mal endlich komme und die Bilder anschaue, die sie bearbeitet hat. Außerdem haben wir heute Abend noch was ganz anderes vor: dieser Typ aus der Oper mit der Visitenkarte – wisst ihr noch? Ich habe den einfach mal angemailt. Er bot mir prompt Plätze im Tonraum an, der dank Glasfront einen direkten Blick auf die Bühne bietet, und nun werden Liza und ich bei einem Gläschen Sekt dort einen fetten Opernabend erleben.

Und ganz ehrlich?

Es gäbe gerade *nichts,* was ich lieber täte.

ICH BIN EINZIGARTIG
ICH BIN WUNDERBAR

ICH BIN
VERÄNDERUNG
ICH BIN
DANKBAR

ICH BIN DOOF
ICH BIN
STARK

ICH BIN
SCHÖN

ICH BIN
POSITIV

ICH BIN
KLUG

ICH BIN
KRAFTVOLL

♡ ICH BIN
INTELLIGENT

ICH BIN
GESUND

ICH BIN
FÄHIG

ICH BIN
TOLL

ICH BIN GUT

Danke sagen
möchte ich ...

... vor allem meiner Anmichglauberin, Rückenfreihalterin, Mutmacherin und Chefkritikerin Doro. Ohne dich hätte ich wohl auch dieses zweite Buch nie fertig bekommen. Schön mit dir :-x

... all den Lesern meines Debüts Tick Tack F*ck. Eure Besprechungen, Rezensionen und Rückmeldung waren noch viel berauschender, als ich es gedacht hätte!

... meiner wunderbaren Verlagslektorin Anna Wörner. So ähnlich zu ticken, aber trotzdem um Nuancen zu feilschen, hat auch dieses Projekt wieder heftigst veredelt.

... »Zweitlektorin« Katharina Jacobi. Unser gemeinsamer Ritt durch verkackte Gefilde war verdammt arbeitsintensiv, aber extrem erfolgreich.

... der Arena-Family, weil sie auch an dieses Projekt glaubt und ein offenes Ohr für mein Herzensthema hatte.

... meinem Agenten Bastian Schlück, für die weiterhin perfekte Begleitung und allzeit offene Ohren für meine Fragen.

Auch wenn ich schon seit Ewigkeiten mit gefrusteten und teilweise bereits »gescheiterten« Schülern arbeite, tauchten beim Schreiben dieses Buches auf einmal tausend Fragen auf. Zum Glück gab es da ein paar wunderbare Menschen und Anlaufstellen, die mir halfen, vieles besser zu verstehen und meinen fiktiven Protagonisten, Schauplätzen und Projekten einen noch realistischeren oder auch bunteren Anstrich zu verleihen.

Deshalb Specialthanks an:

... Julia Schäfer für ihre umfassende und permanente Beratung rund um das Thema Qualimaßnahmen und ihre ansteckende Begeisterung.

... Monsieur Jean – de la Tourette – Marc Lorber für seine spannenden, aber auch unglaublich lustigen Antworten auf meine endlos vielen Fragen rund um das Tourette-Syndrom und seine Geflashtheit vom Projekt.

... die JWK Köln samt ihren Teilnehmerinnen und Teilnehmern für die Chance zu hospitieren und die vielen spannenden Gespräche und Einblicke dort.

... Marc Schneider für seine Details zum Thema Stottern, die er so plastisch vermitteln konnte, dass ich am Ende kurzfristig selber stotterte.

... Gabi Kuhn und Christina Frink für erste ganz frühe Gespräche rund um dieses Projekt.

Und ganz allgemein:

Doro Longen und Mirka Schneider für unvergessliche gemeinsame Jahre in der Jugendarbeit.

Und all den unzähligen Menschen, die in unserem völlig unterfinanzierten Bildungssystem trotz aller Hürden täglich für Kinder und Jugendliche ihr Bestes geben.

Am Ende danke ich auch ganz besonders Liza, Julian, Tariq und Max. Es gab Phasen, da habt ihr mich in den Wahnsinn getrieben, doch ich beginne bereits jetzt schon, unser tägliches Miteinander zu vermissen. Macht es gut und haut rein – ihr schafft das!

Tom@Tom-Limes.de

Bettina Brömme

Keep calm and travel
Jetzt fängt das Leben erst richtig an

Leben ist das, was passiert, während du andere Pläne machst! Das
erfährt Alwa bei ihrer Neuseeland-Reise am eigenen Leib. Ihr Prak-
tikumplatz existiert nicht und die spontan angenommene Stelle als
Au-pair ist zum Davonlaufen. Wenigstens taugen ihre Erlebnisse für
witzige Instagram-Posts. Alles scheint gut zu werden, als sie einen
Job in einem Kinderhilfsprojekt ergattert. Denn zwischen Windeln
wechseln und Wal-Touren lässt Laurin ihr Herz schneller schlagen.
Doch dann erschüttert ein Erdbeben die Stadt und von Laurin fehlt
plötzlich jede Spur. Alwa setzt all ihre Hoffnungen auf ihre Insta-
gram-Follower: Irgendjemand muss ihn doch gesehen haben …

280 Seiten • Arena Taschenbuch • ISBN 978-3-401-80828-4 • www.arena-verlag.de

Mirjam Mous

Last Exit
Das Spiel fängt gerade erst an

Kaum ist der Bus angerollt und die Schüler 8C auf dem Weg in die Schülerfreizeit, erhalten sie eine anonyme Nachricht: Im Bus ist eine Bombe versteckt! Niemand weiß, wer dahintersteckt und was der Unbekannte überhaupt will. Aber eins steht fest: Seine Drohung ist ernst zu nehmen. Valentin ist sich bald sicher, dass der Täter an Bord sein muss. Ein Motiv hätten viele, denn in dieser Klasse brodelt es schon seit langem.

272 Seiten • Arena Taschenbuch • ISBN 978-3-401-51142-9 • www.arena-verlag.de